国家治理现代化丛书
丛书主编◎姜晓萍

城乡基本公共服务均等化：
历史、现实与未来

范逢春　　田昭◎著

中国社会科学出版社

图书在版编目（CIP）数据

城乡基本公共服务均等化：历史、现实与未来／范逢春，田昭著.—北京：
中国社会科学出版社，2021.4

（国家治理现代化丛书）

ISBN 978 – 7 – 5203 – 8001 – 0

Ⅰ.①城⋯ Ⅱ.①范⋯②田⋯ Ⅲ.①公共服务—城乡一体化—研究—中国
Ⅳ.①D669.3

中国版本图书馆 CIP 数据核字（2021）第 038282 号

出 版 人	赵剑英
责任编辑	孙砚文 李凯凯
责任校对	周 昊
责任印制	王 超

出 版	中国社会科学出版社
社 址	北京鼓楼西大街甲 158 号
邮 编	100720
网 址	http://www.csspw.cn
发 行 部	010 – 84083685
门 市 部	010 – 84029450
经 销	新华书店及其他书店

印 刷	北京君升印刷有限公司
装 订	廊坊市广阳区广增装订厂
版 次	2021 年 4 月第 1 版
印 次	2021 年 4 月第 1 次印刷

开 本	710×1000 1/16
印 张	17.5
插 页	2
字 数	278 千字
定 价	98.00 元

前　　言

　　当今世界正经历百年未有之大变局，中国正处于实现中华民族伟大复兴关键时期。推进国家治理体系与治理能力现代化，只有把中国制度优势更好地转化为国家治理效能，才能够为实现"两个一百年"奋斗目标、实现中华民族伟大复兴的中国梦提供有力保证。在国家治理现代化场域中，城乡基本公共服务均等化既是承载重要意义的政治话语，也是充满温度的学术话语。基本公共服务由政府主导向全体公民提供，旨在满足全体公民的生存和发展基本需求，是实现社会公正的最佳切入点。制度不仅是"规则或规范体系"，同时也是"社会互动方式"。在基本公共服务供给中，制度体系指导、制约、决定了公共服务资源的配置效率与最终效果。从制度视角审视中国城乡基本公共服务均等化的现实与未来，在学术上具有创新性与拓展性，在实践上具有可行性与有效性。

　　城乡基本公共服务均等化是指以政府为主体、以农村为重点，在城乡间合理配置公共服务资源，向城乡居民提供与其需求相适应，不同阶段具有不同标准，最终大致相当的基本公共服务，使城乡居民在享受基本公共服务的数量、质量和可及性方面都大致相当，其实质是政府向全体社会成员提供水平大致相当的基本公共服务，以促进社会公平正义。城乡基本公共服务均等化是一个全面综合性的政策目标，融合了政治、经济、社会等方面的理想图景。这一目标的实现不仅有赖于社会价值理念转变和思想理论先导，而且离不开必要的社会现实基础。推进城乡基本公共服务均等化既是社会公平正义的现实要求，也是深入贯彻"以人民为中心的发展思想"的必然举措。在我国，中国共产党代表最广大人民根本利益的性质决定了城乡之间必须要实现基本公共服务均等化。通过城乡基本公共服务均等化可以使广大人民群众共同享受改革开放所取得的成果。党的十九大报告指出,从 2020 年到 2035 年,"在全面建成小康社会的基础上,再奋斗十五年,基本实现社会主义现代化",在此阶段,"城乡区域发展差距和居民生活水平差距显著缩小,基本公共服务均等化基本实现,全体人民共同富裕迈出坚实步伐"。党的十九届四中全会指出,要"坚持和完善统筹城乡的民生保障制度,满足人民日益增长的美好生活需要",为此,"必须健全幼有所育、学有所教、劳有所得、病有所医、老有所养、住有所居、弱有所扶等方面国家基本公共服务制度体系"。城乡基本公共服务均等化在当代中国具有毋庸置疑的正当性、必要性与可能性。

本书以习近平新时代中国特色社会主义思想为指导,秉承"中国梦"的发展愿景,坚持"以人民为中心的发展思想",高扬"共建共治共享"的治理理念,融合经典马克思主义的社会扣除理论、历史的公平正义观,结合中国传统的民本主义思想,并吸收西方社会正义理论、公共产品理论以及新公共服务理论的合理因子,采用文献研究法、规范研究法、实证研究法、历史分析法,全面开展制度视角的城乡基本公共服务均等化研究,深度思考城乡基本公共服务均等化的体制障碍,力图构建推进城乡基本公共服务均等化的制度集合,设计社会公正的"中国方案",从而展现"中国之治"的深度、力度与温度。

目　录

第 一 章

问题提出与研究设计

在政治体系内部，被认为"存在一套占主导地位的制度程序等，因为对其他人也能带来益处，所以能系统而持久地运作"①。公共服务制度作为现代国家"占主导地位的制度程序"，具有极为重要的综合性意义。当前，"中国特色社会主义进入新时代，我国社会主要矛盾已经转化为人民日益增长的美好生活需要和不平衡不充分的发展之间的矛盾"②。这就需要通过公平、科学、有效的社会制度安排，"在发展中补齐民生短板、促进社会公平正义，在幼有所育、学有所教、劳有所得、病有所医、老有所养、住有所居、弱有所扶上不断取得新进展，深入开展脱贫攻坚，保证全体人民在共建共享发展中有更多获得感"③。提升基本公共服务均等化的制度绩效，可以有效减小城乡差距、区域差距和贫富差距，缓解由此引发的社会矛盾，为经济健康发展创造和谐的社会环境，促进社会公平正义得以实现，进而使得民众有更多的"获得感"。

第一节 研究背景与研究意义

城乡基本公共服务均等化在当代中国具有现实的正当性、必要性与

---

① Peter Bachrach and Morton S. Bazarz, *Power and Poverty*, New York: Oxford University Press, 1979, p. 43.

② 习近平：《决胜全面建成小康社会 夺取新时代中国特色社会主义伟大胜利——在中国共产党第十九次全国代表大会上的报告》，《人民日报》2017 年 10 月 28 日第 1 版。

③ 习近平：《决胜全面建成小康社会 夺取新时代中国特色社会主义伟大胜利——在中国共产党第十九次全国代表大会上的报告》，《人民日报》2017 年 10 月 28 日第 1 版。

可能性。进行城乡基本公共服务均等化制度梳理与总结、回顾与审视、反思与重构，具有重要的意义。

一 研究背景

中国自 20 世纪 70 年代末实行改革开放至今 40 多年时间中，经济保持高速增长，经济发展取得了举世瞩目的成就，创造了伟大的经济奇迹。根据世界银行的统计数据，中国经济总量已经连续多年稳居世界第二位。2019 年中国占全球经济总量的比重为 16.34%，对世界经济增长贡献率在 30% 左右，贡献率位居世界第一位，已是世界上最大的货物贸易大国、最大的外汇储备国，制造业规模居全球首位。根据国家统计局发布的数据，2019 年中国国内生产总值达到 990865 亿元，接近 100 万亿元，人均 GDP 超过 1 万美元，从低收入经济体进入中高收入经济体行列。与经济发展取得了举世瞩目的成就相比较，我国在基本公共服务供给领域的发展相对滞后。这不仅体现在供给数量不足、供给质量欠缺，还体现在基本公共服务供给严重的不均等上，这种不均等体现在区域、人群、城乡等各个方面，其中城乡基本公共服务不均等最为突出，影响到了社会和谐。城乡基本公共服务不均等作为复杂的社会问题，其产生的原因多元而复杂。从制度层面来探讨我国城乡基本公共服务均等化所面临的障碍与未来发展之路，不但是现实的，也是必要的。

（一）城乡基本公共服务均等化是当前国家治理中的焦点问题

党的十八届三中全会提出："全面深化改革的总目标是完善和发展中国特色社会主义制度，推进国家治理体系和治理能力现代化。"[①] 改革开放以后，我国城乡基本公共服务供给的二元化体制改革明显滞后，导致"三农"问题比较严重，城乡发展不协调在诸多领域持续存在，城乡差距在相当长的时期内都呈扩大趋势。这不仅影响社会公平与社会和谐，也是制约我国实现国家治理体系和治理能力现代化的体制障碍。城乡二元割裂发展体制使我国的农民长期不能享受与城镇居民均等的"国民待遇"。"城乡分治"政策、"城乡分立"公共财政和"城乡差异"的公共

---

① 中国共产党第十八届中央委员会第三次全体会议：《中共中央关于全面深化改革若干重大问题的决定》，《人民日报》2013 年 11 月 16 日第 1—3 版。

资源使用制度导致了城乡居民基本权利实际上的不均等，并由此加速并催化发展不平等，从而加剧了城乡发展的差距。自党的十六届六中全会提出"基本公共服务均等化"以来，党和国家逐步明确了基本公共服务均等化的目标、范围、对象、程度、标准等核心要义。2006年党的十六届六中全会通过了《关于构建社会主义和谐社会若干重大问题的决定》，明确提出将"完善公共财政制度"作为实现"基本公共服务均等化"的主要手段。2008年2月党的十七届二中全会审议通过了《关于深化行政管理体制改革的意见》，明确指出：要求更加注重公共服务，着力促进教育、卫生、文化等社会事业健康发展，建立健全公平公正、惠及全民、水平适度、可持续发展的公共服务体系，推进基本公共服务均等化①。2008年10月党的十七届三中全会审议通过了《中共中央关于推进农村改革发展若干重大问题的决定》，成为新时期指导我国推进基本公共服务均等化的纲领性文件。2011年十一届全国人大四次议会表决通过了《中华人民共和国国民经济和社会发展第十二个五年规划纲要》，其第八篇专门阐述了如何改善民生，如何建立健全基本公共服务体系。2012年11月党的十八大把解决好"三农"问题作为全党工作重中之重，明确提出"城乡发展一体化是解决'三农'问题的根本途径"②，提出要"加快健全基本公共服务体系"，推动"基本公共服务均等化总体实现"。2013年党的十八届三中全会决定更是把健全城乡发展一体化体制机制作为推进国家治理体系和治理能力现代化的重要举措，提出"城乡二元结构是制约城乡发展一体化的主要障碍，必须健全体制机制，形成以工促农、以城带乡、工农互惠、城乡一体的新型工农城乡关系"③。"城乡基本公共服务均等化是加大强农惠农富农政策力度，让广大农民平等参与现代化进程、共同分享现代化成果的基础保障"④。基于此，准确把握健全城乡发展一

---

①　中国共产党第十七届中央委员会第二次全体会议：《关于深化行政管理体制改革的意见》，《人民日报》2008年3月5日第1版。

②　胡锦涛：《坚定不移沿着中国特色社会主义道路前进　为全面建成小康社会而奋斗——在中国共产党第十八次全国代表大会上的报告》，《人民日报》2012年11月18日第1版。

③　中国共产党第十八届中央委员会第三次全体会议：《中共中央关于全面深化改革若干重大问题的决定》，《人民日报》2013年11月16日第1—3版。

④　胡锦涛：《坚定不移沿着中国特色社会主义道路前进　为全面建成小康社会而奋斗——在中国共产党第十八次全国代表大会上的报告》，《人民日报》2012年11月18日第1版。

体化体制机制的重点、难点和着力点,寻找破解城乡二元体制突破口,大力推进城乡基本公共服务均等化,是推进国家治理现代化的必然要求。2017 年《"十三五"推进基本公共服务均等化规划》指出,"享有基本公共服务是公民的基本权利,保障人人享有基本公共服务是政府的重要职责"。党的十九大报告提出,"从 2020 年到 2035 年,在全面建成小康社会的基础上,再奋斗十五年,基本实现社会主义现代化"①,到那时,"城乡区域发展差距和居民生活水平差距显著缩小,基本公共服务均等化基本实现"②。党的十九届四中全会指出,要"坚持和完善统筹城乡的民生保障制度,满足人民日益增长的美好生活需要",为此,"必须健全幼有所育、学有所教、劳有所得、病有所医、老有所养、住有所居、弱有所扶等方面国家基本公共服务制度体系"。能否实现城乡基本公共服务均等化是关系到社会主义现代化进程的重大问题,必然成为国家治理场域中的焦点问题。

(二) 城乡基本公共服务均等化是中国社会治理中的关键问题

近些年,我国经济社会加速发展,社会利益格局愈加复杂,贫富差距扩大使社会风险不断增加。中国全国居民收入的基尼系数③,国家统计局发布资料显示 2003 年为 0.479,2004 年为 0.473,2005 年为 0.485,2006 年为 0.487,2007 年为 0.484,2008 年为 0.491;2018 年以后,基尼系数逐步回落,2009 年为 0.490,2010 年为 0.481,2011 年为 0.477,2012 年为 0.474,2013 年为 0.473,2014 年为 0.469,2015 年为 0.462;随后,基尼系数出现小幅反弹,2016 年为 0.465,2017 年为 0.467,2018 为 0.468。按照国际一般标准,0.4 以上的基尼系数表示收入差距较大。"发达国家在不同发展时期渐次出现的社会矛盾和问题,我们却在较短时

---

① 习近平:《决胜全面建成小康社会 夺取新时代中国特色社会主义伟大胜利——在中国共产党第十九次全国代表大会上的报告》,《人民日报》2017 年 10 月 28 日第 1 版。

② 习近平:《决胜全面建成小康社会 夺取新时代中国特色社会主义伟大胜利——在中国共产党第十九次全国代表大会上的报告》,《人民日报》2017 年 10 月 28 日第 1 版。

③ 基尼系数（Gini coefficient）,是 20 世纪初意大利经济学家基尼根据洛伦兹曲线所定义的判断收入分配公平程度的指标,是一个比例数值,在 0 和 1 之间,是国际上用来综合考察居民内部收入分配差异状况的一个重要分析指标。2012 年 12 月初,西南财经大学中国家庭金融调查在北京发布的报告显示,2010 年中国家庭的基尼系数为 0.61,大大高于 0.44 的全球平均水平。

间里集中暴露出来，这带来了严峻的挑战。"① 促进社会公正、减少社会风险的一大重要举措便是推进城乡基本公共服务均等化。完善公共服务体系，推进城乡基本公共服务均等化，对于社会治理具有重大意义。为了保障人民群众最低生存能力和发展能力，必须从制度上推动城乡基本公共服务的均等化。从长期来看，城乡基本公共服务均等化不仅能够缓解社会矛盾，拉动经济持续增长，更能够全面促进人类的均衡发展，它对我国经济发展和社会问题起到了"社会安全保护网"的显著功效。公平、公正地提供公共服务，能够纠正社会治理中常见的强制性"命令—服从"模式②，从而构建社会治理的非强制性"服务—认同"③ 模式。

（三）城乡基本公共服务均等化是政府公共治理中的难点问题

推进基本公共服务均等化已经成为国家治理的重要任务，基本公共服务均等化水平逐渐成了政府治理能力的重要标尺。然而，实现城乡基本公共服务均等化在当前的中国境域中是一件非常艰巨的任务。由于长期的城乡二元制度隔离，基本公共服务供给在城乡间呈现严重的非均衡化趋势。要推进基本公共服务在城乡之间"均等化"，需要对诸多的理论问题与实践问题做出准确的回答。我们需要解决"何谓城乡基本公共服务""何谓城乡基本公共服务均等化"等概念问题；需要解决"城乡基本公共服务不均等的后果为何""什么导致了城乡基本公共服务不均等"等理论问题；需要解决"如何衡量城乡基本公共服务均等化""城乡基本公共服务不均等程度为何"等操作问题；需要解决"如何才能实现城乡基本公共服务均等化""何时才能实现城乡基本公共服务均等化"等战略问题；需要解决"钱从哪里来""钱该怎么花"等公共财政问题。这些问题涉及政府公共治理的方方面面，对中国政府治理提出新的挑战。

推进城乡基本公共服务均等化，不但是"中国梦"的重要组成部分，更是"中国梦"的实现手段，对推进国家治理体系和治理能力现代化具

---

① 詹奕嘉：《中国社会治理进入崭新阶段》，《瞭望》2013 年第 49 期。

② 刘萍：《社会管理创新的法治理念及机制建构》，《齐鲁学刊》2012 年第 9 期。

③ 范逢春：《国家治理现代化：逻辑意蕴、价值维度与实践向度》，《四川大学学报（哲学社会科学版）》2014 年第 4 期。

有重要的作用;通过推进城乡基本公共服务均等化,能够促进经济增长,有助于社会稳定,提升执政合法性。

二　研究意义

著名制度经济学家道格拉斯·C.诺斯认为:"制度是一个社会的游戏规则,更规范地说它们是为决定人们的相互关系而人为设定的一些制约……它是理解历史变迁的关键。"[①] 城乡基本公共服务均等化很显然需要从制度视角去解读。制度不仅是"规则或规范体系",而且也是"社会互动方式"[②]。制度视角的城乡基本公共服务均等化研究,在理论层面能够更加深入解读问题的现状与原因,在实践层面能够对政府解决问题提供指导性的方案与政策。

(一) 理论意义

从理论层面来看,本书全面整理归纳国内外有关基本公共服务均等化的现有理论成果,在既有研究成果的基础上,力图从新的视角进行思考,力图用新的理论进行探索,力图用新的方法进行研究。本书理论意义如下。

第一,能够创新城乡基本公共服务均等化的分析视角。国内既有的研究往往视角比较单一,大部分是公共财政视角的研究,还有一部分是政治学视角的研究,这种单一视角的研究既不能深刻地解读城乡基本公共服务不均等的原因,也不能系统地设计出城乡基本公共服务均等化的对策。本书力图在我国城乡基本公共服务均等化制度变迁的 PEST (Political, Economic, Social and Technological) 理论解释模型指引下,运用政策文本分析的科学方法,来解释我国城乡基本公共服务均等化的政策演变,以制度绩效的视角来分析城乡基本公共服务均等化的实践状况。通过一系列崭新的分析视角,能够更好地揭示我国城乡基本公共服务均等化的

---

① [美] 道格拉斯·C.诺斯:《制度、制度变迁与经济绩效》,刘守英译,上海三联书店1994年版,第3页。

② 学者邹吉忠在《自由与秩序:制度价值研究》,北京师范大学出版社2003年第68页中指出:"制度是用以调整个体行动者之间以及特定组织内部行动者之间的权威性行为规则。"这表明了制度不仅是"规则或规范",而且指出了制度是"社会的"的规则体系,同时在不同程度上都具有权威性和强制性。本课题把这种理解作为制度分析和制度创新的理论依据。

演变规律和发展逻辑。

第二，能够拓展城乡基本公共服务均等化的理论基础。国外关于基本公共服务均等化理论基础的研究，已经比较多元。福利经济学理论、公共产品理论、社会正义理论、公共财政理论等从不同的角度提供了基本公共服务均等化的必要性与可能性的解释。国内学者对这些理论有了系统的总结与介绍，以此来解读我国城乡基本公共服务均等化的发展逻辑。但是我国城乡基本公共服务不均等的产生原因与西方发达国家截然不同，其解决途径也必然有差异，因此用西方的理论解释中国城乡基本公共服务不均等的现象必然出现"水土不服"的情况。本书不但对西方的基本公共服务均等化理论做出系统整理，同时对我国传统管理思想、经典马克思主义社会思想、中国特色社会主义社会思想中的基本公共服务均等化理论进行全面发掘，从而发出基本公共服务均等化的"中国之声"。

第三，能够丰富城乡基本公共服务均等化的研究内容。中华人民共和国成立以来的历史，某种意义上就是基本公共服务的发展史。实践界长期致力于产生制度，但是缺少系统整理。本书大量运用一些崭新的分析工具，致力于对实践界制定的制度进行理论思考。例如，本书运用倡议联盟框架分析探讨我国城乡基本公共服务均等化的政策变迁逻辑，运用政策文本分析勾画我国城乡基本公共服务均等化的制度演变过程，运用分省面板数据的实证分析解读城乡基本公共服务均等化的制度绩效测量，运用整体性治理的理论框架思考区域内城乡基本公共服务均等化的实现机理与行动路线，这在学术层面具有新意。同时本书还完整展现城乡基本公共服务均等化的制度变迁史，构建我国城乡基本公共服务均等化的制度数据库，这在国内学界中也是崭新的尝试。这些努力必然能够丰富城乡基本公共服务均等化的研究内容。

（二）实践意义

对城乡基本公共服务均等化进行制度分析，准确定位问题，思考问题根源，探讨其发展对策，有着明显的实践价值。

第一，有助于树立正确的执政理念，从而提升执政的合法性。"在政策领域，过程和内容之间存有某种动态的联系。作为一个分析的焦点，政策内容提供了理论的可能性，对政策内容的考察为探查政治机器的内部动力学提供了手段。"① 很显然,通过对基本公共服务制度的反思,能够对我国政府执政理念进行深度解剖。1949 年以来我国政治类型经历"解放政治""生活政治"到"民生政治"的变迁。② 当前"民生政治"的核心问题是基本公共服务供给的数量、质量与公平问题,快速增长的民众公共服务需求与基本公共服务产品短缺之间的矛盾日趋突出。社会发展的关键阶段,必须全面完善基本公共服务制度,如果基本公共服务不能普遍惠及民众,将导致经济发展停滞,甚至引发社会危机。历史上许多国家由于忽视了向居民提供广覆盖的基本公共服务,经济发展陷入了停滞状态;而一些国家也正是由于注重基本公共服务发展,成功地促进经济与社会协调发展。现阶段我国诸多社会矛盾都与基本公共服务短缺相关联,这些问题蕴含了"治理"风险。这些"治理"风险的日积月累有可能会损害到执政党的执政合法性基础。本书力图为协调发展、共享发展设计制度路径,有利于提升党"科学执政、民主执政、依法执政"水平。

第二,有助于建立正确的政策体系,从而提升治理的科学性。持续推进改革过程,需要科学的"顶层设计"以及精巧的"政策安排"。本书在厘清城乡基本公共服务均等化的理论基础与价值追求的基础上,测量城乡基本公共服务均等化的理想目标与现实状况的差距,探寻城乡基本公共服务均等化的体制障碍,设计城乡基本公共服务均等化的总体战略与操作制度。实现城乡基本公共服务的均等化,需要发挥公共服务体制在优化分配以及再分配中的重要作用。本书针对城乡基本公共服务均等化的变迁及其影响因素的理论研究,对问题及原因进行"靶向性"的定位,将为我国实现基本公共服务均等化政策制定提供科学的指导与有价值的参考。

第三,有助于形成系统的解决方案,从而提升发展的持续性。目前国内既有的基本公共服务均等化解决方案存在"碎片化"特征。这种"碎片化"的政策设计,既浪费资源,同时又不可持续。本书基于公共服

---

① 涂端午:《中国高等教育政策制定的宏观图景》,《北京大学教育评论》2007 年第 10 期。

② 范逢春:《多重逻辑下的制度变迁:十八大以来我国地方治理创新的审视与展望》,《上海行政学院学报》,2017 年第 2 期。

务的"整体性"治理思路，明确我国基本公共服务的整体目标与阶段性安排，不是就公共服务谈公共服务，而是从政治、法律、经济等不同层面提出基本公共服务均等化的体制、法制和机制解决方案。这种基于总体战略的系统性解决方案，能够提升基本公共服务的供给效率，解决基本公共产品的短缺问题，从而减少贫困、改善民生，增加发展的可持续性。

第二节　国内外文献综述

公共服务是多学科都共同关注的研究领域，公共服务研究相关成果非常丰富，国内外有关文献数量都非常巨大。综观国内外关于公共服务均等化研究的学术成果，从研究路径上看，主要有政治学、经济学与管理学的分野，从研究手段来讲，有质性研究与定量研究的取舍，从研究重心来讲，有问题研究与理论研究的不同。以下尝试从国外、国内两个视角，对城乡基本公共服务均等化的理论研究进行系统梳理，以期推动后续研究的深化、繁衍、竞争和整合。

一　国外文献综述

由于国外没有城乡二元结构的问题，所以国外也不存在"城乡基本公共服务均等化"的概念，因此国外对其直接研究成果不多。少数国外学者研究了中国的城市与农村之间收入差距问题，间接地研究了城乡基本公共服务不均等的原因。例如，学者奈特在1993年提出，在中国社会主义市场经济改革之前，基于城市倾向政策对农村劳动力向城市流动进行限制，这导致了中国贫困问题突出地表现为农村贫困；学者卡特尔在1997提出，城市倾向政策造成中国城乡在健康、住房和教育方面支出严重不均等，进而影响到农村子女的人力资本投资，这会进一步扩大中国的城乡收入差距。总体而言，西方学者直接针对中国城乡基本公共服务均等化的研究成果是比较少的。但是国外关于公共服务理论、公共服务内涵、公共服务方式、公共服务绩效等有极富深度的理论研究，这些对我国城乡基本公共服务均等化体制障碍与制度衔接研究有重要的参考价值与借鉴作用。有学者将国外关于公共服务均等化研究归纳为三种主要路径，下面将以这种归纳为框架，总结西方公共服务均等化的研究全貌。

（一）政治学路径的公共服务均等化研究

古希腊有着深厚的民主传统。公元前431年，伯里克利说："我们的制度之所以被称为民主政治，是因为政权在全体公民手中，而不是在少数人手中。"① 在古希腊时期，自然哲学家们对人类社会运行做了大量思考。"我们建立这个国家的目标并不是为了某一阶级的单独突出的幸福，而是为了全体公民的最大幸福；因为，我们认为在这样一个城邦里最有可能找到正义，而在一个糟糕的城邦里最有可能找到非正义。"② 在柏拉图看来，建立理想国就是为了实现"正义"的理念，以"正义"为基础建立的城邦也就是"善"的城邦。亚里士多德强调民主的真正意义应该是承认全体公民都享有"数目"上的平等，所有城邦的公民都应平等地统治③。伊壁鸠鲁认为，契约是关于人类社会的福利约定，其根本目的在于消除人们之间的侵害；而国家则是公众订立契约的一种产物，国家职能在于保障个人的自由与安全。④ 这可能是西方有关公共服务的最早理论思考，当然以今天视角去审视，这种思考还是明显缺乏"体系性"与"完整性"。

17世纪和18世纪是社会契约论全盛时期。公共服务的政治学理论在社会契约论诞生以后开始蓬勃发展。荷兰近代西方资产阶级思想先驱格劳秀斯、英国理性主义的奠基人霍布斯等人将"自然法"与"契约论"西方两大政治传统有机地结合起来，初步构建了近代意义上的社会契约论思想。⑤ 霍布斯基于人的理性和经验来解释国家的产生与基础，认为国家的建立是为了让人们避开"人人自危"的自然状态。洛克则以清晰而富有逻辑的推理，论证了国家产生以及其国家合法性问题。洛克秉持"天赋人权"的基本原则，始终坚持国家权力是有限权力，人们让渡给国

---

① ［古希腊］修昔底德:《伯罗奔尼撒战争史》，谢德风译，商务印书馆1997年版。
② ［古希腊］柏拉图:《理想国》，郭斌和、张竹明译，商务印书馆1996年版，第133页。
③ ［古希腊］亚里士多德.《政治学》，吴寿彭等译，商务印书馆1965年版。
④ 何怀宏:《契约伦理与社会正义》中国人民大学出版社1993年版，第11页。
⑤ ［美］列奥·施特劳斯、约瑟夫·克罗波西:《政治哲学史（第三版）》，李洪润等译，法律出版社2009年版，第385页。

家的只是保护自己不受侵犯的权利，而非任意伤害他人的权利。① 卢梭作为社会契约论的集大成者，他从社会状态中因人的理性与私有财产必然导致社会冲突出发，论证了国家的起源问题。② 卢梭指出，社会契约的宗旨是"要寻找一种结合方式，使它能以全部共同的力量来卫护和保障每个结合者的人身和财富，并且由于这一结合而使每一个与社会相结合的个人又只不过是在服从自己本人，并且仍然像以往一样的自由"③，由此，他对"主权在民"的思想进行了清晰的论证，明确指出了"合意"是合法性的唯一源泉。社会契约论从国家诞生的视角论述了公共服务的范围与必要性。

在 20 世纪下半叶，古典社会契约论经罗尔斯、诺齐克等人进一步探索，形成了新契约论。新契约论的理论功能在于解释"人们之间如何通过理性选择而合作，社会如何通过契约而成为合作良好的社会"④。罗尔斯指出，一个国家若想取得合法性，就必须把正义的原则确立为"社会机构的首要美德"⑤。据此，罗尔斯论证了民主社会的道德价值，阐明了立宪民主对程序民主的优越性⑥，并为某种自由主义的福利民主制度提供了理论辩护⑦。诺齐克认为，自由与平等并不相容，人权与自尊的基础是在于个人的自由而不是在于社会的平等；正义并非必然系于再分配，正义的核心在于个人持有之资格。进而指出，"国家的正义就在于尊重逻辑在先的个人资格正义""管得最少的政府就是最好的政府"⑧。可以说，罗尔斯和诺齐克"建立了美国政治哲学中并驾齐驱的两种模式"⑨，他们

---

① 徐向东：《自由主义、社会契约与政治辩护》，北京大学出版社 2005 年版，第 32 页。

② 徐向东：《自由主义、社会契约与政治辩护》，北京大学出版社 2005 年版，第 57—58 页。

③ ［法］让－雅克·卢梭：《社会契约论》，何兆武译，商务印书馆 1982 年版，第 23 页。

④ 于立深：《契约方法论——以公法哲学为背景的思考》，北京大学出版社 2007 年版，第 51 页。

⑤ John Rawls, *A Theory of Justice Revised Edition*, Cambridge, Mass: The Belknap Press of Harvard University Press, 2000, p1.

⑥ ［美］约翰·罗尔斯：《作为公平的正义：正义新论》，姚大志译，中国社会科学出版社 2011 年版，第 176—179 页。

⑦ 徐向东：《自由主义、社会契约与政治辩护》，北京大学出版社 2005 年版，第 80 页。

⑧ 文长春：《正义：政治哲学的视界》，黑龙江大学出版社 2010 年版，第 182 页。

⑨ 赵敦华：《当代英美哲学举要》，当代中国出版社 1997 年版，第 441 页。

在强调个人的权利的基础上聚焦点分别为个人的应得权（罗尔斯）和个人的资格权（诺齐克）。"资格权离不开法律规则的认可，应得权离不开道德规范的允诺"①。无论如何，这两种理论模式都有着共同的"正义"追求，并都根据自己的理论出发点给出了实现社会正义的理论方案。新契约论的理论研究与发展，给城乡公共服务均等化研究提供了部分学理依据。

（二）经济学路径的公共服务均等化研究

1776 年亚当·斯密在其《国富论》中对政府职能问题的研究已经涉及公共产品研究，亚当·斯密指出公共产品在没有政府的情况下难以得到市场较好的提供②，政府应该参与公共产品的提供。他尊崇市场自由主义，在他的观点中政府应该仅提供国防、司法和公共工程这三类最低限度的公共产品。

19 世纪 80 年代，以萨克斯、潘塔莱奥尼、马佐拉、马尔科为代表的奥意学派和瑞典学派对公共产品的研究对于公共产品理论的发展和形成起到了重要推动作用。奥意学派虽然推动公共产品理论研究使其取得了长足的发展，比较遗憾的是，受时代限制，他们的公共产品理论还不够完善，尤其是没有考虑政治程序对公共产品供给的影响，没有对公共产品供给的效率条件进行探讨。以维克塞尔和林达尔为代表的瑞典学派对公共产品的研究对公共产品理论的完善起到了极大的推动。维克塞尔把收入分配的公正作为基本目标之一，1896 年维克塞尔指出，个人从政府提供公共产品中获得的边际效用应与政府对个人征税带来的边际效用损失相等。维克塞尔还在公共产品理论中研究到了公平问题和公共产品供给的"搭便车"问题，而且他首次在公共产品供给研究中考察了政治决策的影响③。1919 年林达尔在维克塞尔的工作基础上建立了"林达尔均衡"模型。通过对政治上平等的两个人如何共同决定公共产品的供给以及各自分摊成本进行了研究，并且最终达到供给均衡。个人承担的税收

---

①　文长春:《逻辑在先的个人权利:诺齐克的政治哲学》，中央编译出版社 2006 年版，第 236 页。

②　[英] 亚当·斯密:《国富论》，郭大力、王亚南译，商务印书馆 1996 年版。

③　[瑞典] 克努特·维克塞尔:《财政理论考察——兼论瑞典的财政制度》，古斯塔夫费希出版社 1946 年版。

份额可以看作是个人消费公共产品的税收价格，该税收价格被称为"林达尔价格"①。综上所述，两大学派皆充分关注政治程序在提供公共服务中的巨大作用。但是，这两个学派所开创的"大陆传统"对公共产品的分析，还没有形成完整而系统的公共产品理论。

系统而完整的公共产品理论体系是由萨缪尔森、蒂布特、科斯、布坎南等学者最终完成的。萨缪尔森于 1954 年、1955 年相继发表《公共支出纯理论》《公共支出理论图解》两篇论文，对于公共产品理论研究起到了奠基性的作用。萨缪尔森将"集体消费品"严格定义为"每个人对这种物品的消费，不需要从其他人对它的消费中扣除"②，在其之后与他人合著的《经济学》中，萨缪尔森又将该定义修正为"公共产品是指能将效用扩展于他人的成本为零，并且无法排除他人参与共享的一种商品"③。他对公共产品理论的核心贡献是严格区分公共产品和私人产品，提出了纯公共产品的定义，但在公共产品供给的理论分析中缺乏对政治程序的考量。1956 年蒂布特在《地方公共支出纯理论》一文中建立了地方公共产品供给的蒂布特模型，提出"用脚投票"理论，对财政分权以及公共服务有效供给研究做出了突出贡献。但是，此研究是建立在严格的假设基础上，其现实可行性不会很高。

随后，一大批西方经济学者持续对公共服务理论研究做出了持续贡献。其中，布坎南在 1965 年在《俱乐部的经济理论》中分析了实现地方辖区最优规模的条件；斯蒂格利茨在 1994 年提出，公共财政是对经济正义原则的重要检验标尺；阿马蒂亚·森在 1981 年在《贫困与饥荒》中设计了新的福利指数，指出"可行能力"既是自由的实质与平等的焦点又是权利的基础与责任的前提，政府需要保证社会居民享有基本的和大致均等的基本公共服务的权利，才能具备提高个人能力的基本条件；科尔奈在 2003 年则提出，一个国家的政府有责任让每一个公民都能享有基本教育和医疗保障的权利，政府有责任保证穷人得到最基本的生存和发展

---

① ［瑞典］埃里克·罗伯特·林达尔：《货币和资本理论的研究》，商务印书馆 2000 年版，第 137 页。

② 转引自张馨《公共财政论纲》，经济科学出版社 1999 年版，第 609 页。

③ ［美］保罗·A. 萨缪尔森，威廉·D. 诺德豪斯《经济学》（第 16 版），华夏出版社 2002 年版，第 268 页。

权利。

（三）管理学途径的公共服务均等化研究

传统公共行政在20世纪初诞生。传统公共行政强调"效率至上"，将公共产品供给视为一个价值中立的技术行政过程，坚持公共产品由政府和官僚制组织垄断供给。以威尔逊和古德诺的"政治—行政"二分论和韦伯官僚制为理论基础，运用"两分法"将政府与市场割裂，思考公共服务供给的效率问题。

沃尔多与弗雷德里克森在20世纪60年代末、70年代初发起了新公共行政学。新公共行政学主要理论主张体现在《迈向新公共行政：明诺布鲁克观点》《新公共行政学》等著作中。新公共行政学对传统公共行政"效率至上"原则进行了质疑、批判和反思，聚焦价值取向问题，重点关注公共服务是否增进了社会公平，但新公共行政学没有在公共服务政府单一供给的问题上取得突破。

20世纪70年代，西方发达国家开始对政府管理进行大规模改革。并在80年代末与90年代初掀起了一场"新公共管理运动"，它以"三 E"（Economy，Efficiency and Effectiveness）为目标。20世纪90年代初，戴维·奥斯本和特德·盖布勒在《重塑政府：企业家精神如何改革着公共部门》一书中将其理念提炼为"企业家精神政府"。民营化大师萨瓦斯主要思考了公共服务供给中的公平原则问题。萨瓦斯认为可以从投入公平原则、支出公平原则和满意度公平原则三个原则来判断公共服务供给是否公平，并在《民营化与公私部门的伙伴关系》旗帜鲜明地指出"民营化"是改善政府公共服务的最佳途径。简·莱恩在2001年的《新公共管理》一书将"新公共管理"界定为契约制，这种契约制是签约外包制和政府内部契约制的相互结合。

市场迷信、公私混淆和"顾客"隐喻使"新公共管理"遭受到了以著名公共行政学家登哈特夫妇为代表的一批公共行政学者激烈批判。在深刻反思和批判新公共管理理论的基础上，新公共服务理论得以提出。登哈特夫妇在《新公共服务：服务，而不是掌舵》一书中指出，公共服务的首要关注点是公民、公民权以及公共利益，未来的公共服务的基础是应该以公民对话协商和公共利益。

萨拉蒙在《公共服务中的伙伴关系——现代福利国家中政府与非营

利组织的关系》一书中提出了"第三方治理"的崭新概念，从一个独特的视角探讨公共服务供给问题。萨拉蒙分析了政府与非营利组织关系的范围和性质，指出第三部门是为了解决公共服务中"市场失灵"或"政府失灵"问题而存在的。

　　奥斯特罗姆夫妇创建了多中心治理理论。多中心治理理论集中体现在《美国地方政府》《大城市区的政府组织》《公益物品与公共选择》《公共服务的制度建构》《公共事物的治理之道：集体行动制度的演进》等著述中。奥斯特罗姆夫妇在这些著作中主要运用公共选择理论与制度分析理论，分析了公共事务，特别是警察服务、公共池塘资源的自主治理问题。

二　国内文献综述

　　国内学者对公共服务均等化问题的研究起步较晚，虽然研究的深度与国外有明显差距，但是国内的研究更加紧扣"中国场域"。项中新在2000年就出版了《均等化：基础、理念与制度安排》①，在国内首先开始系统研究公共服务均等化问题。"基本公共服务均等化"目标是在2006年党的十六届六中全会提出的，此后基本公共服务均等化问题成为我国社会科学领域的热点与焦点，学界出版了大量的学术著作。其中有代表性的有：李军鹏《公共服务学——政府公共服务的理论与实践》②，中国（海南）改革发展研究院《基本公共服务与中国人类发展》③，朱光磊《城市公共服务体系建设纲要——给市长们的建议》④，马海涛等《中国基本公共服务均等化问题研究》⑤，孙建军《我国基本公共服务均等化供

---

①　项中新：《均等化：基础、理念与制度安排》，中国经济出版社2000年版。

②　李军鹏：《公共服务学——政府公共服务的理论与实践》，国家行政学院出版社2007年版。

③　中国（海南）改革发展研究院：《基本公共服务与中国人类发展》，中国经济出版社2008年版。

④　朱光磊：《城市公共服务体系建设纲要——给市长们的建议》，中国经济出版社2010年版。

⑤　马海涛等：《中国基本公共服务均等化问题研究》，经济科学出版社2011年版。

给政策研究》①，陈永正《城乡公共服务均等化与地方财政体制》②，俞雅乖《农村公共服务供给：模式创新与城乡均等化》③，范逢春《农村公共服务多元主体协同治理机制研究》④，姜晓萍《建设服务型政府与完善地方公共服务体系》⑤。这些著作从历史、现状、问题、原因与对策等多个方面对我国基本公共服务均等化问题进行了详细的论述，同时关于基本公共服务均等化的论文大量发表。通过对这些文章内容的分析，可以发现目前对城乡基本公共服务均等化的研究主要聚焦于以下六个主题。

（一）关于城乡基本公共服务均等化基础理论的研究

对于城乡基本公共服务均等化的基础理论研究仍然局限于基本公共服务均等化的理论分析框架，较少涉及基于城乡一体化基本公共服务均等化的专门理论研究。有学者从政治学视角研究基本公共服务均等化的公民权利（肖滨 2014，姚贱苟 2013，赵强社 2012，唐钧 2006）、政府职责（刘明慧、常晋 2015，王琛伟、陈凤仙 2014，唐铁汉 2008）、社会公正（张贤明、高光辉 2012，江易华 2011，刘琼莲 2009）等；有学者从经济学视角分析公共产品（公共服务）的经济属性（高培勇 2014，周黎安 2014）、供需机制（樊立惠、蔺雪芹、王岱 2015，陆道平 2013，郭小聪、代凯 2012）、成本与收益分析（魏义方、顾严 2017，黎红、杨黎源 2017，笪丰明 2015）等；也有学者从权利均等（张志勇 2014，陈毅 2014，周刚志 2010，丁元竹 2008）、机会均等（李鹏 2017，易小兵 2016，迟福林 2008、常修泽 2009）、结果均等（夏志强、罗旭、张相 2013，成新轩、柳佳龙 2016）等维度对基本公共服务的概念与内涵进行界定，深入研究基本公共服务的范围与责任主体、现实需求与实现策略等。也有学者从城乡互补和城乡融合的角度探讨了城乡基本公共服务均等化的概念与目标（范逢春 2014，吴业苗 2013，王谦 2011）。这些研究主要以公共产品（公共服务）理论为基础，对我国城乡基本公共服务均等化的必要性与紧

① 孙建军：《我国基本公共服务均等化供给政策研究》，知识产权出版社 2012 年版。

② 陈永正：《城乡公共服务均等化与地方财政体制》，四川大学出版社 2013 年版。

③ 俞雅乖：《农村公共服务供给：模式创新与城乡均等化》，中国人民大学出版社 2014 年版。

④ 范逢春：《农村公共服务多元主体协同治理机制研究》，人民出版社 2014 年版。

⑤ 姜晓萍：《建设服务型政府与完善地方公共服务体系》，中央编译出版社 2015 年版。

迫性进行探讨。

（二）关于城乡基本公共服务非均等化现状的研究

对城乡基本公共服务非均等化研究较多，但对导致非均等的制度障碍与诱因的研究相对较少。学者研究主要聚焦于以下几个方面：一是制度设计的非均等化（范杰武 2015，叶兴庆、徐小青 2014，朱善利 2013，吴业苗 2013，郁建兴 2011，迟福林 2009）；二是资源配置的非均等化（杨林、王璐 2017，丁元竹 2013，汪玉凯 2012，吴江 2011，任强 2007）；三是收益效果的非均等化（李卉、杨德才 2018，高文武、徐明阳、范佳健、龙莹 2018，李国正、艾小青 2017，廉超 2017）；四是农民工享受均等化公共服务的问题（曹玉 2018，辜胜阻、李睿、曹誉波 2014，杨刚强 2013、韩俊 2012、孙德超 2012）。也有部分学者将研究重点放在如何解决农村基本公共服务的供给问题上，从农村基本公共服务供给主体、供给模式、供给机制等方面进行了研究（范逢春 2014，韩小威 2012，张平军 2012，史传林 2008，项继权 2008）。这些研究往往都是采用官方数据，论证城乡之间的差异，反映我国城乡权利保障的不公平程度。

（三）关于政府职能与城乡基本公共服务供给主体的研究

对政府职能与基本公共服务供给的责任主体研究较多，但对城乡基本公共服务供给中多元协同机制与激励机制研究相对薄弱。有些学者从服务型政府以及政府职能转变等视角对各级政府如何加强公共服务职能进行分析（曾旭 2016，杨柳 2014，唐铁汉 2008，李军鹏 2003）；有些学者从政府、市场、社会关系视角对城乡基本公共服务的责任主体进行分析（汪锦军 2011，周耀虹 2007，徐祖荣 2009，孙晓莉 2009）；有些学者从中央地方关系视角对城乡基本公共服务供给责任主体进行分析（曾维和、元瑾 2015，范逢春 2014，迟福林 2008）。

（四）关于城乡基本公共服务均等化财政保障的研究

当前学界对于基本公共服务均等化的研究中财政保障的研究较为丰富，但是关于财政保障的可持续性研究相对较弱。部分学者致力研究政府间、政府与社会公共财政的财权划分问题（李燕凌、彭园媛 2016，刘成奎、龚萍 2014，蔡秋梅 2012，胡均民 2009，贾康 2005）；有些学者研究推进基本公共服务均等化的财政能力均等化问题（周幼曼 2013，丁元竹 2013）；有些学者研究基本公共服务均等化的转移支付问题（杨沁昀

2016，周美多 2014，孙德超 2013，刘铭达 2007，王磊 2006，王雍君
2006，江明融 2006）。这些学术成果为本研究提供了很好的参考。

（五）关于新型城镇化与农民市民化的研究

对统筹城乡发展中农民市民化的现实困境与制度需求研究开始起步，
对新型城镇进程中农业转移人口享受城镇基本公共服务的实现机制与制
度供给研究还非常薄弱。当前有学者对农民市民化这一转变过程中产生
的公共服务问题进行深入研究，认为农民市民化的实质是公共服务的均
等化（范逢春、姜晓萍 2015，朱巧玲、甘丹丽 2013，韩俊 2012，国务院
发展研究中心课题组 2011，欧阳慧 2010）；有些学者从阻碍农民市民化的
制度问题为切入点进行了研究，认为农民市民化的核心问题包括户籍制
度以及由此形成的其他制度障碍（吴业苗 2012，简新华 2011，徐增阳
2010，周小刚 2009，刘传江 2007）。这些研究紧扣时政变化，从多个角度
探讨了农民市民化多方面问题。

（六）关于基本公共服务均等化绩效评估的研究

部分研究机构从公众满意度、供给规模与效率等方面开展了对中国
城市基本公共服务的绩效评估（中国社科院《中国城市基本公共服务力
评价 2010—2011》、中山大学《中国城市政府公共服务能力平评估报告
2013》、连氏中国城市公共服务质量指数调查、零点中国公共服务公众评
价指数报告、《小康》杂志发布的"中国公共服务小康指数"）。大量学
者以政府基本公共服务职能分类为切入点进行了基本公共服务绩效评估
的指标体系设计。根据评估内容的差异，目前我国学术界相关研究可分
为两类：第一类研究选取具体的基本公共服务项目来构建指标体系。具
有代表性的包括：常忠哲、丁文广（2015）基于 PSR 模型，从压力、状
态和响应 3 个方面出发构建了一个包括 3 个二级指标、11 个三级指标、
30 个四级指标的社会保障基本公共服务水平评价指标体系；吴建、张亮
（2011）等人建立了一套包含 2 个一级指标、13 个二级指标、37 个三级
指标的基本公共卫生服务均等化评估指标体系；张雷宝（2009）基于变
异系数、基尼系数分析法，选取万人拥有公共道路里程指标、万人拥有
公交车辆指标、人均能源消耗指标等 10 个指标对 2006 年浙江省公共基础
设施服务均等化问题进行量化分析。第二类研究通常将整个基本公共服
务范畴作为研究对象，包括城乡基本公共服务均等化研究和区域基本公

共服务均等化研究，区别仅在于场域选择。例如，刘成奎和王朝才（2011）利用社会保障指数、卫生服务指数、义务教育指数、基础设施指数 4 个大方面指标和 8 个单项指标构建了城乡基本公共服务均等化指标体系，并基于我国 28 个省份的实际数据（2004—2008 年度）加以验证，结果显示我国各省份内部城乡之间均等化水平差异较大；吕晖、夏冕（2017）以浙江、湖北、云南、上海、四川、广东五省一市作为研究样本，分析我国城乡基本公共服务的居民总体满意度，结果显示居民满意度在不同基本公共服务领域存在显著差异性。

三　国内外文献评述

国外关于公共服务均等化的研究不多，主要分布于公共产品或公共服务的文献中。国外相关研究在路径上呈现多样化，在方法上强调定量化，在手段上主张通过建立科学的财政制度实现基本公共服务均等化。虽然国外的研究极为深刻，但是国外在公共服务均等化研究上缺少"中国语境"，对于具有城乡二元分化特征的中国来说，没有太多的直接参考价值。

国内关于城乡基本公共服务均等化的研究时区分布与公共政策的演进呈正相关性，基本上都是围绕国家政策的变迁聚焦热点、形成热潮。自 2009 年以来，城乡一体化、农村基本公共服务研究开始成为学术热点。2012 年，随着国务院《全国现代农业发展规划（2011—2015 年）》和《国家基本公共服务体系"十二五"规划》中提出"统筹城乡基础设施建设和公共服务，逐步建立城乡统一的公共服务制度"，城乡基本公共服务均等化中的二元体制障碍、制度建设、供给机制、财政保障机制、测度体系等问题开始成为焦点话题。2017 年《"十三五"推进基本公共服务均等化规划》提出，"努力提升人民群众的获得感、公平感、安全感和幸福感，实现全体人民共同迈入全面小康社会"，推进基本公共服务均等化、标准化、法制化等问题成为研究的焦点。这些研究成果为本书的提供了重要的启示与借鉴。但是已有的研究成果仍有一些薄弱环节，特别是从制度视角破解基本公共服务城乡二元供给问题，需要进一步探讨和研究。

（一）城乡基本公共服务均等化的理论基础有待深入

厘清城乡基本公共服务均等化的理论基础是开展本课题研究的逻辑

起点。目前对城乡基本公共服务均等化的基础理论研究多数都着力于概念、内涵、特性、标准的解读,但对城乡基本公共服务均等化的价值理性研究较少。基本公共服务作为一个现代性命题,作为一个并不崭新的概念,其思想渊源和理论基础源远流长。城乡基本公共服务均等化是一个充满着中国特色的话题,应该寻找其在中国的理论支撑。基本公共服务均等化作为理想社会的要素之一,同样是马克思主义哲学的重要命题之一;作为社会公平的状态,在中国也同样有其思想的发展根基。目前学者们对基本公共服务均等化的探讨,主要是采用西方的话语体系进行论述,没有很好地总结经典马克思主义的公共服务均等化理论以及中国本土的公共服务均等化思想。

(二)城乡基本公共服务均等化的政策审视缺乏系统性

对中华人民共和国成立 70 多年来基本公共服务政策文本进行全面性的梳理与深层次的分析,并在此基础上对基本公共服务均等化政策的未来发展趋势进行科学化的预测,对于进一步推进我国基本公共服务均等化进程的健康发展有着重要意义。学界既有的研究要么过于宏观而粗略,要么过于狭隘而碎片,难以整体把握我国基本公共服务均等化政策演绎的清晰脉络。怎样通过较为规范的研究方法和研究设计,以扎实的统计数据为基础,具体分析我国基本公共服务均等化政策的制度变迁、重点领域与阶段性特征,总结其发展的脉络与趋势,反思其得失,是学界亟须努力的工作。

(三)城乡基本公共服务均等化的制度绩效研究比较不足

学界对城乡基本公共服务均等化的现状的研究相对较多,其中讨论不均等现状的定量分析也不少,但是从制度绩效角度探讨城乡基本公共服务均等化发展水平的研究相对较少。基于新制度主义内部各派别对制度的定义、所持方法论以及基本理论假设的差异,彼德·豪尔和罗斯玛丽·泰勒将新制度主义划分为历史制度主义、理性选择制度主义和社会学制度主义三大流派①,并获得学界认可。作为流行于世的理论范式,新制度主义关于制度绩效的理解也呈现出不同的取向,但是总体上都认可

---

① [美]彼德·豪尔、罗斯玛丽·泰勒:《政治科学与三个新制度主义流派》,转引自何俊志、任军锋、朱德米编译《新制度主义政治学译文精选》,天津人民出版社 2007 年版。

美国政治学家利普赛特的解读："有效性指实际的政绩，即该制度在大多数人民及势力集团如大商业或军队眼中能够满足政府基本功能的程度。"①如何从制度绩效视角，分析我国城乡基本公共服务不均等的时空演化，需要学界进一步探索。

（四）城乡基本公共服务均等化的体制障碍研究缺乏深度反思

学术研究成果发现，在基本公共服务等领域农村地区远远落后于城市，政府的"城市偏好"在增加而不是削弱。学界关于城乡基本公共服务的不均等有诸多解释，这些解释总体而言缺少系统性，对城乡基本公共服务均等化的政策导向问题、政策设计问题、政策执行问题没有进行"一体化"的分析；同时对相关的公共服务体制缺少法治化反思，对城乡基本公共服务均等化制度缺少民主化反思，对城乡基本公共服务均等化政策缺少科学化反思。

（五）城乡基本公共服务制度衔接的战略设计与制度衔接不够完整

学界对于城乡基本公共服务制度衔接有所涉猎。但是目前大部分研究都仅从单一的角度出发提出相应的建议。其实，我国城乡基本公共服务要走向均等化，是一个巨大的系统工程，涉及诸多层面的改革，需要完整的战略设计，需要系统制定战略规划。目前理论界的研究，在城乡基本公共服务均等化的指导思想、目标任务、战略步骤缺少整体性的思考，在很多方面甚至落后于实践界，更遑论制定完整的战略设计。同时，对制度衔接的具体设计也很少做出科学安排，没有办法真正给政策制定者提供有价值的参考。

（六）城乡基本公共服务制度衔接的配套政策与保障机制思考较少

城乡基本公共服务制度衔接是一个系统工程。很多时候问题不在于制度本身的对接，而是政府行政管理体系的整体变革。学界目前提出来的配套政策较为笼统，对城乡公共服务均等化体制创新缺乏详细的规划和论证。当前我国需要系统构建城乡基本公共服务的政策配套与机制保障。

---

① ［美］利普赛特：《政治人》，刘钢敏等译，商务印书馆1993年版。

第三节 研究思路与研究内容

城乡基本公共服务均等化已成为近年来学术界持续关注的热点问题，也已成为我国政府推行公共政策的重心。但是仍然有诸多重大理论问题与实践难题需要进一步厘清。政府工作需要在经济效率与社会正义、公共权力与人民权利之间不断取得新的平衡。当前我国社会发展已经为城乡基本公共服务均等化革新准备好了条件。问题在于如何实现这种革新。基于这种思考，本书遵循方案设计思路，安排了四个方面的研究内容。

一 研究思路

在国家治理现代化背景下，当前城乡基本公共服务均等化正沿着"从渐次改进到整体重构"① 路径演变。要实现城乡基本公共服务均等化的"整体重构"，就必须对城乡基本公共服务均等化的诸多理论与实践、历史与现实、战略与保障等问题进行思考。基于本书的主题，本书遵循"提出问题—分析问题—解决问题"的思路。全书的逻辑进路如图 1—1 所示。

二 研究内容

根据以上研究思路，结合拟解决的主要问题，本书设定了理论建构、实践盘点、体制障碍和制度衔接四个方面的研究内容。

（一）城乡基本公共服务均等化的基本概念与理论基础研究

要解决城乡基本公共服务均等化的体制障碍与制度衔接问题，就必须要必须要回答什么是"城乡基本公共服务均等化"、为什么要"推进城乡基本公共服务均等化"的问题。这就要需要对城乡基本公共服务均等化的基本概念与理论基础进行研究。这一部分具体包含两方面内容：第一，城乡基本公共服务均等化的基本概念。本书所涉及的核心概念主要包括公共服务、基本公共服务、基本公共服务均等化。第二，城乡基本

① 薛澜、李宇环：《走向国家治理现代化的政府职能转变：系统思维与改革取向》，《政治学研究》2014 年第 5 期。

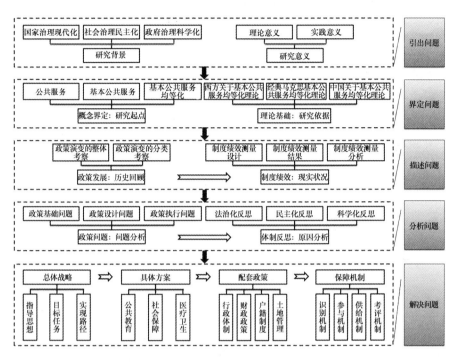

图1—1 本书的逻辑进路

资料来源：根据本书内容制订。

公共服务均等化的理论基础。在理论基础部分，主要阐述西方社会正义理论、公共产品理论以及新公共服务理论，经典马克思主义的社会扣除理论、历史的公平正义观，以及中国传统民本主义思想、中国特色社会主义思想。

（二）城乡基本公共服务供给的政策演变与制度绩效研究

要解决城乡基本公共服务均等化体制障碍问题，需要我们对既往的政策进行梳理。当然这种政策梳理的目的并不在于纯粹地对城乡基本公共服务均等化政策内容进行描述性归纳，而是希望通过全面系统地分析城乡基本公共服务的内容演进，以求从宏观上寻求城乡基本公共服务均等化政策变迁的实质所在，从而更深层地通过城乡基本公共服务均等化政策文本把握政策要义。采取内容分析法、时间序列分析法与批评话语分析，对中华人民共和国成立70多年来基本公共服务均等化的政策文本进行检视。在"历时性"维度，从"整体"与"分类"两个视角探讨城乡基本公共服务供给的制度变迁。在"共时性"维度，从"整体"与"分区"两个视角探讨城乡基本公共服务制度的均等化绩效表现。

（三）城乡基本公共服务均等化的政策问题与体制反思研究

一般而言，城乡二元发展战略导致了我国城乡基本公共服务非均等化，那么到底有哪些政策阻碍了城乡基本公共服务均等化的实现呢？这些政策问题背后，有哪些体制障碍呢？根据这些问题，设计了两个方面内容：第一，影响城乡基本公共服务均等化的政策问题，包括政策基础、政策设计、政策执行等。第二，政策过程视角的城乡基本公共服务均等化体制反思，通过"法治化""民主化""科学化"三个维度的反思，对"元制度"障碍、法律障碍、核心制度障碍、保障体制障碍进行系统总结。

（四）城乡基本公共服务均等化的总体战略与制度衔接研究

推进城乡基本公共服务均等化是个系统工程，既需要在战略层面做出设计，又需要从政策层面做出完整安排，既需要配套政策的协同，又需要保障机制的护航。这一部分主要有四个方面内容：第一，城乡基本公共服务均等化的总体战略研究。包含指导思想、目标任务、实现路径等；第二，城乡基本公共服务均等化的具体方案研究，对公共教育、社会保障、医疗卫生等公共服务的具体制度衔接做出设计；第三，城乡基本公共服务均等化的配套政策研究，主要包括行政体制、财政政策、户籍制度与土地管理等问题；第四，城乡基本公共服务均等化的保障机制研究，从识别机制、参与机制、供给机制和考评机制四个方面，研究如何构建"科学有效"的城乡基本公共服务均等化推进机制。

第四节　研究方法与技术路线

人类个体主观的随机性、模糊性、异质性和动态性使社会科学的研究对象呈现复杂性，城乡基本公共服务均等化的体制障碍与制度衔接研究也具有相应的复杂性，因此必须在马克思主义哲学方法论指引下，"在方法意识上由偏狭走向合理，在方法内容上由一元走向多元，在方法价值上由观念走向实行"①，想要顺利达成研究目标，必须确保研究方法与技术的科学性、多元性及合理性。

一 研究方法

学者一般在三种意义上使用"研究方法"这一概念：一是指认识和揭示事物本质的哲学原则，它是处于世界观层次的根本方法；二是指研究问题的基本角度和出发点；三是指收集和处理研究材料的具体技术。②此处所论及的"研究方法"主要是第二种意义上的方法。本书采用定性分析与定量分析相结合、规范分析与实证分析相结合的方法，对城乡基本公共服务均等化的"制度"问题进行研究。具体采用文献研究法、规范研究法、实证研究法、历史研究法。

（一）文献研究法

文献研究法是社会科学最常使用的研究方法之一。"文献研究法也称情报研究、资料研究或文献调查，是指对文献资料的检索、搜集、鉴别、整理、分析，形成事实科学认识的方法。"③本书广泛搜集国内外探讨城乡基本公共服务的理论文献，以及地方政府相关政策文件和统计数据的收集，从而界定概念内涵，确定测量维度；通过政策文本分析，总结并提炼国内外城乡基本公共服务均等化的主要模式及经验教训；通过资料分析，发现、描述、分析、提炼城乡基本公共服务均等化的制度设计与体制机制创新中的问题与经验。

（二）规范研究法

规范研究法是假设按事物内在联系，并运用逻辑推理，从而得出结论的一种研究方法，强调"应该是什么"。在城乡基本公共服务中，需要以一定的价值判断作为出发点，对公共服务现状进行评价，提出公共服务行为标准，这将成为处理相关问题和制定相关政策的依据。分析城乡基本公共服务均等化的体制障碍，首先需要对城乡基本公共服务均等化

---

① 李承贵：《当代人文社会科学研究方法的三大变革走向》，《社会科学管理与评论》2000年第2期。

② 金太军：《规范研究方法在西方政治学研究中的复兴及其启示——兼论当代中国政治学的发展》，《政治学研究》1998年第3期。

③ 杜晓利：《富有生命力的文献研究法》，《上海教育科研》2013年第10期。

进行规范化研究，即明确"城乡基本公共服务均等化应该是什么"的问题。为此，必须运用规范分析的方法，对城乡基本公共服务均等化的基本范畴、理论基础、价值追求以及运行模式进行规范性的探讨。

（三）实证研究法

实证研究法是认识客观现象，向人们提供实在、确定、精确的知识研究方法，其重点是研究现象本身"是什么"的问题。实证研究法试图超越或排斥价值判断，只揭示客观现象的内在构成因素及因素的普遍联系，归纳概括现象的本质及其运行规律。实证研究方法可以大体分为两类，即定性研究和定量研究。由于城乡基本公共服务均等化的现状与问题、原因与对策是一个可以实证测量的话题，在研究过程中采用实证研究方法，通过数据收集、数据分析来验证检测相关理论推导。一方面，尽可能到政府部门进行实地调研，广泛搜集相关资料；另一方面，在相关部门的协助下，对城乡基本公共服务均等化的享受者进行大规模的问卷调查、深度访谈，为城乡基本公共服务均等化的制度衔接奠定实证基础。

（四）历史研究法

历史研究法，是以研究、分析和解释过去所发生的事件，还原历史事件的因果关系及其脉络，进而了解现在并预测未来为目的的研究方法。历史研究法遵循历史演进的基本逻辑、规律和线索，通过分析研究，揭示历史发展规律的必然性。作为一个实践性极强的研究，必然回归到历史背景下，用历史研究法去理解公共服务政策的背景，分析运行情况及政策结果，从而提出新的更合理的对策建议。本书通过回顾历史，对我国城乡基本公共服务供给制度进行了全面的梳理和分析，找出现阶段公共服务存在的问题，根据当下我国国情，从而提出合理的政策建议。

二　技术路线

本书通过对国内外公共服务等方面的近期文献的收集和分析，运用理论分析法、专家咨询法为城乡基本公共服务均等化搭建理论基础、提供分析框架；采用理论分析法、问卷调查法、文本分析法、多源流分析城乡基本公共服务均等化的历史演变；同时运用 Delphi 法、专家咨询法、频度分析法、理论分析法相结合的方法，进行城乡基本公共服务均等化制度绩效进行测度；应用因果分析技术、归纳法、批判分析法对城乡基本公共服务均等化制度进行反思；应用战略分析技术、政策模拟技术，探讨城乡基本公共服务均等化的制度衔接思路与路径；应用头脑风暴法与系统工程技术探索城乡基本公共服务均等化诸制度衔接对策。（如图1—2所示）

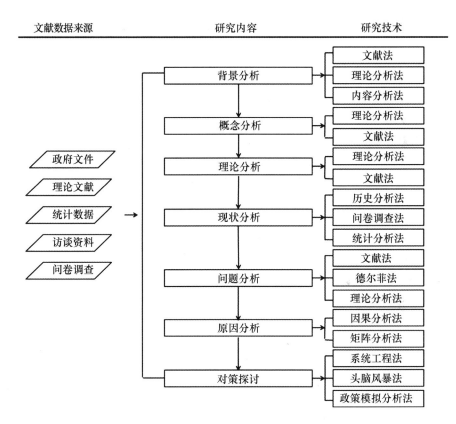

图1—2　研究技术路线图

资料来源：根据本书内容制订。

第二章

基本概念与理论基础

21 世纪初，公共服务作为国家治理与公共政策的专有名词进入中国人的话语范畴。然而，基本公共服务均等化作为社会的基本价值取向和政府的重要政策目标，并不是一个崭新的概念，其思想渊源和理论基础源远流长。

第一节　基本概念

科学研究的前提是对基本概念的清晰界定，基本概念解析是科学研究的逻辑起点。要对城乡基本公共服务的体制障碍与制度衔接进行研究，就需要在"时空转向效应"中对公共服务、基本公共服务、基本公共服务均等化等核心概念进行精确界定。[①]

一　公共服务

现代意义上的"公共服务"与传统的国家服务活动有着本质上的巨大区别，它虽然导源于国家社会管理职能，但却有着传统国家服务活动不具备的诸多特质[②]，这不仅仅体现在现代意义上的"公共服务"在政府

---

① 范逢春：《县级政府社会治理质量测度标准研究》，中国人民大学出版社 2015 年版，第 38 页。

② 柏良泽认为，公共服务是维护基本人权的活动，区别于行使国家主权的活动。公共事务包括主权事务和人权事务，主权事务涉及国防、外交、军事、制衡、管制等方面；人权事务包括衣食住行、生老病死等各个方面，涉及生存、教育、劳动、医疗、养老等基本需求。主权行为是统治行为，最极端的形式是实施管制；而人权行为是维护行为，最基本的形式是提供服务。主权行为是任何政府都固有的行为，人权行为只是现代政府对基本人权觉醒之后才有的行为，因而公共服务职能才被理解为现代政府职能。参见柏良泽《"公共服务"界说》，《中国行政管理》2008 年第 1 期。

职能体系中有着明确定位，并在政府职能结构中占据了越来越重要的位置，更重要的是"公共服务"的价值规范和内容范围获得了非常鲜明的"现代性"特质。

（一）概念的提出

"公共服务"作为自觉的政策实践固然只是晚近的事情，但其作为国家的职能行为却由来已久。马克思认为："自从国家诞生，国家一直具有双重属性，它既是一个统治机关，同时也是一个管理系统。政治统治到处都是以执行某种社会职能为基础，而且，政治统治只有在它执行了它的这种社会职能时才能持续下去。"[1] 综观国家发展史，从国家职能的角度审视，"公共服务"国家服务实践的历史非常久远，显然并非近现代以来才发明的新生事物。

在 19 世纪后半叶，出现了作为现代意义上"公共服务"概念。德国社会政策学派代表瓦格纳在 1872 年出版了《财政学》一书。他指出，"如果我们考虑财政经济中国家以及其他消费所需的支出经济的话，那就必须筹划国家需要中所支付的工资薪酬、或直接使用于公共服务的、或为获得其他产品而必须事先筹措的用于支付的货币的部分。在整个国家需要中，这部分可以专称为财政需要"[2]。瓦格纳认为，对于整个国家的社会经济发展而言公共服务是至关重要的。

20 世纪初，法国公法学者狄骥认为："公共服务的概念正在逐渐取代主权的概念而成为公法的基础。"[3] 他从公法研究的角度对公共服务的概念进行界定，他在 1912 年出版的代表性著作《公法的变迁——法律与国家》一书指出："任何因其与社会团结的实现与促进不可分割，而必须加以规范和控制的活动就是一项公共服务，只要它具有除非通过政府干预否则便不能得到保障的特征。"[4] 他同时指出："公共服务就是指那些政府

---

[1] 《马克思恩格斯选集》（第 3 卷），人民出版社 1972 年版，第 219 页。

[2] ［德］阿道夫·瓦格纳：《财政学》第 1 卷，德文版，第 7 页，转引自李军鹏《公共管理学》，首都经济贸易大学出版社 2005 年版，第 304 页。

[3] ［法］莱昂·狄骥：《公法的变迁——法律与国家》，辽海出版社、春风文艺出版社 1999年版，第 40 页。

[4] ［法］莱昂·狄骥：《公法的变迁——法律与国家》，辽海出版社、春风文艺出版社 1999年版，第 446 页。

有义务实施的行为。"① 法国另一位著名的公法学者佩泽尔进一步完善了公共服务的概念。他认为公共服务是"公共团体为了满足普遍利益的需要而进行的活动"②。

此后，西方公共经济学关于公共产品理论发展势头良好，"公共服务"概念的内涵和外延得以丰富。早期公共经济学研究中，"公共产品"被学者们视为核心概念，并没有对公共产品和公共服务做出清晰的区分。萨缪尔森1954年在《公共支出纯理论》一文中提出了"公共产品"概念和其非竞争性特征，即任何人消费公共产品都不会导致其他人对其消费的减少③。1956年，蒂布特认为公共产品是指"一种能够被生产出来，但却无法对消费者进行合理收费的产品"④。他指出，如果将外部经济包含在消费的定义中，则许多看起来不具备公共产品属性的产品就可以被认定是公共的。二者相较，萨缪尔森是从"非竞争性"和"非排他性"两项技术特征界定公共产品的概念，而蒂布特则是从"外部性"判定标准来界定公共产品。

20世纪90年代，"新公共管理"运动在一些西方发达国家兴起，其中"新公共服务"理论的引入使得政府与社会、政府与市场之间的关系发生了深刻变化，同时政府的公共服务职能也发生了很大变化。关于公共服务概念的理解仍然在发展中，不同的视角、不同的学科有不同的思考。

中国语境下的"公共服务"是在全面推进现代化进程、构建社会主义和谐社会的背景下产生的，是随着西方新公共管理运动及新公共服务理论在中国的传播而受到关注的。但是国内对公共服务的内涵并未形成统一的看法。近些年来，国内关于公共服务的研究越发丰富，但是一般都是从公共服务的主要内容来进行理解，缺少真正抽象意义上的范畴

---

① ［法］莱昂·狄骥：《公法的变迁——法律与国家》，辽海出版社、春风文艺出版社1999年版，第50页。

② ［法］古斯塔夫·佩泽尔：《法国行政法》，廖坤明、周洁译，国家行政学院出版社2002年版，第187页。

③ Samuelson, Paul A., "The Pure Theory of Public Expenditures", *Review of Ecnomics and Statistics*, 1954, 4: 387－389.

④ ［美］查尔斯·M. 蒂布特：《一个关于地方支出的纯理论》，吴欣望译，《经济社会体制比较》2003年第6期。

界定。

（二）公共服务的内涵

此处主要是从中文语境探讨公共服务的内涵。就我们国家公共服务的概念及范围来说，国内学者主要是基于其公共物品的特性来阐述的，主要有"主体解释法""职能解释法""内容解释法""物品解释法""价值解释法""利益解释法"等解释方法①。综合起来看，国内学者们主要从以下三个视角来理解公共服务的内涵。

第一，从公共产品的视角来解释公共服务。在这种观点下，公共服务是指依靠公共部门、依托公共设施提供的服务，其最终目的是满足社会公共需求。国内学者常常会探究"公共服务"公共产品的关系，主要有"等同关系""互补关系""包含关系"三类观点。持"等同关系"观点的学者认为，公共产品和公共服务的概念是等同的，公共服务就是公共产品，它们兼具消费的"非竞争性"和受益的"非排他性"。"互补关系"的观点则是将公共产出分为有形产出和无形产出两种类型。公共产品则是属于前者，例如社会保障、公共教育、医疗卫生等，其特征是生产与消费在时间与空间上是一体的。"包含关系"也分为两种认识：一种认为公共服务的外延大于公共产品，公共服务是一国全体公民都应该公平、普遍享受的服务，无论其种族、收入和社会地位如何②；另一种认为公共产品是比公共服务更为宽泛的基本概念，公共产品的概念中包含着公共服务，公共服务是以非物质形态表现出来的无形公共产品。本书持有"等同关系"的观点，认为"公共服务"与"公共产品"是同样的内涵。

第二，从政府职能的视角来解释公共服务。在现代国家中，"公民身份"决定了公民权利。蒂利认为，"公民身份"是国家与公民所签署的契约③。公民权利的基本诉求是公民享有水平相当、标准适当、内容大致相同的生活保障与社会服务。公共服务的逻辑起点是保障人们获得基本的

---

① 靳永嘉：《公共服务提供机制：以欠发达农村地区为研究对象》，社会科学文献出版社2009年版。

② 陈昌盛：《基本公共服务均等化：中国行动路线图》，《财会研究》2008年第2期。

③ C. Tilly., *Conclusion：Why Worry about Citizenship?* In M. Hanagan & C. Tilly，（eds）. Extending Citizenship, Reconfiguring State. Landam. M. D.：Rowman & Littlefield Publishers，1999.

生活保障和必要的社会福利。在当代中国社会，人们对政府服务的要求，不再仅局限于民事权利保障与政治权利赋予，还包含了方方面面的社会权利实现。

第三，从公共利益的视角来解释公共服务。这种观点认为，公共服务具有诸多特性，其中最为显著的是公共特性。有学者指出，持有不同主导价值观念的不同国家，对公共利益的理解不一样；在不同的价值导向和价值判断下，不同国家对于公共服务内涵、外延和边界的理解也莫衷一是[1]。但是不管如何，实现公共利益、满足社会公共需要是最大的公约数。

本书对公共服务的定义，采用学者张序的界定，认为公共服务是指政府为满足社会公共需要而提供的产品和服务的总称，它是由以政府机关为主的公共部门生产的、供全社会所有公民共同消费、平等享受的社会产品[2]。基于该定义，我们可以发现公共服务的两大基本特征——满足社会公共需要与公民平等享受。

（三）公共服务的分类

研究城乡基本公共服务均等化，首先"要采用一定的标准和方法，依据一定的原则，对公共服务进行全面系统的划分与归类，即公共服务分类"[3]。这既是城乡基本公共服务均等化理论研究的起点，也是城乡基本公共服务均等化政策实践的需要。遵循"类型学"研究的一般框架，参考既有分类的基本标准，借鉴相关学者的探索，对公共服务的分类做以下构想（见表2—1）。

表2—1　　　　　　　　　　公共服务的宏观分类框架

分类维度	类型分类	典型形式
服务对象覆盖	一般性服务	国防保卫、户籍管理
	针对性服务	社会救助、就业培训

---

① 刘德吉：《基本公共服务均等化：基础、制度安排及政策选择——基于制度经济学视角》，上海交通大学出版2013年版，第33页。

② 张序：《"公共服务"相关概念的辨析》，《管理学刊》2014年第2期。

③ 王海龙：《公共服务的分类框架：反思与重构》，《东南学术》2008年第6期。

续表

分类维度	类型分类	典型形式
服务互动性质	供给性服务	卫生防疫、义务教育
	管制性服务	公共安全、环境保护
服务产品形式	制度性服务	产权制度、信息公开
	产品性服务	基础设施、服务场所
服务需求频率	经常性服务	交通维护、食品监管
	偶尔性服务	危机管理、冲突化解
服务价值属性	交易性服务	文化消费、公共交通
	公益性服务	环境卫生、社会保障

资料来源：根据相关学者研究进行整理。

　　随着"公共服务"政策实践的深入，公共服务又有了新的分类方式，如下表2—2所示，是从服务功能、服务特征、服务性质、服务水平、职责配置等不同角度思考公共服务的同异之处。

表2—2　　　　　　　　　　公共服务的常见分类框架[①]

分类标准	类型划分	典型形式
公共服务的功能[②]	维护性公共服务	外交、国防、公共行政服务等
	经济性公共服务	城乡公用事业、公共设施建设、各类公共补贴等
	社会性公共服务	公共基础教育、城乡环境保护、医疗卫生服务、社会保障服务、劳动就业服务等
公共服务的内容	政权性公共服务	立法、司法、行政、国防等
	社会性公共服务	社会就业、社会保障、教育、卫生医疗、文化体育、科技发展等
	经营性公共服务	邮电、电力、煤气、自来水、交通等

---

　　①　此处重点参考了王海龙《公共服务的分类框架：反思与重构》，《东南学术》2008年第6期。

　　②　李军鹏：《论中国政府公共服务产品职能》，《国家行政学院学报》2003年第4期。

续表

分类标准	类型划分	典型形式
公共服务的性质①	基本公共服务	法律体系、权利保护、国防、外交、科技、环保、公共教育、公费医疗等
	混合公共服务	下水道系统、电话电信系统、电视广播系统、邮电服务系统等
	管制性公共服务	政府规制企业的行为,如质量标准、卫生标准、技术标准、安全标准等
公共服务的水平	基本公共服务	义务教育、社会救助、公共卫生、公共文体、社会保险、公共安全等
	非基本公共服务	文化产业服务、高级健康促进服务、高等教育等
公共服务的职责②	全国性公共服务(中央政府承担)	国防与外交、邮政服务、大型水利工程、全国性交通设施、重大基础科研、全国气象服务、全国性文化事业等
	地区性公共服务(地方政府承担)	地方性的公共交通、基础设施、环保、公园、供水、供电、供气、治安等
公共服务的层次③	保障性公共服务	九年义务教育、警务救助、消防与救灾、疾病预防与控制、社会救助等
	发展性公共服务	法律专业服务、专业化安全服务、学前教育、高等职业教育、终身教育等
公共服务的逻辑	核心公共服务	九年义务教育、基本社会保障、基本医疗卫生
	基本公共服务	公共教育、社会保障、公共卫生、就业服务、环境保护、公共文化服务等
	全面公共服务	文化产业服务、体育产业、先进技术推广等

资料来源:重点参考王海龙《公共服务的分类框架:反思与重构》一文修改所得。

---

① 卢映川、万鹏飞:《创新公共服务的组织与管理》,人民出版社2007年版,第31页。

② 卢洪友:《政府职能与财政体制研究》,中国财政经济出版社1999年版,第101—103页。

③ 孙晓莉:《中外公共服务体制比较》,国家行政学院出版社2007年版,第9—11页。

"公共服务"关涉理论建构和政策实践，无论其偏向于理论或实践的哪一方面，都将会使分类失去应有的理论价值和实践意义。如果只从理论视角进行探讨，那将陷于思辨而难以指导实践；如果只从政策实践进行考虑，会让这种分类变成工具而难以产生引导价值。公共服务的分类，要避免做单线化、平面化、简单化的倾向，尽量实现动态化、多样化和立体化。

二　基本公共服务

基本公共服务的概念是由中国学者结合中国国情提出的，西方学界并没有"Basic Public Services"之类的词汇，只有类似"Public Goods"和"Public Services"一类的词汇。国外文献没有直接针对基本公共服务的系统分析。但是这不意味着西方缺乏基本公共服务诉求。1948年诞生的《世界人权宣言》，在第二十五条第一款强调："人人有权享受为维持他本人和家属的健康和福利所需的生活水准，包括食物、衣着、住房、医疗和必要的社会服务；在遭到失业、疾病、残废、守寡、衰老或在其他不能控制的情况下丧失谋生能力时，有权享受保障。"[1]《世界人权宣言》通过列举的方式说明了基本生存权和发展权实现所需要的服务项目，提炼出基本公共服务的主要内容。联合国开发计划署（UNDP）于1990年发布了第一个《人类发展报告》，详细论述了"人类发展"这一理念，指出人的发展包括三个重要的维度：健康、教育（知识）和收入。《人类发展报告》界定的这三个维度关系到每一个个体最基本的生存权和发展权，被理解是基本公共服务的最小范围。

部分西方学者虽探讨过基本公共服务内涵和范围，但这些发达国家与我国处于完全不同的社会发展阶段，可比性比较弱。基于今天的中国国情，受经济发展水平、公共财政制度、社会福利基础和相关政策等的影响，基本公共服务的范围要比公共服务狭窄很多。在社会转型期，在我国提出实现"基本公共服务均等化"的背景下，辨析基本公共服务的内涵，界定基本公共服务的外延，对于城乡基本公共服务均等化的政策

---

[1]　1948年12月10日，联合国大会通过第217A（Ⅱ）号决议并颁布《世界人权宣言》。作为第一个人权问题的国际文件，《世界人权宣言》为国际人权领域的实践奠定了基础。

总结、实现机制研究具有奠基性的价值。

（一）基本公共服务的特征

作为公民应该享有公共服务的"最小范围"的基本公共服务，成为政府的"最低纲领"[①]，是政府必须履行的职责。要更准确地把握基本公共服务的概念，我们必须考察基本公共服务的特征。通过对国内学者前期研究的总结，我们可以发现，对于基本公共服务特征主要有三点共识。

第一，基本公共服务具有"基本"性。"基本公共服务"是对"公共服务"的适度"收敛"[②]。基本公共服务实质上是"量力而行"的结果。结合前文的分析，公共服务具有动态发展、内容广泛和边界模糊等诸多特征。要制定公共服务政策必须框定公共服务的具体内容，使其可以可操作化。受政治资源、经济基础、、社会条件和文化环境的局限，公共服务实践推进工作中，必须根据轻重缓急需要，对公共服务的范围进行适度"收敛"。20 世纪 70 年代，西方发达国家出现"福利病"，阿根廷等南美国家由于福利超过经济发展而陷入"中等收入陷阱"，2008 以来希腊、西班牙等国"高福利"导致的"主权债务危机"都一再提示各国政府：公共服务供给不是越多越好，提供标准也不是越高越好。一般而言，政府必须提供的基本公共服务包括保证人的"基本"生活，满足人的"基本"需求以及实现人的"基本"权利的公共服务。基本公共服务是政府核心职能和国家基本责任，其实现与否直接关系到政权的合法性。我国基本公共服务体系"十二五"规划结合"基本"性，对我国基本公共服务范围做出了逻辑说明（如图 2—1 所示）。

第二，基本公共服务具有"同质性"。这里所有的"同质性"是指基本公共服务具有消费无差异的特点。依据前面对于公共产品范畴的分析，公共服务具有消费的非竞争性和排他性。作为"满足人的最基本需求"的基本公共服务更加如此，强调政府对每个人在基本公共服务供给是无差异的。这也就意味着不同区域、不同人群、城乡之间在基本公共服务上具有"同质性"。这种"同质性"要求"公平正义、惠及全民、水平

①　卢映川、万鹏飞:《创新公共服务的组织与管理》，人民出版社 2007 年版，第 100 页。

②　曹爱军:《民生的逻辑:基本公共服务均等化研究》，博士学位论文，南开大学，2014 年。

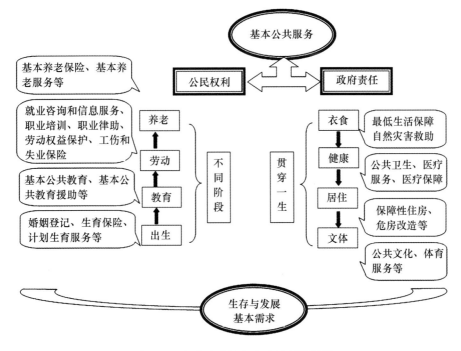

图2—1　基本公共服务发生的逻辑结构

资料来源：《国家基本公共服务体系"十二五"规划》。

适度、持续发展"作为基本要求，必须把"公平性、普惠性、合理性、持续性"作为政策特征，必须把"获得感、公平感、安全感、幸福感"作为政策目标，坚持在发展中保障和改善民生，重点放在"幼有所育、学有所教、劳有所得、病有所医、老有所养、住有所居、弱有所扶"等问题上，努力实现"发展为了人民、发展依靠人民、发展成果有人民共享"的执政理想。围绕基本公共服务发展的制度安排，"决不仅仅是一个制度设计的方法问题，更是一个重要的政治价值的取向问题"[1]。

第三，基本公共服务具有"动态性"。基本公共服务的提供水平和供给范围不是静态的，而是不断变化的。随着经济社会的发展，供给水平不断提高，供给范围不断扩大，换句话来讲，基本公共服务在具体内容上具有层次渐进性。[2] 人民群众对劳动就业、社会保障、公共教育、医疗

---

① 曹文宏：《民生政治：民生问题的政治学注释》，《社会主义研究》2007 年第 6 期。

② 周玉萍：《当代中国民生问题的特点与政策需求》，《学习论坛》2007 年第 6 期。

卫生等问题需要由低渐高逐次递进、有序发展,而政府也要不断调整职责范围与服务水平,去回应民众的需求。基本公共服务应该是动态变化的,前述的"基本性",是就某一个阶段来说。某一公共服务对于这一阶段不是"基本",可能在下一阶段就变成了"基本"。基本公共服务的范畴不断演变的,总体而言,其趋势是随着生活水平的不断提高,供给水平不断提高,供给范围不断扩大。

（二）基本公共服务的定义

满足社会公共需求是政府提供公共服务的目的。公共服务可以划分为基本公共服务和非基本公共服务。基本公共服务关系到公民最根本的生存权与发展权,政府应当承担主要的责任。

对于基本公共服务的内涵,国内研究者提出了不同的意见。陈昌盛、蔡跃洲认为基本公共服务应该是一定阶段内,公共服务应覆盖的最小范围和边界,是建立在一定社会共识基础上,根据一国经济社会发展阶段和总体水平,为维持本国经济社会的稳定、基本的社会正义和凝聚力,保护个人最基本的生存权和发展权,所必须提供的公共服务[①]。蔡放波认为,基本公共服务是为了保障社会全体成员基本社会权利、基础性福利水平,必须向全体居民均等提供的社会公共服务[②]。柏良泽认为应该以基本生存和发展的必要条件作为基准,以确定基本公共服务的标准和目标,进而系统地完善基本公共服务均等化的标准,使其具有普遍的应用性[③]。迟福林根据我国现实情况和广大社会成员的迫切需求,认为我国基本公共服务包括就业与再就业、公共卫生和初级医疗保障、义务教育、社会保障、公共安全、环境保护 6 个方面[④]。综合以上论述,大致可以确定,基本公共服务是"建立在一定社会共识的基础上,根据一国经济社会发展阶段和总体水平,为维护本国经济社会稳定、基本的社会正义和凝聚

---

① 陈昌盛、蔡跃洲:《中国政府公共服务:基本价值取向与综合绩效评估》,《财政研究》2007 年第 6 期。

② 蔡放波:《略论加快建设我国基本公共服务体系》,《学习与实践》2007 年第 5 期。

③ 柏良泽:《理解"公共服务"的八个维度》,《中国组织人事报》2007 年 11 月 9 日第 7 版。

④ 迟福林:《以基本公共服务均等化为重点的中央地方关系》,《中国经济时报》2006 年 12 月 4 日第 5 版。

力，保护个人基本的生存权利和发展权利，实现人的全面发展所需要的基本社会条件"①，是一定阶段公共服务应该覆盖的"最小范围"。

国务院在 2012 年印发的《国家基本公共服务体系"十二五"规划》对基本公共服务进行了定义，这是目前为止关于基本公共服务最权威和最准确的表述。根据《国家基本公共服务体系"十二五"规划》，基本公共服务是指建立在一定社会共识基础上，由政府主导提供的，与经济社会发展水平和阶段相适应，旨在保障全体公民生存和发展基本需求的公共服务。2017 年 1 月国务院颁布的《"十三五"推进基本公共服务均等化规划》，再次明确，基本公共服务是由政府主导、保障全体公民生存和发展基本需要、与经济社会发展水平相适应的公共服务。本研究基于与国家政策对接的目的，采用这一定义。

（三）基本公共服务的范围

关于基本公共服务的范围，学界目前主要有三种观点：一是"狭义派"观点，认为基本公共服务项目是在一定发展阶段最低范围的公共服务，将基本公共服务范围界定为基础教育、基本医疗、社会保障三项内容。二是"中间派"观点，认为基本公共服务项目应该包括民生性公共服务、公共事业性公共服务、公益基础性公共服务和公共安全性公共服务。三是"广义派"观点，认为基本公共服务包含公共服务中的大部分项目，包括维护性公共服务、经济性公共服务和社会性公共服务。不同的观点反映出不同学者对于政府责任的理解差异。

当代中国基本公共服务范围界定，在两个层面同时进行。一个是地方政府层面，另一个是中央政府层面。其实践发展是先地方后中央。中央政府结合各地摸索出来的实践经验，通盘考虑全国的情况，确定了我国基本公共服务的范围，然后大概每 5 年一次，对基本公共服务的提供范围与供给水平做一次调整。

在公共服务成为我国政府确定的"四大职能"之一以后，我国地方政府一直也在界定本地区公共服务范围。就省级政府层面来看，浙江、广东等省的政策实践具有一定的先导性和典型性，随后其他各省全面跟进。

---

①　中国（海南）改革发展研究院：《基本公共服务与中国人类发展》，中国经济出版社 2008 年版，第 11 页。

表 2—3　　　　　　　　　　　　地方基本公共服务范围的界定

省份	内容
安徽	基本公共教育、基本劳动就业创业、基本社会保险、基本社会服务、基本医疗卫生、基本住房保障、基本公共文化体育、残疾人基本公共服务
山西	基本公共教育、基本劳动就业创业、基本社会保险、基本社会服务、基本医疗和公共卫生、基本住房保障、基本公共文化体育服务、残疾人基本公共服务
江苏	基本公共教育、基本就业创业、基本医疗卫生、基本社会服务、基本住房保障、基本公共文化体育、基本公共交通、基本公共环境保护、残疾人基本公共服务
四川	基本公共教育、劳动就业服务、社会保险、基本社会服务、基本医疗卫生、人口和计划生育、基本住房保障、公共文化体育、残疾人基本公共服务

资料来源：根据相关省份"十三五"基本公共服务均等化规划整理。

就国家层面来看，2011 年 3 月，《国家"十二五"规划纲要》发布，单独辟出篇章论述了改善民生与基本公共服务体系建设的问题，提出要"完善就业、收入分配、社会保障、医疗卫生、住房等保障和改善民生的制度安排，推进基本公共服务均等化"。《国家基本公共服务体系"十二五"规划》将公共教育、劳动就业服务、社会保障、基本社会服务、医疗卫生、人口计生、住房保障、公共文化、残疾人事业等与民生问题直接相关的领域，纳入"十二五"时期基本公共服务体系建设的覆盖范围，着力推动建立"符合国情、比较完整、覆盖城乡、可持续发展"的基本公共服务体系，促进基本公共服务的相对均衡发展（见表 2—4）[①]

表 2—4　　　　　　　　　国家"十二五"基本公共服务体系框架

覆盖领域	重点任务
基本公共教育	九年义务教育、高中阶段教育、普惠性学前教育
劳动就业服务	就业服务和管理、职业技能培训、劳动关系协调和劳动权益保护
社会保险	基本养老保险、基本医疗保险、工伤、失业和生育保险
基本社会服务	社会救助、社会福利、基本养老服务、优抚安置

[①] 《国务院关于印发国家基本公共服务体系"十二五"规划的通知》，国发〔2012〕29 号。

续表

覆盖领域	重点任务
基本医疗卫生	公共卫生服务、医疗服务、药品供应和安全保障
人口计生服务	计划生育服务、计划生育奖励扶持
基本住房保障	廉租房和公租房、棚户区改造、农村危房改造、保障性住房管理
公共文化体育	公益性文化、广播影视、新闻出版、群众体育
残疾人基本服务	残疾人社会保障、残疾人基本服务

资料来源：根据《国家基本公共服务体系"十二五"规划》（2012 年 7 月 11 日）整理。

2017 年 1 月，国务院发布《"十三五"推进基本公共服务均等化规划》，对基本公共服务的范围进行了一定程度上的调整。重新整理出台的基本公共服务清单详细说明 8 大类 81 小项基本公共服务项目，同时对服务对象、服务指导标准也进行了明确，具体内容（见表 2—5）。

表 2—5　　　　　　　　"十三五"国家基本公共服务清单

类别	序号	服务项目	服务对象	服务指导标准
（一）基本公共教育	1	免费义务教育	义务教育学生	对城乡义务教育学生免除学杂费，免费提供教科书；统一城乡义务教育学校生均公用经费基准定额
	2	农村义务教育学生营养改善	贫困地区农村义务教育学生	在集中连片特困地区开展国家试点，中央财政为试点地区学生提供每生每年 800 元的营养膳食补助，鼓励各地因地制宜开展地方试点
	3	寄宿生生活补助	义务教育家庭经济困难寄宿学生	小学生每生每年 1000 元，初中生每生每年 1250 元
	4	普惠性学前教育资助	经县级以上教育行政部门审批设立的普惠性幼儿园在园家庭经济困难儿童、孤儿和残疾儿童	减免保育教育费，补助伙食费，具体资助方式和资助标准由省级人民政府结合本地实际自行制定

续表

类别	序号	服务项目	服务对象	服务指导标准
（一）基本公共教育	5	中等职业教育国家助学金	中等职业学校全日制正式学籍一、二年级在校涉农专业学生和非涉农专业家庭经济困难学生；六盘山区等11个集中连片特困地区和西藏、四省藏区、新疆南疆四地州中等职业学校农村（不含县城）学生	国家助学金每生每年2000元，中央财政按区域确定家庭经济困难学生比例，西部地区按在校学生的20%确定，中部地区按在校学生的15%确定，东部地区按在校学生的10%确定
	6	中等职业教育免除学杂费	公办中等职业学校全日制正式学籍一、二、三年级在校生中所有农村（含县镇）学生，城市涉农专业学生和家庭经济困难学生（艺术类相关表演专业学生除外），符合条件的民办职业学校学生	按各省（区、市）人民政府及其价格、财政主管部门确定的学费标准免除学杂费。公办中等职业学校，中央财政统一按平均每生每年2000元标准，与地方按比例分担免除学杂费补助资金。符合条件的民办职业学校学生参照当地同类型、同专业公办学校免除学杂费标准予以补助
	7	普通高中国家助学金	普通高中在校生中的家庭经济困难学生	国家助学金平均资助标准为每生每年2000元，具体标准由各地结合实际分档确定
	8	免除普通高中建档立卡等家庭经济困难学生学杂费	公办普通高中建档立卡等家庭经济困难在校学生（含非建档立卡的家庭经济困难残疾学生、农村低保家庭学生、农村特困救助供养学生），符合条件的民办普通高中学生	按各省（区、市）人民政府及其价格、财政主管部门确定的学费标准免除学杂费（不含住宿费）。中央财政逐省（区、市）核定免学杂费财政补助标准。符合条件的民办学校学生参照当地同类型公办学校免除学杂费标准予以补助
（二）基本劳动就业创业	9	基本公共就业服务	有就业需求的劳动年龄人口	提供就业政策法规咨询、职业供求信息、市场工资指导价位信息和职业培训信息、职业指导和职业介绍、就业登记和失业登记、流动人员人事档案管理等服务

续表

类别	序号	服务项目	服务对象	服务指导标准
（二）基本劳动就业创业	10	创业服务	有创业需求的劳动者	提供项目选择、开业指导、融资对接、岗位信息等服务，对符合政策规定的创业者提供创业担保贷款扶持
	11	就业援助	零就业家庭和符合条件的就业困难人员	提供政策咨询、职业指导、岗位信息等服务，使城镇有就业能力的零就业家庭至少一人就业
	12	就业见习服务	离校一年内未就业高校毕业生	组织有意愿的离校未就业毕业生参加就业见习；指导见习单位和见习人员签订见习协议，安排带教老师，为见习人员办理人身意外保险；见习单位和地方人民政府为见习人员提供基本生活补助。对见习期满留用率达到50%以上的见习单位，适当提高见习补贴标准
	13	大中城市联合招聘服务	有求职愿望的高校毕业生和青年人才以及有招聘需求的各类用人单位	提供大中城市联动、线上线下融合的招聘服务，方便服务对象登录用人单位需求库和求职简历库；提供职业能力测试和评估、简历（岗位）筛查和需求分析、预就业创业体验、双向定制推荐岗位（人才）信息、就业创业指导、实用基础课程培训等就业服务
	14	职业技能培训和技能鉴定	城乡各类有就业创业、提升岗位技能要求和培训愿望的劳动者	贫困家庭子女、毕业年度高校毕业生、城乡未继续升学的应届初高中毕业生、农村转移就业劳动者、城镇登记失业人员，以及符合条件的企业在职职工可按规定享受职业培训补贴；按规定给予参加劳动预备制培训的农村学员和城市低保家庭学员一定生活费补贴；符合条件人员享受职业技能鉴定补贴

续表

类别	序号	服务项目	服务对象	服务指导标准
（二）基本劳动就业创业	15	"12333"人力资源和社会保障服务热线电话咨询	所有单位和个人	提供就业、社会保障、劳动关系、人事制度、人才建设、工资收入分配等方面的政策咨询及信息查询服务。人工服务为 5×8 小时，自助语音服务为 7×24 小时，综合接通率达到80%以上
	16	劳动关系协调	用人单位和与之建立劳动关系的劳动者	提供劳动关系政策咨询、劳动用工指导、获得劳动合同和集体合同示范文本、劳动纠纷调解、集体协商指导等服务，推动企业劳动合同签订率达到90%以上
	17	劳动人事争议调解仲裁	存在劳动人事关系的用人单位和劳动者	提供劳动人事争议调解和仲裁服务，推动劳动人事争议调解成功率达到60%以上，仲裁案件结案率达到90%以上
	18	劳动保障监察	各类用人单位和劳动者	提供法律咨询和执法维权服务
（三）基本社会保险	19	职工基本养老保险	符合条件的参保退休人员	发放基本养老金，包括基础养老金和个人账户养老金，对改革前参加工作、改革后退休的参保人员增发过渡性养老金，建立基本养老金合理调整机制
	20	城乡居民基本养老保险	符合条件的城乡居民	发放基础养老金和个人账户养老金。目前，国家确定的基础养老金最低标准为每人每月 70 元。根据经济发展和物价变动等情况，建立基础养老金水平合理调整机制
	21	职工基本医疗保险	职工、无雇工的个体工商户、非全日制从业人员及灵活就业人员	政策范围内住院费用医保基金支付比例稳定在75%左右

续表

类别	序号	服务项目	服务对象	服务指导标准
（三）基本社会保险	22	生育保险	各类企业、机关、事业单位、社会团体等用人单位	基金支付生育期间的医疗费和生育津贴，生育津贴按职工所在用人单位上年度职工月平均工资计发
	23	城乡居民基本医疗保险	除职工基本医疗保险应参保人员以外的其他所有城乡居民（包括农村人口和城镇非就业人员）	整合城镇居民基本医疗保险和新型农村合作医疗保险，政策范围内住院费用医保基金支付比例稳定在75%左右，大病保险的报销比例达到50%以上
	24	失业保险	依法参保并足额缴纳失业保险费的用人单位及其职工、失业人员	对符合条件的失业人员支付失业保险金、基本医疗保险费、丧葬补助金和抚恤金等，对符合条件的企业给予各类稳定岗位补贴。参保人数在1.8亿人左右
（四）基本医疗卫生	25	工伤保险	企业、事业单位、社会团体、民办非企业单位、基金会、律师事务所、会计师事务所等组织的职工和个体工商户的雇工	保障因工作遭受事故伤害或者患职业病的职工获得医疗救治和经济补偿，促进工伤预防和职业康复。工伤保险基金和用人单位按规定支付工伤医疗和康复费用、伤残津贴和补助、生活护理费及工亡补助等。参保人数达到2.2亿人以上
	26	居民健康档案	城乡居民	为辖区常住人口建立统一、规范的居民电子健康档案，建档率逐步达到90%
	27	健康教育	城乡居民	提供健康教育、健康咨询等服务
	28	预防接种	0—6岁儿童和其他重点人群	在重点地区，对重点人群进行针对性接种国家免疫规划疫苗。以乡镇（街道）为单位，适龄儿童免疫规划疫苗接种率逐步达到90%以上

续表

类别	序号	服务项目	服务对象	服务指导标准
（四）基本医疗卫生	29	传染病及突发公共卫生事件报告和处理	法定传染病病人、疑似病人、密切接触者和突发公共卫生事件伤病员及相关人群	就诊的传染病病例和疑似病例以及突发公共卫生事件伤病员及时得到发现、登记、报告、处理，提供传染病防治和突发公共卫生事件防范知识宣传和咨询服务。传染病报告率和报告及时率均达到95%，突发公共卫生事件相关信息报告率达到100%
	30	儿童健康管理	0—6岁儿童	提供新生儿访视、儿童保健系统管理、体格检查、儿童营养与喂养指导、生长发育监测及评价和健康指导等服务。0—6岁儿童健康管理率逐步达到90%
	31	孕产妇健康管理	孕产妇	提供孕期保健、产后访视及健康指导服务。孕产妇系统管理率逐步达到90%以上
	32	老年人健康管理	65岁及以上老年人	提供生活方式和健康状况评估、体格检查、辅助检查和健康指导等健康管理服务。65岁及以上老年人健康管理率逐步达到70%
	33	慢性病患者管理	原发性高血压患者和Ⅱ型糖尿病患者	提供登记管理、健康指导、定期随访和体格检查服务。全国计划管理高血压患者约1亿人，糖尿病患者约3500万人
	34	严重精神障碍患者管理	严重精神障碍患者	提供登记管理、随访指导服务。在册患者管理率和精神分裂症治疗率逐步均达到80%以上
	35	卫生计生监督协管	城乡居民	提供食品安全信息报告、饮用水卫生安全巡查、学校卫生服务、非法行医和非法采供血信息报告等服务。逐步覆盖90%以上的乡镇

续表

类别	序号	服务项目	服务对象	服务指导标准
（四）基本医疗卫生	36	结核病患者健康管理	辖区内确诊的肺结核患者	提供肺结核筛查及推介转诊、入户随访、督导服药、结果评估等服务。结核病患者健康管理服务率逐步达到90%
	37	中医药健康管理	65岁以上老人、0—3岁儿童	通过基本公共卫生服务项目为65岁以上老人提供中医体质辨识和中医保健指导服务，为0—3岁儿童提供中医调养服务。目标人群覆盖率逐步达到65%
	38	艾滋病病毒感染者和病人随访管理	艾滋病病毒感染者和病人	在医疗卫生机构指导下，为艾滋病病毒感染者和病人提供随访服务。感染者和病人规范管理率逐步达到90%
	39	社区艾滋病高危行为人群干预	艾滋病性传播高危行为人群	为艾滋病性传播高危行为人群提供综合干预措施。干预措施覆盖率逐步达到90%
	40	免费孕前优生健康检查	农村计划怀孕夫妇	提供健康教育、健康检查、风险评估和咨询指导等孕前优生服务。目标人群覆盖率逐步达到80%
	41	基本药物制度	城乡居民	政府办基层医疗卫生机构全部实行基本药物零差率销售，按规定纳入基本医疗保险药品报销目录，逐步提高实际报销水平
	42	计划生育技术指导咨询	育龄人群	提供计划生育技术指导咨询服务、计划生育相关的临床医疗服务、符合条件的再生育技术服务和计划生育宣传服务
	43	农村部分计划生育家庭奖励扶助	年满60周岁、只生育一个子女或两个女孩的农村计划生育家庭夫妇	发放一定数额的奖励扶助金，并根据经济社会发展水平实行奖励扶助标准动态调整

续表

类别	序号	服务项目	服务对象	服务指导标准
（四）基本医疗卫生	44	计划生育家庭特别扶助	符合条件的独生子女伤残、死亡的父母及节育手术并发症三级以上人员	根据不同情况，给予适当扶助，并根据经济社会发展水平实行特别扶助标准动态调整
	45	食品药品安全保障	城乡居民	对供应城乡居民的食品药品开展监督检查，及时发现并消除风险。对药品医疗器械实施风险分类管理，提高对高风险对象的监管强度
（五）基本社会服务	46	最低生活保障	家庭成员人均收入低于当地最低生活保障标准，且符合当地最低生活保障家庭财产状况规定的家庭	按照共同生活的家庭成员人均收入低于当地最低生活保障标准的差额，按月发给最低生活保障金
	47	特困人员救助供养	无劳动能力、无生活来源且无法定赡养、抚养、扶养义务人，或者其法定义务人无赡养、抚养、扶养能力的老年人、残疾人以及未满16周岁的未成年人	提供基本生活条件；对生活不能自理的给予照料；提供疾病治疗；办理丧葬事宜；对符合规定标准的住房困难的分散供养特困人员，给予住房救助；对在义务教育阶段就学的特困人员，给予教育救助；对在高中教育（含中职）、普通高等教育阶段就学的特困人员，根据实际情况给予适当教育救助
	48	医疗救助	重点救助对象：最低生活保障家庭成员和特困救助供养人员低收入救助对象：低收入家庭的老年人、未成年人、重度残疾人和重病患者，以及其他特殊困难人员重特大疾病医疗救助对象：除上述救助对象以外，还包括因病致贫家庭重病患者疾病应急救助对象：在中国境内发生急重危伤病、需要急救但	对重点救助对象参加城乡居民基本医疗保险的个人缴费部分进行补贴，对特困救助供养人员给予全额资助，对最低生活保障家庭成员给予定额资助。重点救助对象在定点医疗机构发生的政策范围内住院费用中，对经过基本医疗保险、城乡居民大病保险及各类补充医疗保险、商业保险报销的个人负担费用，在年度救助限额内按不低于70%的比例给予救助。对重点救助

类别	序号	服务项目	服务对象	服务指导标准
			身份不明确或无力支付相应费用的患者	对象和低收入救助对象经基本医疗保险、城乡居民大病保险及各类补充医疗保险、商业保险等报销后个人负担的合规医疗费用，直接予以补助；因病致贫家庭重病患者等其他救助对象负担的合规医疗费用，先由其个人支付，对超过家庭负担能力的部分予以救助。医疗机构对疾病应急救助对象紧急救治所发生的费用，可向疾病应急救助基金申请补助
（五）基本社会服务	49	临时救助	家庭对象：因火灾、交通事故等意外事件，家庭成员突发重大疾病等原因，导致基本生活暂时出现严重困难的家庭；因生活必需支出突然增加超出家庭承受能力，导致基本生活暂时出现严重困难的最低生活保障家庭；遭遇其他特殊困难的家庭 个人对象：因遭遇火灾、交通事故、突发重大疾病或其他特殊困难，暂时无法得到家庭支持，导致基本生活陷入困境的个人	为救助对象发放临时救助金；根据临时救助标准和救助对象基本生活需要，发放衣物、食品、饮用水，提供临时住所；对给予临时救助金、实物救助后，仍不能解决临时救助对象困难的，可分情况提供转介服务。县级以上地方人民政府根据救助对象困难类型、困难程度，统筹考虑其他社会救助制度保障水平，合理确定临时救助标准，并适时调整
	50	受灾人员救助	基本生活受到自然灾害严重影响的人员	及时为受灾人员提供必要的食品、饮用水、衣被、取暖、临时住所、医疗防疫等应急救助；对住房损毁严重的受灾人员进行过渡性安置；及时核实本行政区域内居民住房恢复重建补助对象，并给予资金、物资等救助；受灾地区人民政府应当为因当年冬寒或者次年春荒遇到生活困难的受灾人员提供基本生活救助

续表

类别	序号	服务项目	服务对象	服务指导标准
（五）基本社会服务	51	法律援助	经济困难公民和特殊案件当事人	提供必要的法律咨询、代理、刑事辩护等无偿法律服务
	52	老年人福利补贴	经济困难的高龄、失能老年人	对经济困难的高龄老年人，逐步给予养老服务补贴；对生活长期不能自理、经济困难的老年人，给予护理补贴
	53	困境儿童保障	因家庭贫困导致生活、就医、就学等困难的儿童，因自身残疾导致康复、照料、护理和社会融入等困难的儿童，以及因家庭监护缺失或监护不当遭受虐待、遗弃、意外伤害、不法侵害等导致人身安全受到威胁或侵害的儿童	为困境儿童提供基本生活、基本医疗、教育等服务，落实监护责任。各地统筹考虑困境儿童的困难类型、困难程度、致困原因，完善落实社会救助、社会福利等保障政策
	54	农村留守儿童关爱保护	父母双方外出务工或一方外出务工另一方无监护能力、未满16周岁的农村户籍未成年人	强化家庭监护主体责任；落实县、乡镇人民政府和村（居）民委员会职责；加大教育部门和学校关爱保护力度；动员群团组织开展关爱服务；推动社会力量积极参与
	55	基本殡葬服务	执行国家殡葬政策的困难群众	为城乡困难群众以减免费用或补贴方式提供遗体接运、暂存、火化、骨灰寄存等基本殡葬服务；为优抚对象及城乡困难群众免费或低收费提供骨灰节地生态安葬服务
	56	优待抚恤	享受国家抚恤补助的优抚人员	建立完善优抚对象待遇与贡献相一致的优抚保障体系，将优抚对象优先纳入覆盖一般群众的救助、养老、医疗、住房以及残疾人保障等各项社会保障制度体系

续表

类别	序号	服务项目	服务对象	服务指导标准
（五）基本社会服务	57	退役军人安置	退役军人	自主就业的，在领取退役金后，按规定享受扶持就业优惠政策；其他分别采取安排工作、退休、供养等方式予以安置
	58	重点优抚对象集中供养	需要常年医疗或者独身一人不便分散安置的一级至四级残疾退役军人；老年、残疾或者未满16周岁的烈士遗属、因公牺牲军人遗属、病故军人遗属和进入老年的残疾军人、复员军人、退伍军人中无法定赡养人（扶养人、抚养人）或赡养人（扶养人、抚养人）无赡养（扶养、抚养）能力且享受国家定期抚恤补助待遇的优抚对象	建立完善优抚对象待遇与贡献相一致的优抚保障体系，依托优抚医院、光荣院，给予符合条件的重点优抚对象集中供养、医疗等保障
（六）基本住房保障	59	公共租赁住房	符合条件的城镇低收入住房困难家庭、城镇中等偏下收入住房困难家庭、新就业无房职工、城镇稳定就业的外来务工人员	实行实物保障与货币补贴并举，并逐步加大租赁补贴发放力度
	60	城镇棚户区住房改造	符合条件的城镇居民	实物安置和货币补偿相结合，具体标准由市、县级人民政府确定（有国家标准的，执行国家标准）。全国开工改造包括城市危房、城中村在内的各类棚户区住房2000万套
	61	农村危房改造	居住在危房中的建档立卡贫困户、分散供养特困人员、低保户、贫困残疾人家庭等贫困农户	支持符合条件的贫困农户改造危房，各省份确定不同地区、不同类型、不同档次的省级分类补助标准，中央财政给予适当补助，基本完成存量危房改造任务。地震设防地区结合危房改造，统筹开展农房抗震改造

续表

类别	序号	服务项目	服务对象	服务指导标准
（七）基本公共文化体育	62	公共文化设施免费开放	城乡居民	公共图书馆、文化馆（站）、公共博物馆（非文物建筑及遗址类）、公共美术馆等公共文化设施免费开放，基本服务项目健全
	63	送地方戏	农村居民	根据群众实际需求，采取政府购买服务等方式，为农村乡镇每年提供戏曲等文艺演出服务
	64	收听广播	城乡居民	为全民提供突发事件应急广播服务。通过直播卫星提供不少于17套广播节目，通过无线模拟提供不少于6套广播节目，通过数字音频提供不少于15套广播节目
	65	观看电视	城乡居民	通过直播卫星提供25套电视节目，通过地面数字电视提供不少于15套电视节目，未完成无线数字化转换的地区提供不少于5套电视节目
	66	观赏电影	农村居民、中小学生	为农村群众提供数字电影放映服务，其中每年国产新片（院线上映不超过2年）比例不少于1/3。为中小学生每学期提供2部爱国主义教育影片
	67	读书看报	城乡居民	公共图书馆（室）、文化馆（站）和行政村（社区）综合文化服务中心（含农家书屋）等配备图书、报刊和电子书刊，并免费提供借阅服务；在城镇主要街道、公共场所、居民小区等人流密集地点设置公共阅报栏（屏），提供时政、"三农"、科普、文化、生活等方面的信息服务

类别	序号	服务项目	服务对象	服务指导标准
（七）基本公共文化体育	68	少数民族文化服务	主要少数民族地区居民	通过有线、无线、卫星等方式提供民族语言广播影视节目；提供民族语言文字出版的、价格适宜的常用书报刊、电子音像制品和数字出版产品。提供少数民族特色的艺术作品，开展少数民族文化活动
	69	参观文化遗产	未成年人、老年人、现役军人、残疾人和低收入人群	参观文物建筑及遗址类博物馆实行门票减免，文化和自然遗产日免费参观
	70	公共体育场馆开放	城乡居民	有条件的公共体育设施免费或低收费开放；推进学校体育设施逐步向公众开放
	71	全民健身服务	城乡居民	提供科学健身指导、群众健身活动和比赛、科学健身知识等服务；免费提供公园、绿地等公共场所全民健身器材
（八）残疾人基本公共服务	72	困难残疾人生活补贴和重度残疾人护理补贴	困难残疾人和重度残疾人	为低保家庭中的残疾人提供生活补贴，为残疾等级被评定为一级、二级且需要长期照护的重度残疾人提供护理补贴。有条件的地方可逐步提高补贴标准、扩大补贴范围
	73	无业重度残疾人最低生活保障	生活困难、靠家庭供养且无法单独立户的成年无业重度残疾人	经个人申请，可按照单人户纳入最低生活保障范围
	74	残疾人基本社会保险个人缴费资助和保险待遇	贫困和重度残疾人	为参加居民基本养老保险、居民基本医疗保险的服务对象按规定提供个人缴费补贴；将符合规定的医疗康复项目、基本的治疗性康复辅助器具逐步纳入基本医疗保障范围

续表

类别	序号	服务项目	服务对象	服务指导标准
(八)残疾人基本公共服务	75	残疾人基本住房保障	残疾人	对符合基本住房保障条件的城镇残疾人家庭给予优先轮候、优先选房等政策；同等条件下优先为经济困难的残疾人家庭实施农村危房改造，完成农村贫困残疾人家庭存量危房改造任务
	76	残疾人托养服务	就业年龄段智力、精神及重度肢体残疾人	支持日间照料机构和专业托养服务机构为100万残疾人提供护理照料、生活自理能力和社会适应能力训练、职业康复、劳动技能培训、辅助性就业等服务
	77	残疾人康复	有康复需求的持证残疾人、残疾儿童	提供康复建档、评估、训练、心理疏导、护理、生活照料、辅具适配、咨询、指导和转介等基本康复服务；开展残疾儿童康复救助，逐步为0—6岁视力、听力、言语、智力、肢体残疾儿童和孤独症儿童免费提供手术、辅助器具配置和康复训练等服务
	78	残疾人教育	残疾儿童、青少年	逐步为家庭经济困难的残疾学生提供包括义务教育、高中阶段教育在内的12年免费教育；对残疾儿童普惠性学前教育予以资助；对残疾学生特殊学习用品、教育训练、交通费等予以补助
	79	残疾人职业培训和就业服务	有劳动能力和就业意愿的城乡残疾人	各级公共就业服务机构及残疾人就业服务机构按规定为城镇残疾人提供有针对性的职业技能培训、岗位技能提升培训、创业培训等就业创业服务；为50万中西部地区农村贫困残疾人提供农业实用技术培训

类别	序号	服务项目	服务对象	服务指导标准
（八）残疾人基本公共服务	80	残疾人文化体育	残疾人	能够收看到有字幕或手语的电视节目，在公共图书馆得到盲文和有声读物等阅读服务；为基层残疾人体育活动场所和残疾人综合服务设施配置适宜的器材器械
	81	无障碍环境支持	残疾人、老年人等	推进公共场所和设施无障碍改造；对贫困重度残疾人家庭继续开展无障碍改造；逐步开展互联网和移动互联网无障碍信息服务

资料来源：《"十三五"推进基本公共服务均等化规划》。

三　基本公共服务均等化

"在市场经济条件下，资本是核心，效率是目标，市场的运行结果必然是经济上的不平等，包括收入的不平等、财富的不平等和消费的不平等，由此破坏了社会的和谐与文明。"[1] 依据新制度经济学的观点，政府应该对无法避免的各种"市场失灵"现象进行纠偏。"基本公共服务均等化"是由中国政府提出并由中国学者加以探析、延伸和拓展的一个基本概念，然而在理论界，"并未对基本公共服务均等化给出一个准确的定义，在西方经济学论著中也未发现有关公共服务均等化的系统论述"[2]。对基本公共服务均等化这一概念界定的不明确，与中国"单一制行政体制"和"财政联邦主义体制"[3] 并存的局面有很大关联。不同行政区域政府对"基本公共服务均等化"内涵的认识和范围的界定存在着一定差异。"单一制行政体制"和"财政联邦主义体制"并存的双轨制特征，加上各地发展阶段不同、实践情况复杂与纯粹理论抽象之间的不兼容性，

---

① 刘尚希：《基本公共服务均等化：现实要求和政策路径》，《浙江经济》2007 年第 13 期。
② 刘尚希：《基本公共服务均等化：现实要求和政策路径》，《浙江经济》2007 年第 13 期。
③ 财政联邦主义产生并发展于联邦主义的国家形式下，是对联邦制国家中产生的具体财政问题进行分析的一组观点。有学者用这个词分析 1994 年分税制改革后的中国财政体制。财政联邦主义的核心是中央与地方财权、事权划分问题。

使得学术界对"基本公共服务均等化"做出科学系统的论述困难重重。而要实现"城乡基本公共服务均等化"的体制障碍与制度衔接,就必须就"基本公共服务均等化"的内涵、特征、目标、模式等问题达成一致的学理认识。

（一）基本公共服务均等化的含义

均等是指"平均""相等"的意思,均等化的"化"实际是指一个调节和平衡的过程。均等化,从动态意义上可以理解成"使之平均或相等";从静态意义上可以理解成"平均、相等"的状态。在我国的实践中,均等化是指按照均等化的相关原则,通过对基本公共服务非均等状态的逐步调整,最终实现基本公共服务的均等状态。在本课题中,均等化主要是从动态意义上讲的,指实现均等的过程。

"均等化"可以从字面上理解为均衡相等的意思,需要注意的是,基本公共服务中"均等化"所蕴含的相等是指大体相等而不是绝对相等,而"均等化"又是与公平紧密相连的一个概念。《"十三五"推进基本公共服务均等化规划》指出:"基本公共服务均等化是指全体公民都能公平可及地获得大致均等的基本公共服务,其核心是促进机会均等,重点是保障人民群众得到基本公共服务的机会,而不是简单的平均化。"① 要准确理解"基本公共服务均等化"的含义,我们可以从以下三个要素来把握,分别是均等化的主体选择、均等化的客体界定、均等化的依据确定。

第一,从基本公共服务均等的主体选择来看,"谁与谁之间应该均等化"在个体之间还是群体之间的选择应分阶段性。当前,经济发展的地区差距和二元结构下的城乡差距是当前中国最突出的矛盾,因此,区域和城乡基本公共服务均等化问题是考察基本公共服务均等化程度最重要的两个方面。本研究主要着眼于城乡基本公共服务均等化方面。当然,在实践中,城乡基本公共服务均等化的分析,又离不开区域、人群之间的基本公共服务均等化。

第二,从基本公共服务均等的客体界定来看,"均等化"内容与范围随着经济社会的发展而变化,呈动态性。从我国现有的水平看,从区域

---

① 国务院:《"十三五"推进基本公共服务均等化规划》,国发〔2017〕9号,2017年3月1日。

间和城乡间层面考虑，国防、公共安全以及外交的均等化程度最高，是典型的全国性公共产品和服务。而基本公共服务均等化的对象直接关乎公民生存与发展的基本需求的服务，因此各级政府行政服务不属于公众的直接消费需求，均不纳入本研究分析范围。在具体研究工作中，主要是按照《国家基本公共服务体系"十二五"规划》《"十三五"推进基本公共服务均等化规划》的内容进行。

第三，从基本公共服务均等的依据确定来看，"以何作为客观标准实施均等化"直接关系到基本公共服务均等化目标的确定。结合相关理论与我国实际情况，基本公共服务均等化应建立动态化目标，从实现最基本层面的公共服务均等化，提高到"大体均等"的均等水平，最终实现"结果均等"。

（二）基本公共服务均等化的特征

基本公共服务均等化作为我国政府在新形势下应该恪守的执政理念与应该追求的政策目标，必须要准确进行理解，这就需要把握基本公共服务均等化的基本特征。结合相关学者的研究，可以归纳出基本公共服务均等化的如下特征（见表2—6）。

表2—6　　　　　　　　基本公共服务均等化的特征及解释

	特征	具体解释
基本公共服务均等化	地域性	受益主体是一国的"全体居民"，而非一国的"全体公民"
	普遍性	全体居民都有机会享有和消费
	多维性	包括供给数量和质量的均等、消费机会均等和受益结果均等
	相对性	追求相对均等和大体均等，不是完全平均化
	多样性	涉及区域、城乡和不同人群之间的均等化
	动态性	是一个分层次、分阶段、渐进的动态过程
	阶段性	要按照经济发展阶段来确定优先供给的服务项目并适时调整
	人权性	要实现人的基本生存权和发展权
	基础性	主要是最基本的一些服务项目

资料来源：根据国内相关研究整理。

当前，我国推行基本公共服务均等化是一个巨大的社会工程。在14

亿人口的国家推动这样一个政策实践,要结合国情进行深入思考。当前阶段,中国基本公共服务均等化主要呈现三个特征。

第一,基本公共服务均等化着眼"机会平等"。作为社会公平的基本要求,基本公共服务均等化需要弄清楚在什么意义上"平等"。从学界研究来看,平等理论大致有结果平等、起点平等、机会平等、能力平等与需求平等。用不同的平等理论作为理论基础,就会有不同的政策指向与政策后果(见表2—7)。具体到我国公共服务均等化实践,大致包含了机会均等、过程均等与结果均等。无论从何种意义上,基本公共服务均等化并不保证每个人在基本公共服务的实际消费上的完全平均。在目前阶段,我们应该把重点放在机会平等上。本书也主要针对这个层面来讨论。

第二,基本公共服务均等化允许"地区差异"。我国是一个幅员辽阔的国家,区域间发展极不平衡。即使是同一个省份之间,经济发展差异仍然巨大。因此,在这种情况下讨论基本公共服务均等化,一定不能理解为全国"平均化"。因此,在设计基本公共服务供给水平时,应该在保证最低标准的基本公共服务供给上允许存在"地区差异"。

第三,基本公共服务均等化强调"动态均衡"。基本公共服务均等化是一个动态的过程。随着经济发展水平和认知的变化,社会公众对基本公共服务均等化的要求也会发生相应的改变。随着社会的发展,基本公共服务均等化的内容和标准在不断变化,最终目标是实现结果的均等。

表2—7 平等理论的政策指向与政策后果

平等理论	政策指向	政策后果
结果平等	人们实际享受相同内容和标准的公共服务	平均主义;实际工作中难以操作
起点平等	向人们提供基本的公共服务,对弱势群体提供特别支持	强调人与人之间的差异;有可能出现实际结果不平等
机会平等	赋予人们平等享有公共服务的权利,提供共享的条件和机会	相对比较容易操作;可能出现实际结果的不平等
能力平等	不同的人们和地区享受不尽相同的公共服务水平	承认现实差距;有可能扩大不平等
需求平等	"各取所需""因人而异"	理想主义;难以操作和满足

资料来源:根据国内相关研究整理。

（三）基本公共服务均等化的目标

各个国家在实现基本公共服务均等化过程中，都是从低层次到更高水平的均等化逐步发展的，其内容和标准也在不断调整。基本公共服务均等化自身在发展过程中，目标也呈现动态性。

首先，是在区域间实现基本公共服务均等化。由于国家发展战略和区域地理条件带来的的影响，同一个国家的不同地区的经济总量和增长速度是有所差异的，有时候甚至非常巨大，这就是各地区之间基本公共服务供给的财政能力不同。因此，实现区域间基本公共服务均等化是基本公共服务均等化的前提。然而，由于各地区经济发展水平的差异性，各地区之间基本公共服务允许一定的差异存在。

其次，是在城乡间实现基本公共服务均等化。公共服务资源在城乡之间配置的不均等，是由于城乡二元经济结构和城乡的非均衡发展战略而导致，从而形成了城市偏向型的城乡二元基本公共服务供给制度。但是，由于城乡之间在经济发展水平以及社会环境等方面存在一定差异，城乡居民对基本公共服务的需求同样存在差异，这时的"均等化"是一个相对均等的状态，允许一定程度上的差异存在。如何实现城乡之间的基本公共服务均等化，是本课题所要讨论的核心问题。

最后，是实现全民基本公共服务均等化。群体间基本公共服务均等化是要最终消除社会公众在基本公共服务方面存在的各种差异，确保人们平等地享有基本公共服务，确保人们不因职业不同、地区不同以及身份不同而享有不同的基本公共服务[①]。首先是基本公共服务要实现广覆盖；其次是基本公共服务供给制度的一体化；最后是全民基本公共服务的均等化。这在某种意义上，是一个理想状态，在实践中不太可能会彻底实现。

（四）基本公共服务均等化的模式

通过对国际经验的总结，总结不同国家均等化的财政应用与政策实践，借鉴我国学者王伟同的研究，基本公共服务均等化一般有财政能力

---

① 项继权：《我国基本公共服务均等化的战略选择》，《社会主义研究》2009 年第 1 期。

均等化和横向公平均等化两种模式①。

财政能力均等化模式,此模式以财政能力均等才能带来公共服务均等化作为基本假设,在具体运作中,为实现地区间财政能力均等,中央需要基于共同或平均税率水平,进行差异化补足。在财政能力均等化的模式中,地方政府财力是均等化的具体对象,这是一种强调公共服务投入层面的均等化。该模式下重点强调了完善政府间财政体制和转移支付制度。

横向公平均等化模式,最早由布坎南提出,也被称作水平公平均等化模式,强调居民个体的公平,强调居民能够享受到公平的公共服务。布坎南认为,个人的横向财政公平是均等化财政制度的出发点和归属。地区间居民实际享受到的公共服务和产品的均等化程度属于公共服务产出层面的均等化,一直是横向公平均等化模式所强调的。但布坎南自己也认为这种模式不容易实践。

一些学者在思考了两种模式之后,认为两者本质上没有什么不同。一些学者认为公共服务均等化本质就是财政能力均等化。在实践中,通过财政能力均等化能够实现财政促进公共服务均等化,要实现横向公平均等化的前提也是实现财政能力均等化。财政能力均等化只能作为手段意义上的均等化,而横向公平均等化才能看作是实质意义上的均等化。但就这个意义讲,有必要对财政能力均等化和横向公共服务均等化进行区分。本研究在制度衔接设计的时候,就不单单考虑财政政策,而是以财政制度为重点系统思考政策体系重塑。

第二节 理论基础

基本公共服务均等化作为一个现代性的命题,其思想渊源和理论基础源远流长,在西方有深厚的土壤;基本公共服务均等化作为理想社会的要素之一,同样是马克思主义哲学的重要命题之一;作为社会公平的状态,在中国也同样有其思想的发展根基。

---

① 王伟同:《财政能力与横向公平:两种均等化模式关系辨析——兼论中国公共服务均等化实现路径选择》,《经济社会体制比较》2012 年第 6 期。

一　西方关于基本公共服务均等化的相关理论

西方国家有很多思想理论把基本公共服务均等化看作是天赋人权。基本公共服务均等化不但是一个管理问题和经济问题，更是一个重要的政治问题。作为分配制度，基本公共服务均等化基于公平伦理观，强调应当对不平衡进行调节。对于公平的理解因社会、阶层、文化的不同而存在差异。在政治哲学领域，从柏拉图到亚里士多德再到罗尔斯的公平正义理论；在经济学领域，从功利主义学派到福利经济学、凯恩斯经济学、公共选择学派、制度经济学派等多学科的理论主张；在管理学领域，从新公共行政理论到新公共管理理论再到新公共服务理论中都包含着"基本公共服务均等化"的思想和理论基础。

（一）社会正义理论

以罗尔斯为代表的新契约论，对社会结构正义问题的阐释，为基本公共服务均等化的理论和实践提供了最为直接的法理依据。罗尔斯于1971 年出版了自己的代表作《正义论》。罗尔斯对20 世纪60 年代功利主义进行了挑战，阐释了自己对公平与正义的看法，提出了正义的两个原则：自由平等原则、机会平等和差异原则。可见，罗尔斯的正义观在强调起点和机会公平的同时还强调了结果的公平。

罗尔斯认为市场在提高效率方面是有效的，公平必须分开考虑，因其不属于市场机制解决的问题，同时，公平优先于效率。自然和社会的偶然因素总是强烈影响着资源的最初分配，源于没有措施来保证一种平等的或相近的社会条件。在社会所有部分，每个具有相似动机和禀赋的人，都应当有大致平等的教育和成就前景，那些具有同样能力和志向的人的期望，不应当受到他们的社会出身的影响[1]。

罗尔斯的公平正义论前提建立在市场经济基础上，分析资本主义市场经济国家。恰当安排的背景制度，能保证正义分配，具体体现在以下三方面：一是社会基本结构在正义宪法调节所保证的公平自由；二是机会均等保证能够实现公平；三是社会最低受惠值由政府确保。

---

[1]　[美] 约翰·罗尔斯：《正义论》，何怀宏等译，中国社会科学出版社1998 年版，第65—71 页。

在罗尔斯公平正义理论下，结果公平、起点公平（机会均等）和过程公平（程序公平）三个要素构成了社会公平的功能性结构。社会基本价值体现了罗尔斯的社会正义观点，如自由和机会、收入和财富，以及自尊的基础等。罗尔斯的平等主义倾向得以体现的同时，社会理想的状态也得以展示，国家、政府、制度等的道德评价标准更得以树立。对探讨基本公共服务均等化问题具有价值标杆作用的是分配正义。

罗尔斯仅只是从政治哲学的视角来阐述公平正义，但后续研究者从他的分析中所领悟到的理念早已超越了他所提出的范畴，罗伯特·诺齐克、罗纳德·M. 德沃金、阿玛蒂亚·森等人对罗尔斯的理论进行了批判式的发展。罗伯特·诺齐克对罗尔斯的"差别原则"表示强烈反对，他更为重视公平正义中的个人自由权利至上；罗纳德·M. 德沃金提出了"平等待遇"和"资源平等说"，在资源分配的过程中他更多地考虑到了个人的禀赋和选择。阿玛蒂亚·森提出了"能力平等"的观点，他认为"能力"是个人有效自由的程度的反映，它是一种实质性的自由，政府应通过提供教育、社保、就业、医疗等多种服务来促进个人能力的提高，这将有利于促进经济效率的提高以及人们福利的改善[①]。基本公共服务均等化这一主题虽然带着鲜明的中国特色烙印，但公平正义思想依旧提供了一个很好的研究分析框架。

（二）公共产品理论

公共产品这一概念甚至先于公共经济学理论的诞生，大卫·休谟早在 1739 年就提出了"Public goods"这一概念，但在当时的学术界这一说法并没有达成广泛的共识。1776 年，亚当·斯密在《国富论》中提出："建立并维持某些公共机关和公共工程"是国家的义务。虽然亚当·斯密没有直接用到"公共产品"这个词，但他其实已经对公共产品的产生原因和主要内涵做了说明。公共产品理论真正的开创者是萨缪尔森，他在 1954 年和 1955 年分别发表了文章——《公共支出纯理论》和《公共支出理论图解》，这两篇文章对公共产品理论做了基础性的研究，并且由他掀

---

① ［印度］阿玛蒂亚·森:《论经济不平等:不平等之再考察》，王利文、于占杰译，社会科学文献出版社 2006 年版，第 289—290 页。

起了公共产品理论研究的学术热潮。1956 年，蒂布特提出了一个有别于萨缪尔森的公共产品的新定义。1957 年，马斯格雷夫提出了一个与公共产品相似的概念：有益产品。1965 年布坎南开创性地提出了"俱乐部理论"，他认为俱乐部产品是一种介于私人产品和纯公共产品之间的产品，它具备两大特征：有限的非竞争性和对外的排他性。20 世纪 70—80 年代，公共经济学的研究者在研究"Public goods"这一概念时，大多还是沿用了萨缪尔森和布坎南等学者的研究思路。直到 90 年代初，才开始出现一些对公共产品原定义和分类的质疑声。2000 年，奥斯特罗姆进一步发展了公共产品理论。

在《公共支出纯理论》一文中，萨缪尔森运用数学工具对公共产品的非竞争性做出了严谨的解释，并采取"公共产品——私人产品"的二分法，对公共产品和私人产品进行了较为严格的区分，他对公共产品的定义成为了学界的经典。萨缪尔森认为公共产品有几大特征：第一，非排他性，即无法杜绝"搭便车"的现象，无论是否支付费用，任何人都能享受到该物品带来的效用，这也决定了公共产品必须由政府进行提供；第二，非竞争性，即该物品的边际成本为零。使用者对该物品的消费并不减少它对其他使用者的供应。萨缪尔森在《公共支出理论图解》一文中坦言实际情况下大部分产品都不能算纯公共产品，建议把他之前对公共产品的定义作为一种极端的情况来进行看待。蒂布特对公共产品有不同的理解，他认为公共产品是一种能够被生产，但却无法有效进行收费的产品，并将公共产品划分为联邦公共产品和地方公共产品。

罗伊·亚当斯和肯·麦考密克认为，公共产品和私人产品的传统区分需要扩展，而不是抛弃。罗伊·亚当斯和肯·麦考密克认为通过扩大产品和服务分类的方法，可以解决将产品和服务分为公共产品和私人产品的二分法的缺陷。他们根据竞争的程度和排他的可能，提出了比原有二分法更为详尽的分类方法，具体的分类见表 2—8。

表2—8 产品和服务的六分法

		排他	
		可行	不可行
消费	竞争	1. 私人产品	2. 公共财产资源
	拥挤	3. 俱乐部产品	4. 非买卖且不纯的公共产品
	非竞争	5. 可买卖的纯公共产品	6. 不可买卖的纯公共产品

资料来源：根据相关研究整理。

2000年，埃莉诺·奥斯特罗姆运用排他性和共同使用两项技术指标，将产品分为四类：私益物品、收费物品、公共池塘资源和公益物品，她将收费产品和公共池塘资源统称为"准公共产品"或"混合产品"，具体的分类见表2—9。在四分法的基础上，奥斯特罗姆指出，应该根据物品的具体属性来确定公共服务的供给模式。

表2—9 奥斯特罗姆对产品和服务的四分法

		是否排他	
		排他	非排他
是否共用	共同使用	收费物品	公益物品
	分别使用	私益物品	公共池塘资源

资料来源：根据相关研究整理。

公共产品理论从最初的发展到进一步的成熟，都集中在公共产品供给的效率与公平上。但是近年来，关于公共产品供给制度研究开始成为热点，这也是城乡基本公共服务均等化体制障碍与制度衔接研究的重要理论基础。

（三）新公共服务理论

20世纪70年代以来，以英国、美国为主的西方发达国家围绕政府管理进行了大规模的改革运动，掀起了一场以追求经济、效率与效益为目标的"新公共管理运动"。"新公共管理运动"以现代经济学作为理论基础，同时融入了私部门的顾客导向、合同雇佣关系、绩效管理等私部门管理学研究的新成就。20世纪90年代初，戴维·奥斯本和特德·盖布勒撰写了《重塑政府：企业家精神如何改革着公共部门》一书，在书中他们将"新公共管理运动"的理念总结为用企业家的精神来重塑政府，并且提出了政府管理改革的十大原则，也就是企业家政府的十大特征。然而，新公共管理对企业家精神和市场的迷信，公部门和私部门管理的混淆以及对于"顾客"的不恰当的隐喻，遭到了大量的抨击与质疑。

20 世纪 90 年代以来，新公共服务理论成了公共行政理论研究的一个新的发展方向。新公共服务理论诞生于对新公共管理理论的反思和批判过程中，对于传统公共行政理论、新公共管理理论而言，其不同主要体现在以下三个方面。

第一，强调公共利益。从新公共管理视角出发，公共利益是一项共同的事业。在民主社会中公民应超越狭隘的个人私利，而去关注更为重要的公共利益，并且主动承担更多的责任为社会和社区的发展贡献力量，这也是公民权本质要素的内在要求，即有效的、负责任的。而公务人员则需要建立起集体的和共享的公共利益观念。新公共服务理论认为，基于私部门的企业管理技术，诸如提高生产效率、管理流程再造和绩效评估只是一种技术性的工具，它必须由公共部门的核心价值引领并且从属于它们。

第二，关注公民权利。奥斯本和盖布勒两位学者认为："顾客导向下的政府具备更多的责任和创新，有可能催生出更多种类的服务选择，以及减少对资源的浪费。"登哈特的"公民优先"理念认为把公民当作顾客是存在片面性的，对于顾客来说，他们关注的是他自身的愿望和这些愿望如何才能实现，而公民的关注点在于公共利益以及对社会的长久收益。所谓"公民优先"就是一种互惠的回应性，鼓励更多的公民去承担作公民自身的责任。

第三，再造政府角色。传统公共行政中，政府机构需要设计详细的政策和程序，其目的主要是为了保护政府机构的人员和他们的当事人双方的权利和责任。这些详细的政策和程序限制了政府机构满足当事人需要的能力，因此，政府及其管理者逐渐被认为效率低下。[①]

---

① ［美］珍妮特·V. 登哈特、罗伯特·B. 登哈特：《新公共服务：服务，而不是掌舵》，方兴、丁煌译，中国人民大学出版社 2004 年版。

新公共服务理论认为，政府是推动社会发展的重要参与者，政府要与各种社会力量进行协同合作，探索社会问题的最优解决方案。因此，政府的意义在于帮助公民清晰地表达并且很好地实现公民的共同利益，而非试图去控制和主宰社会发展的方向。因此，在供给基本公共服务的过程中，政府不应该再作为掌舵者，而是应该作为非常重要的一类参与者，与私部门及非营利组织共同为公共服务中面临的问题寻找最优的解决办法。这一理论为当前转变政府职能、提高政府效率以及基本公共服务的市场化提供了理论支持。

二 经典马克思主义关于基本公共服务均等化的相关理论

公共服务所关涉的公平正义问题是当代中国社会的显著问题。马克思主义作为关于无产阶级和广大劳动人民命运解放和生存发展的学说，有无可比拟的科学性与无可置疑的价值性。尽管马克思并没有直接提到公共服务，但是在他的思想中有关社会扣除理论、社会公平理论都包含着公共服务思想。社会公平理论对进一步推进均等化的基本公共服务，正确解决公平正义问题，无疑具有重要意义。

（一）社会扣除理论

马克思也曾思考过如何让人人都能享受到公共服务，在《哥达纲领批判》中，马克思根据经济规律，提出了社会扣除理论即以分配为逻辑关键，来厘清分配、生产、消费、交换这四者之间的关系。

马克思提出，社会扣除意味着公有制下，根据社会发展和再生产的需要，社会总产品的分配原则。在《哥达纲领批判》中，他对此进行了详细的分析。[1] 他认为关系到社会存在和发展的共同利益我们称为社会需求，社会需求在分配上是优先于个人需求的。他论述道："在任何社会生产中有些产品直接由生产者及其家属用于个人的消费，其他属于剩余劳动的产品，总是用来满足一般的社会需要，但是这种剩余的分配原则与执行方式却不曾被过问。"[2]

从马克思的理论来看，政府的各种公共服务职能是为了满足社会共

---

① 《马克思恩格斯选集》第3卷，人民出版社1995年版。
② 《马克思恩格斯选集》第3卷，人民出版社1995年版。

同需要。马克思社会扣除理论为公共服务的必要性、可能性与适度性进行了深刻的证明。在本课题研究中，关于公共财政的性质确认、制度设计等方面，都要利用马克思社会扣除理论作为指导。

（二）社会公平理论

在经典马克思主义中，每一部著作都秉持着社会公平的价值。马克思、恩格斯毕生所追求的就是打破无产阶级的枷锁，他们批判资本主义的剥削与压迫，他们期望实现超越阶级的，全人类的"永恒公平"。恩格斯指出："平等的观念，本身是一种历史的产物，这一观念的形成，需要一定的历史条件，而这种历史条件本身又以长期的、以往的历史为前提。所以，这样的平等观念说它是什么都行，就是不能说是永恒的真理。"① 为了实现这种情景，需要我们的社会制度与当前的生产方式相适应。"当一种生产方式在不断上升时，那些在这种生产方式相匹配的分配方式下没能被公正对待的人也会接纳它。"② 因为生产方式的上升带来了社会总体财富量的增加，社会所有群体都是有机会受益的。对资本主义的深度反思中，马克思、恩格斯建立了自己的社会公平理论，其理论对社会建设有如下规定性。

第一，公平是社会建设的价值目标。不同的社会阶段，不同的社会阶级对于"公平"有着大相径庭的理解。公平应该是一种"当下公平"，是特定历史条件下的"公平"，超越时间、阶级的"绝对公平"是不存在的。历史的教训告诉我们，平均主义同样不是社会公平。这对于我们加深对基本公共服务均等化有很好的指导作用。

第二，社会公平应以人为本。人具有主体性和创造性的特点，人在社会生产力中起着决定性作用。社会公平程度强烈影响着人的生产力与创造力，社会公平与人的发展密切相关。这为基本公共服务均等化必要性提供了极好的论证。

第三，经济基础与社会公平。经济基础决定上层建筑。恩格斯指出，公平"从来都是当下经济关系说映射的其保守方面、或其革命方面的观

---

① 《马克思恩格斯选集》第3卷，人民出版社1995年版。

② 《马克思恩格斯选集》第3卷，人民出版社1995年版。

念化的神圣化表现"①。马克思、恩格斯认为，历史推动社会发展，社会生产力是社会发展也是社会公平的决定性力量。实现社会公平的基本条件是消灭资本主义的生产资料私有制所带来的剥削，实行生产资料公有制，马克思主义深刻地影响了中国社会，其社会公平理论对我们实现公共服务均等化也有着重要意义。我国正在通过各种努力来减小城镇与农村之间的差距，全力以赴实现城市农村基础公共服务均等化，推动社会公平正义的实现。

三　中国关于基本公共服务均等化的相关理论

有别于西方国家，中国相对缺乏系统化的民权理论，但以民生思想为基础的民本主义在中国有着深厚的根基。在中国传统的治国之道中，民本思想一直居于首位，这些思想在今天需要批判地继承与创造性发展。1921 年 7 月，中国共产党第一次全国代表大会在上海召开，庄严宣告中国共产党成立。中国共产党的成立是中国历史上开天辟地的大事。"自从有了中围共产党，中国革命的面貌就焕然一新了。"中国共产党的历届领导集体始终探索国家治理的"中国道路"，提出了一系列重要民生发展思想，这些民生发展思想为中国基本公共服务均等化提供了坚实的理论支撑。

（一）中国传统的民本主义思想

"中华文明最核心的文明是民本主义。"② 长期的民本主义思想发展，形成了中国独特的民本政治话语。先秦时期百家争鸣，是中国文化的滥觞。梁启超说，"先秦之思想，乃我族一切道德、法律、制度之源泉"③。先秦的传统民本思想内容丰富，观点多样。

1. 儒家的民本主义思想。儒家思想在中国社会推行了千年，儒家思想的支柱之一就是民本思想。"民惟邦本，本固邦宁"④，人民是国家的根本，只有维护好这个本根，国家才会安宁。在儒家思想中，民是国之为

---

① 《马克思恩格斯选集》第 3 卷，人民出版社 1995 年版，第 212 页。
② 潘维：《回归民本主义，重建中国的政治价值》，《绿叶》2008 年第 1 期。
③ 张品兴主编：《梁启超全集》（第二册），北京出版社 1999 年版，第 563 页。
④ 《尚书·五子之歌》。

国的基础与核心，治民要在"贵民""养民""富民""教民"等方面着力，通过重民生，不断得民心，最终固民本。所谓"贵民"，即重视民众在国家中的地位和作用。孟子对儒家的贵民说作了经典表述，他说："民为贵，社稷次之，君为轻。"① 荀子用"水能载舟亦能覆舟"来比喻君民关系，表明民在国家政治中的基础地位。所谓"养民"，即重视民生，保证民众有维持生存的田产并实行轻徭薄赋政策。历代儒学家沿着厚生养民的思路，作了大量论述，在一定限度内有利于减轻农民所受剥削、缓解社会矛盾。孔子主张要给民以实惠，为政者要注意节俭，反对聚敛百姓，主张敛从其薄，以民富足为君富足的基础。孟子非常重视人民的生计问题，认为当政者若能使百姓"养生丧死无憾"则为"王道之人"。② 荀子把"善生养人"列为君道之首，③ 认为要充分利用自然条件，裁制万物，发展生产，滋养百姓。所谓"富民"，即富国之本，民富则国富，这也是道德教化之基础。孔子把百姓丰衣足食摆在三大政事首位，还将养民、惠民、富民看做成仁成圣的条件。

2. 道家的民本主义思想。老子指出，"圣人无常心，以百姓之心为心"。有道之君治理国家不会仅仅从自己的心愿出发，而是要顺应民心。将老百姓的心愿作为自己的心愿，从政策上来看就是轻徭薄赋，恢复民力。治理者不能过分夸大自己的主观能动性，要保持一份谦卑的心态，减少对百姓的过多过滥过深任意干预。治理者对百姓要听其自然，发生问题只能顺势引导，而不是施威压制或者以死来恐吓人民，一切暴力工具都是力量虚弱的表现。

3. 墨家的民本主义思想。墨子认为，造成天下无序祸乱频生的根本起因是"自利"不互爱，"诸侯不相爱，则必野战；家主不相爱，则必相篡；人与人不相爱，则必相贼"。④ 墨家提倡的"兼爱"即爱人如己，是平等无私的爱，是将"仁爱"进行到极致的做法，它超越了由等级、财富、宗亲、血缘等各种因素所造成的界限，追求"爱无等差"。墨子认为

① 《孟子·尽心章句下》。
② 《孟子·梁惠王上》。
③ 《荀子·君道》。
④ 《墨子·兼爱中》。

"兼爱互利"是"圣王之法,天下之治道也",① 他呼吁统治者推行"兼爱,互利"的治国之道,摒弃"自利",弘扬"众利"。墨子认为只要人们相爱而互利,那就能够实现天下和、百姓富、人间乐的社会治理目标,"天下大治"就会成为活生生的社会现实。墨家的"兼爱互利"思想批判了贵族等级观念,反映了广大工农劳动人民愿景,具有鲜明的平民性和进步性,但同时也直接冲击了等级森严的封建专制,在现实中严重缺乏社会基础,具有强烈的空想色彩。

"任何精神传统,如果不发展、不扩大,就会死亡。"② 中国传统的民本主义思想,需要通过创造性转化、创新性发展来实现间断性和连续性的统一,为城乡基本公共服务均等化提供思想基础。

(二) 中国共产党的民生发展思想

中国共产党一直致力于建立人与人之间"只有自由联合关系"的"纯正的平民主义"的社会③。在党的革命、建设和改革的历程中,中国共产党始终把保障和改善民生作为自身的奋斗目标,并进行了艰辛的探索和实践,形成了一系列民生发展思想。这些民生发展思想为基本公共服务均等化提供了正当性与必要性论证。

1. 毛泽东"为人民服务"思想。为人民服务思想是毛泽东在抗日战争后期提出的,以 1944 年 9 月 8 日在追悼张思德会上的讲演《为人民服务》而闻名。1945 年党的七大通过的党章规定:"中国共产党人必须具有全心全意为中国人民服务的精神。"④ 后来,全心全意为人民服务成为了中国共产党的宗旨。把"为人民服务"作为无产阶级政党的根本宗旨,是毛泽东对马克思主义的一大贡献。1945 年党的七大通过的党章规定:"中国共产党人必须具有全心全意为中国人民服务的精神。"⑤ 我国的

① 《墨子·兼爱中》。
② [美] 杜维明:《儒家传统的现代转》,《浙江大学学报 (人文社会科学版)》2004 年第 4 期。
③ 李大钊:《平民主义》,《李大钊选集》,人民出版社 1956 年版,第 425—427 页。
④ 中央档案馆:《中共中央文件选集》 (第 15 册),中共中央党校出版社 1991 年版,第 117 页。
⑤ 中央档案馆:《中共中央文件选集》 (第 15 册),中共中央党校出版社 1991 年版,第 117 页。

《宪法》为"为人民服务"确立了法律保障①。"为人民服务"的话语已经成为"以民为本"民本主义思想在当代中国的创新性再现。在毛泽东的执政理论里，"为人民服务"不但是一种高尚的精神境界，更重要的它是一种社会实践活动，是中国共产党一切执政实践的出发点及归宿。② 新中国是人民当家作主的国家，新中国坚持"为人民服务"的宗旨，坚定"一切从人民出发"的立场。"为人民服务"作为中国共产党根本宗旨和初心使命的体现，贯穿中国共产党百年发展历史。完善公共服务体系成为"为人民服务"的现实抓手，同时"为人民服务"理所当然地成为公共服务的准则之一。"为人民服务"为城乡基本公共服务均等化推进提供了最为有力的价值支撑。

2. 邓小平"共同富裕"与"三个有利于"思想。邓小平在总结我国发展的经验教训后，提出了"共同富裕"思想，其中的核心就是发展生产力。1975年，邓小平就提出四个现代化的大局思想。党的十一届三中全会后，邓小平准确定位国家主要矛盾，把人民群众不断增长的物质文化需求同落后的社会生产作为主要矛盾。解决矛盾的核心在于解放和发展生产力。1985年在全国科技工作会议上，邓小平指出："社会主义的目的就是要全国人民共同富裕，不是两极分化。"③ 邓小平强调，"在改革中，我们始终坚持两条根本原则，一是以社会主义公有制经济为主体，一是共同富裕。"④ 从中国具体国情出发，邓小平果断提出"允许一部分人、一部分地区先富起来"，但这只是手段和途径，其最终目的是"共同富裕"。我们需深刻认识共同富裕思想，以指导城乡基本公共服务均等化的实践。在经过长期的摸索与思考后，邓小平在南行讲话中提出了著名的"三个有利于判断"，即"是否有利于发展社会主义社会的生产力，是否有利于增强社会主义国家的综合国力，是否有利于提高人民的生活水平"。邓小平同志高度概括，提出了生产力、综合国力和人民幸福三大标

① 《中华人民共和国宪法》第二条规定："中华人民共和国的一切权力属于人民"，人民通过国家权力机关和地方各级权力机关，依法行使"管理国家事务，管理经济和文化事业，管理社会事务的权力。"

② 赵金洋：《毛泽东为人民服务思想探究》，吉林大学，2018年。

③ 《邓小平文选》第3卷，人民出版社1993年版，第110—111页。

④ 《邓小平文选》第3卷，人民出版社1993年版，第142页。

准，准却定位了发展的价值标准，这是前辈宝贵的政治思想遗产。在三个标准中，其中人民幸福标准作为最后的归结点。这为城乡基本公共服务均等化提供了最为直接的理论支撑。

3. 江泽民"代表中国最广大人民的根本利益"思想。江泽民"三个代表"重要思想深入总结新形势下改革开放和现代化的新特点。"三个代表"重要思想在邓小平理论的基础上进一步回答了什么是社会主义、怎样建设社会主义的问题，在长期执政的历史条件下建设什么样的党、怎样建设党的问题，深化了对中国特色社会主义的认识，把科学社会主义理论推向了一个新的发展阶段。在马克思主义国家理论视域中，"三个代表"重要思想对当代中国公共服务均等化的实践推进具有重要的意义。在对生产力的全面重视下，也要同等重视对广大人民的根本利益，要充分关注民众的诉求。这个重要思想在 2002 年被写入了党章，意味着这是党长时间内的指导思想。"三个代表"重要思想的核心，即"始终代表中国最广大人民的根本利益"，反映了国家政府所具有的代表社会普遍利益的本质，成为基本公共服务均等化的逻辑起点和价值根基。

4. 胡锦涛"以人为本""五个统筹"思想。以胡锦涛同志为总书记的党中央在新形势新任务前进一步探索，提出了科学发展观。科学发展观是坚持以人为本，全面、协调及可持续的发展观。"第一要义是发展，核心是以人为本，基本要求是全面协调可持续，根本方法是统筹兼顾。"科学发展观是当新时期的重大战略思想。科学发展观中最重要的核心是"以人为本"，其基本要求是"全面、协调、可持续"。在以经济建设为中心的情况下，也要注重质量与长期效益，要坚持五个统筹。科学发展观在反思新时代发展质量不高的弊端下，强调要实现"以人为本"的全面的、可持续性的发展，这些思想对推进城乡基本公共服务均等化有直接的指导作用。

5. 习近平关于"中国梦""以人民为中心""共享""精准扶贫"的重要论述。习近平新时代中国特色社会主义思想作为新时代的指导思想，理所当然地成为基本公共服务均等化中国实践的理论基础与思想指南。习近平新时代中国特色社会主义思想中蕴含的基本公共服务均等化思想主要由四个方面构成。

第一，"中国梦"的发展愿景。习近平总书记提出的对"中华民族伟大复兴"的构想，中国梦的价值内涵就是社会主义核心价值观。基本公共服务均等化是"中国梦"的应有内容，人民的幸福需要公平高效的社会服务，人民有权享有更高的医疗、教育、环境。人民也渴望与祖国一同成长。基本公共服务均等化是"中国梦"的必要手段，习近平总书记曾指出我们要保证人民学有所教、病有所医、老友所养。而这一切的人们需求，都需要我们不断去推动经济社会的发展，去提高我们的基础公共服务。推基本公共服务均等化是实现"中国梦"的重要抓手。在农村工作过多年的习总书记始终心系农民，提高农民、农村的生活质量是他的夙愿，三农问题一直挂在他的心上。习总书记提过"基础公共服务要想乡村倾斜"基本公共服务均等化成为实现"三农"梦的突破口。中国梦是以习近平同志为核心的党中央治国理政新思想的伟大引擎。在它的引导下，基本公共服务均等化发展必将进入一个新阶段。

第二，"以人民为中心"的发展思想。作为一个马克思主义政党，中国共产党一直是为广大人民群众的利益所服务的。习近平指出，"中国共产党坚持执政为民，人民对美好生活的向往就是我们的奋斗目标。"[①] 以习近平为核心的党中央对发展与人的价值关系进行了深刻审视并指明："树立新的发展理念，首先要解决为什么人、由谁享有这一根本问题。"[②] 党的十八大以来，习近平总书记有过多次关于"以人民为中心"的重要论述，这些论述最终形成了"以人民为中心"的发展思想，为新的发展理念铸造了灵魂。习近平总书记关于"以人民为中心"的重要论述从治国的时代高度对未来进行了一次规划。这种新思想郑重地回答了我们的发展到底是"为谁而发展"，回应了"全心全意"为人民服务的价值立场，是一种无产阶级的思想，深刻诠释了"无产阶级的运动是绝大多数人的，为绝大多数人谋利益的独立的运动"[③] 的思想内涵。

第三，"共享"的发展理念。作为五大发展理念之一的共享发展理念，它经历了一个长期的演进过程：一代代共产党人都在不断地探索着。

---

① 《习近平谈治国理政》，外文出版社 2014 年版，第 101 页。

② 中共中央宣传部：《习近平总书记系列重要讲话读本》，学习出版社、人民出版社 2016 年版，第 127—128 页。

③ 《马克思恩格斯选集》第 1 卷，人民出版社 2012 年版，第 411 页。

习近平总书记在这些思想的基础上指出："坚持共享发展，必须坚持发展为了人民、发展依靠人民，发展成果人民共享。"全中国人民将在共建共享中得到发展。并进一步提出了"共享是中国特色社会主义的本质要求"的新论断，"共享发展"的新理念，"按照人人参与、人人尽力、人人享有的要求，坚守底线、突出重点、完善制度、引导预期、注重机会公平，保障基本民生，实现全体人民共同迈进全面小康社会"①

第四，"精准扶贫"的发展措施。习近平总书记总结数十年扶贫工作的经验、教训，并根据目前中国贫困群体状况提出了精准扶贫的理念，利用精细化的扶贫方式，促使贫困地区整体脱贫、全面脱贫。习近平关于精准扶贫的重要论述是中国政府当前和今后一个时期关于贫困治理的指导性思想，其生成的理论基础是"共同富裕"根本原则，现实基础是"全面建成小康社会"的宏伟目标。"全面建成小康社会，最艰巨最繁重的任务在农村、特别是在贫困地区。没有农村的小康特别是没有贫困地区的小康，就没有全面建成小康社会。"②党的十九大提出"坚持大扶贫格局"。目前来看，各地在扶贫实践中，积极推动东西协作、政策协同、多元协动等方面取得了一定的进展。然后，在具体工作中，必须要推进公共服务体系建设与精准扶贫工作联动发展。

从毛泽东"为人民服务"思想，到邓小平"共同富裕"与"三个有利于"思想，到江泽民"三个代表"思想，到胡锦涛"以人为本""五个统筹"思想，再到习近平关于"中国梦""以人民为中心""共享""精准扶贫"的重要论述，始终指导着中国政治发展的战略路径。当前，以改善民生为重点的社会建设正在大力推进，基本公共服务均等化成为社会公正"中国方案"的核心议题。

---

① 《中共中央关于制定国民经济和社会发展第十三个五年计划的建议》，《人民日报》2015年11月4日第1版。

② 新华社：《把群众安危冷暖放在心上　把党和政府温暖送到千家万户》，《人民日报》2012年12月31日第1版。

第 三 章

政策发展与制度绩效

新制度经济学理论认为，制度与政策之间相互作用且密不可分：就政策而言，它的制定与实施都离不开制度环境，并因此广受制约；而对于制度而言，政策却常常于实施过程中突破它的藩篱。在我国政府实践中，广泛地存在制度政策化和政策制度化现象，制度与政策的界限不甚明确，公共服务领域也是如此。稳定性的制度安排往往被灵活的、临时性的政策取代；某些变动性较大的公共服务措施却受到固化的制度制约。因此，关于基本公共服务均等化政策文本的研究，不能机械地理解"政策"二字，必须把视野拓宽到"制度"领域。本书在很多时候，把"政策"与"制度"进行等同。要进行基本公共服务均等化的体制障碍与制度衔接研究，首先需要对基本公共服务均等化的现实进展做出准确的判断。

第一节　城乡基本公共服务均等化的政策发展

中国自 20 世纪 70 年代末实行改革开放至今，经济发展进入快车道，社会结构发生巨大变化，人民群众物质生活与精神生活水平均得以大幅提升。但由温饱社会向小康社会迈进的历史进程中，人民群众不断升级的庞大的公共需求不可避免地与总量不足、发展不均衡的基本公共服务供给发生矛盾。面对这一发展瓶颈，中国政府以"基本公共服务均等化"这一战略性决策主动应对，从顶层制度设计、基本政策运行、财政配套投入做出系统部署，以"促进社会公平正义、增进人民福祉"。虽然在我国的政治实践中，"基本公共服务均等化"作为专有名词于 2006 年才被首次提及，然而，基本医疗、社会保障、公共安全、义务教育等基本公共服务作为政府的重要职能一直在不断推进。那么,如何对政府以往基本公共服务均等化工作绩效做出评价、如何准确测量当前中国基本公共服务均等化的现实状况,就成为政府总结和改进基本公共服务均等化工作的重要前提。学界既有的研究要么过于宏观而粗略,要么过于狭隘而碎片化,难以整体把握我国基本公共服务均等化政策演绎的清晰脉络。通过较为规范的研究方法和研究设计,以扎实的统计数据为基础,具体分析我国基本公共服务均等化政策的制度变迁、重点领域与阶段性特征,总结其发展的脉络与趋势,反思其得失,是学界亟须努力的工作。

一　城乡基本公共服务均等化政策演变的整体考察

"在政策领域,过程和内容之间存有某种动态的联系。作为一个分析的焦点,政策内容提供了理论的可能性,对政策内容的考察为探查政治机器的内部动力学提供了手段。"对我国基本公共服务均等化政策内容进行系统分析,是从整体上把握基本公共服务均等化发展状况的起始点,也是深层次反思我国基本公共服务均等化改革得失的着力点。"文献文字的自然分布状态,携有语言的大量信息。"① 在形成基本公共服务均等化政策文本的过程中,公共服务所表达的实质性内容往往隐含在不同形式的文本之中。基本公共服务均等化的政策文本不仅是政府公共服务信息的承载之地,更是政府治理体系的价值体现之所。新中国成立以来我国基本公共服务均等化的理论与实践均发生了历史性的重大变革。对新中国成立 70 多年来我国基本公共服务政策文本进行全面性的梳理与深层次的分析,并在此基础上对基本公共服务均等化政策的未来发展趋势进行科学化的预测,对于进一步推进我国基本公共服务均等化进程的健康发展有着重要意义。

"公共政策话语是政治系统中最重要的话语信息输出,由于这种信息输出可以转化为固定的文本形式,从而为我们的研究提供了有形的分析对象。"② 基本公共服务政策文本作为政治体制、经济发展、社会需求等因素综合作用的结果,必然能够清晰地反映基本公共服务的时代性、变动

---

① 涂端午:《中国高等教育政策制定的宏观图景》,《北京大学教育评论》2007 年第 10 期。
② 王婷:《建国以来我国城乡关系重要政策文本的语用学分析》,《学海》2014 年第 6 期。

性与复杂性。对新中国成立以来基本公共服务均等化政策进行文本分析，进而把握我国基本公共服务政策的发展轨迹，就必须遵循科学的研究思路。

基本公共服务涉及的内容十分广泛，按照 2012 年 7 月 20 日国务院公布的《国家基本公共服务体系"十二五"规划》的界定，其包含公共教育、就业服务、社会保险、社会服务、医疗卫生、人口计生、住房保障以及公共文化体育等多个领域。1949 年以来公共服务发展历史中，每一领域都有其"制度"与"政策"，涉及中央政府与地方政府，政策文本的数量极其庞大。很显然，对全部的文本进行分析既是不可能的，也是没有必要的。本书基于现实操作性，定量研究时将文本范围主要确定为中央政府的政策文本，主要包括宪法、全国党代会报告、五年规划、政府工作报告等四种类型。基于样本完整性，本书在定性研究时还将对基本公共服务各领域产生重要影响的相关文件纳入文本范围。新中国成立后在户籍管理、社会保障、公共教育、医疗卫生、基础设施等领域都发布过一些重要文件，这些文件对于我国基本公共服务均等化改革与发展产生了重要影响，因此有必要把这些重要文件纳入政策文本分析对象的范畴。

对政策文本分析的终极目的是为了超越表面化的文本政策，溯及其背后真正的利益动因。基本公共服务均等化政策文本是基本公共服务政策的表象形态，是静态的文件总和。我们需要通过这种静态政策文本的表象形态，去把握基本公共服务政策内在的实质形态，即政策文本所内隐的基本公共服务价值取向、工作思路和内容特点。基于本书的研究旨趣，拟采取内容分析法①、时间序列分析法②与批评话语分

---

① 内容分析法（Content analysis）作为一种规范的研究方法，将"用语言而非数量表示的文本转换为用数量表示的资料"，可以对基本公共服务均等化政策文本内容进行客观、系统和量化描述，适合于对基本公共服务均等化政策文本做定量研究，揭示基本公共服务均等化政策的历史变迁及其特征。

② 时间序列分析法（Time Series Analysis）是一种以时间为序，揭示事物演变规律、预测事物未来发展趋势的方法体系，其主要依赖于对信息及其所反映的事物自身演变过程的系统分析。在布赖恩·琼斯看来，在不同的时间关注不同的问题同样是政治系统的癖好。基本公共服务政策作为一种政治决策，总是在复杂背景中进行，因而具有鲜明的动态性。本书需要采用时间序列分析法对基本公共服务均等化政策演变历程进行分析，揭示它的演变规律并预测其未来发展态势。

析①三种方法。首先，对基本公共服务均等化的政策进行价值类型和价值内容的分类，在信息提取、信息归纳的基础上进行并实现概念的操作化；其次，以纳入选择范围的政策文本为研究对象，按照时间序列逐一分析每一政策文本，并将其归到各类价值及其相应的价值内容中去，对全部政策文本的价值分析完毕后，对基本公共服务关键词进行频数统计；最后，以整理出的数据为基础，结合相关历史背景，廓清我国基本公共服务均等化政策的时代特征、发展阶段，梳理出我国基本公共服务均等化政策的变迁逻辑。

（一）1949—1978 年的基本公共服务均等化政策

在此阶段，政策文本包含 1949 年 9 月 29 日中国人民政治协商会议通过的起临时宪法作用的《中国人民政治协商会议共同纲领》、1954 年《宪法》、1975 年《宪法》、1978 年《宪法》4 个宪法文本；党的八大、九大、十大、十一大 4 个党代会报告文本；"一五"计划（1953—1957）、"二五"计划（1958—1962）、"三五"计划（1966—1970）、"四五"计划（1971—1975）、"五五"计划（1976—1980 年）5 个五年规划文本；1954 年到 1978 年间 10 个国务院政府工作报告文本。这一阶段的社会背景导致基本公共服务政策制定主要考量的是体现社会主义制度优越性，稳定社会秩序。政策话语中"公平"这组变量用词在各年度文本中的累积覆盖率一直保持在 2% 以上，而"效率"这组变量用词在各年度文本中的累积覆盖率一直维持在 1.5% 左右，这些信息传递出这一阶段基本公共服务均等化的时代特征与运作逻辑。

第一，"平均导向、全面覆盖"的基本公共服务价值观。这一时期国家在价值取向上坚持平等优先，力求体现社会主义制度优越性。1949 年《中国人民政治协商会议共同纲领》在第五章"文化教育政策"中对新中国公共服务体系的主要内容、主要目的以及制度创建提出了整体性设想，奠定了基本公共服务均等化的宪法基础。1951 年党和政府出台了《中华

① 批判话语分析（Critical Discourse Analysis）于 20 世纪八九十年代兴起，它通过一种开放、综合、交叉的研究视角，探讨话语是怎样建构世界同时又被世界建构，阐述语言、权力和意识形态之间的复杂互动关系。本书将从批评话语分析视角出发，对基本公共服务均等化的政策文本进行多维度分析，微观解剖基本公共服务均等化政策文本的语言结构，进而宏观解读我国基本公共服务均等化政策变迁的社会历史语境。

人民共和国劳动保险条例》，明确在企业内部实施养老保险，并且在实际上实行了全国统筹，这标志着养老保险制度在中国再度重生。[①] 1954 年通过的《宪法》第九十三条规定："中华人民共和国劳动者在年老、疾病或者丧失劳动能力的时候，有获得物质帮助的权利。国家举办社会保险、社会救济和群众卫生事业，并且逐步扩大这些设施，以保证劳动者享受这种权利"；第九十四条规定："中华人民共和国公民有受教育的权利。国家设立并且逐步扩大各种学校和其他文化教育机关，以保证公民享受这种权利。"确认了政府应当提供社会保险、社会救济、群众卫生事业和基础教育等基本公共服务的义务。在此理念指引下，新中国的公共服务从零起步，投资兴办了教育、卫生、社会保障和文化等一大批关系公民基本生存和发展的社会事业。新中国成立初期，基本公共服务的发展速度也是比较快的，"1954 年预算中国家用于文教、卫生和社会福利事业的支出等于 1950 年的 4.9 倍。这部分的支出占整个财政支出的比重也从 1950 年 11.1% 增加到 1954 年预算的 14.7%"[②]。"1957 年的在校学生人数，比 1956 年，高等学校增长 9.7%，普通中学增长 15%，小学增长 5.5%。群众办学在 1957 年也有了很大的发展，在这方面成绩最多的有四川、江苏、河南、河北等省。卫生部系统的医院病床数，比上一年增长 11.7%。文化出版事业，也有所发展。"[③] 后来由于"大跃进"以及"文化大革命"的影响，经济社会发展受到极大干扰，公共服务体系的发展也处于停滞不前的状况。虽然在城乡分割的前提下实现了基本公共服务的全面覆盖、区域均等，但是限于当时的经济社会发展水平，公共服务产品总体上严重短缺，公共服务供给水平非常低。

第二，"二元分治、城乡兼顾"的基本公共服务发展观。这一时期追求的社会公平是城乡二元分治基础上的社会公平。基本公共服务"二元化"差别供给奠基于"农业户口"和"非农业户口"户口划分的户籍制度"社会屏蔽"（social closure）。以 1951 年 7 月公安部颁布的《城市户口管理暂行条例》为标志，新中国的"二元化"户籍制度开始建立。

---

① 周建华：《建国以来养老保险制度的变迁与展望》，《长春大学学报》2015 年第 5 期。
② 周恩来：《1954 年国务院政府工作报告》，1954 年 5 月 23 日。
③ 薄一波：《关于一九五八年度国民经济计划草案的报告》，1958 年 2 月 3 日。

1955 年，国务院发布《关于建立经常户口登记制度的指示》，将农村人口纳入户口登记管理的范围；1958 年 1 月，全国人大常委会发布的《户口登记条例》规定，"必须持有城市劳动部门的录用证明，学校的录取证明，或者城市户口登记机关的准予迁入的证明"，否则，户口迁出将不予办理，这一规定严格限制了公民由农村向城市的迁移；1964 年和 1977 年，公安部分别发布《关于处理户口迁移的规定》草案及其正式文件，以"严格控制"和"适当限制"两个原则封堵了由农村迁往城镇的通道；1975 年《宪法》则取消了公民"居住和迁移自由"的条款。回顾这段历史，"农业户口"和"非农业户口"的划分于国家而言，是国家主导工业化过程的客观需要，但也成了我国城乡二元社会结构形成的最根本原因。这一时期的基本公共服务供给体系以户籍制度和城乡二元结构为基础，即在城市实施"单位制福利"，运行"单位办社会"的公共服务供给模式；在农村，村集体经济作为农村公共服务的主要融资和供给主体，实施以小学教育、集体养老和合作医疗为主体的"集体福利制度"①。这一体系的实施导致基本公共服务供给主要面向城市单位职工，农村居民则未能享受到同等的基本公共服务。

第三，"高度集中、政府包揽"的基本公共服务供给观。在计划经济体制下，公共服务资源相对匮乏，要实现公共服务的普遍可及和均等化，只能实行"苏联式的公共服务体系"，由政府向社会公众直接配给最迫切需要的基本公共服务，最低程度上满足城乡居民的基本公共需求。在城市中，国家通过"企业办社会"的方式供给公共服务，公民以"单位人"的身份享有"职工福利"，包括退休保障、医疗、教育、住房等在内的公共服务都是免费和相对均等的。农村主要实行通过集体经济力量提供基本生活保障的公共服务供给模式，国家只承担有限的财权责任。1958 年北戴河会议通过的《中共中央关于在农村建立人民公社问题的决议》明确规定，人民公社"实行政社合一，乡党委就是社党委，乡人民委员会

---

① 郁建兴：《中国的公共服务体系：发展历程、社会政策与体制机制》，《学术月刊》2011 年第 3 期。

就是社务委员会"①，人民公社因此兼具行政与生产管理双重职能，农民以社员身份听从生产安排，村集体经济成为农民享有的"集体福利制度"的主要供给来源。这种政府"高度集中、统一计划、政府包揽"的基本公共服务模式具有"个人负担较低"的特点，但是存在供给效率极低和资源浪费的情况。

（二）1979—2002 年的基本公共服务均等化政策

在该阶段，政策文本包含 1978 年《宪法》、1982 年《宪法》两个宪法文本；包含党的十二大、十三大、十四大、十五大 4 个党代会报告文本；"六五"计划（1981—1985）、"七五"计划（1986—1990）、"八五"计划（1991—1995）、"九五"计划（1996—2000）、"十五"计划（2001—2005）5 个五年规划文本；1979 年到 2002 年间 24 个国务院政府工作报告文本。政策话语中"公平"这组变量用词在各年度文本中的累积覆盖率下降到仅略高于 1%，而"效率"变量用词在各年度文本中的累积覆盖率上升到 4% 左右，这意味着这一时期基本公共服务政策及其价值取向发生了转型。

第一，"效率优先、兼顾公平"的基本公共服务价值观。1978 年 12 月党的十一届三中全会拉开了我国改革开放的大幕，全党工作重点迅速转移到现代化建设上来，我国开始了波澜壮阔的经济发展时期。这一时期的主要焦点是经济改革：经济体制由计划经济转向市场经济，经济结构上从农业经济转向工业经济，经济模式由内向经济转向外向经济。在发展主义意识形态主导下，政府快速向"发展型政府"转变，各级政府都把追求国内生产总值（GDP）增长作为中心任务。在 20 世纪 80—90 年代，中国政府将经济政策和经济增长置于优先地位而对社会政策和社会建设重视不够②，甚至为了追求经济增长而"容忍不平等的扩大"③。改革取消了针对产业工人"从摇篮到墓地"的传统社会福利承诺，但并未

---

① 中共中央文献研究室：《建国以来重要文献选编》（第十一册），中央文献出版社 1995 年版。

② 王绍光：《从经济政策到社会政策的历史性转变》，见周建明、胡鞍钢、王绍光《和谐社会构建》，清华大学出版社 2007 年版。

③ Bjorn A. Gustafsson，Li Shi，Terry Sicular（ed）*Inequality and Public Policy in China*，Cambridge University Press，2008.

成功设计出社会政策以适应经济社会体制转型；尽管市场化改革提高了大部分人的生活水平，但福利供给没有明显改善，城乡差距不断扩大，催生了新的不平等。① 在"效率优先、兼顾公平"的理念指导下，基本公共服务体制变革尽管不断推进，努力与经济体制改革相适应，但是由于种种原因，基本公共服务在计划经济下城乡失衡的基础上不断加剧，同时还出现了区域严重失衡、群体严重失衡的情况。在 21 世纪初，我国基本公共服务"城乡差距不断加大、覆盖范围不断缩小、区域差距不断加大、群体差距不断加大、个人负担不断加重"的情况非常严重。

第二，"城乡分割、以城为主"的基本公共服务发展观。在此阶段，我国基本公共服务体制改革沿袭了传统的城乡二元思路。在城乡分割的户籍制度基础上，部分基本公共服务供给在城乡之间存在两套供给政策，且城市供给水平远远高于农村。城市中，一方面继续沿用"单位办社会"，向职工提供住房、取暖、医疗保障、养老保险、子女教育等方面的福利保障，但是由于经济体制改革的推进，不同的工作单位间福利差距越来越大；另一方面，开始推进公共服务的社会化与市场化改革。在农村，传统的公共服务体系随着家庭联产承包责任制的全面推行、农村集体经济的实际解体而逐渐瓦解：在教育公共服务方面，由于乡镇财政财力薄弱，因而农村义务教育经费实际上通过税费摊派转嫁到农民身上。在医疗公共服务方面，1979 年 12 月颁布的《农村合作医疗章程（试行草案）》将"农村合作医疗"定义为"人民公社社员依靠集体力量，在自愿互助的基础上建立起来的一种社会主义性质的医疗制度，是社员群众的集体福利事业"；1981 年 3 月卫生部《关于加强卫生机构经济管理的意见》提出，医疗卫生单位开展增收节支，讲求经济效益；1985 年 4 月《关于卫生工作改革若干政策问题的报告的通知》提出，计划免疫注射和妇幼保健服务可以适当收取劳务费，卫生防疫、卫生监督监测、药品审批和检验等都要收取劳务费和成本费。资金来源不足使绝大多数地区的农村合作医疗体系在 20 世纪 80 年代陷于停顿或瘫痪。在农村养老公共服务方面，1991 年《国务院关于企业职工养老保险制度改革的决定》提出，农村的养老保险改革由民政部负责；1992 年民政部在总结探索试点经验

---

① Tony Saich, *Governance and Politics of China*, Palgrave Macmillan, 2001.

的基础上，制定了《农村社会养老保险基本方案》；1995 年《国务院办公厅转发民政部关于进一步做好农村社会养老保险工作的意见的通知》要求推进这项工作。但在系列政策的实际执行中，由于国家财政投入乏力，因而农民参保积极性较低，至 20 世纪末，该项保障措施全面停滞。可见，该阶段的基本公共服务供给处于城乡严重失衡状态。

　　第三，"地方负责、分级管理"的基本公共服务供给观。20 世纪 80 年代，政府行政管理体制和财政体制改革并举，改革的突出特征即为"分权"。中央与地方的行政与财政权力的重置导致了二者对地方治理与财政控制力的此消彼长，中央政府分税制改革由此出台。财权在中央与地方重新设定，事权却未能随之重新划分，财权与事权的不对称直接影响了地方公共服务供给财力，而中央财政转移支付体系也未能"充分支持地方政府提供这些服务时所需的支出"[①]。为解决公共服务筹资矛盾，预算外支出与"乱收费"现象频发；此外，区域经济发展不平衡也导致了各地基本公共服务供给失衡加剧。

　　在此阶段，以"多元化""社会化""市场化"和"地方化"为特征，我国政府公共服务体制改革逐步推动供给主体由一元向多元转变、供给产品由全部"免单"向部分付费转变，客观上促进了公共服务供给效率和质量的提高；与此同时，在公共服务体制改革中，公共服务责任下移，以期逐步实现地方负责、分级管理。其结果却是地方政府的公共服务职能不断弱化，公共服务缺少常态化、规模化投入，公共服务供给的普及性和均等化程度大大降低了[②]。以教育公共服务为例，1985 年至 1999 年，国家相继出台了《关于教育体制改革的决定》（1985 年）、《中华人民共和国义务教育法》（1986 年）、《中国教育改革和发展纲要》（1993 年）、《中华人民共和国教育法》（1995 年）、《关于深化教育改革全面推进素质教育的决定》（1999 年），确立了"分级办学"、教育经费的"三个增长"等教育管理原则的制度化、法制化地位。但在具体落实

---

　　① Christine P. W. Wong, Richard M. Bird：《中国的财政体系：进行中的工作》，见［美］劳伦·勃兰特、托马斯·罗斯基《伟大的中国经济转型》，格致出版社、上海人民出版社 2009 年版。

　　② 郁建兴：《中国的公共服务体系：发展历程、社会政策与体制机制》，《学术月刊》2011年第 3 期。

中，由于乡、村财政投入乏力，"基础教育由地方负责"难以实现，农村基础教育最主要的经费来源仍然是"最广大的农民群众"，而投入不足必定导致教育质量低下，农村基础教育发展难以为继也就不足为奇。在公共卫生领域，从 20 世纪 80 年代到 2002 年，我国政府的投入出现相对萎缩，随着财政"分灶吃饭"和分税制改革，卫生医疗机构为了生存，不得不较多地依赖医疗服务收费和提供有偿的公共卫生服务，而逐渐忽视了承担基本公共卫生服务的社会职责。"重医轻防"与"重经济效益轻社会效益"的状况成为县、乡、村三级卫生服务组织的普遍状况，导致了我国农村公共卫生服务供给不足的现实局面。

（三）2003—2016 年的基本公共服务均等化政策

在该阶段，政策文本包含 1982 年《宪法》文本；党的十六大、十七大、十八大 3 个党代会报告文本；"十一五"计划（2006—2010）、"十二五"计划（2011—2015）、"十三五"计划（2016—2020）3 个五年规划文本；2003 年到 2016 年间 25 个国务院政府工作报告文本。新的社会背景下基本公共服务政策的评价维度发生了转变。从政策文本的内容分析与时间序列分析可以看出，进入 21 世纪，基本公共服务政策话语中"公平"这组变量用词在各年文本中的累积覆盖率迅速上升，最高点接近了4%，并且回归分析显示其还在加速增长。这表明了基本公共服务政策发生了深刻的变化。

第一，"民生导向、公平优先"的基本公共服务价值观。这一阶段，政府秉持"以人为本"和"科学发展"的指导思想，公共服务体系的构建显示出更为普遍和全面的特征：城乡免费义务教育全面实现，全面医保基本实现，城乡基本医疗卫生制度全面建立，城乡基本养老保险制度全面铺开，公共就业服务体系实现全覆盖，新型社会救助体系基本形成，最低生活保障实现了应保尽保，保障性住房建设加快推进，逐步形成了"广覆盖、趋于均衡、个人负担降低"新的均衡。[①] 在 2005 年《政府工作报告》中，"建设服务型政府"的执政理念被明确提出；2006 年《十一五规划纲要》（十届全国人大四次会议审议通过）和《中共中央关于构建

---

① 石培琴：《我国区域基本公共服务均等化研究》，博士学位论文，财政部财政科学研究所，2014 年。

社会主义和谐社会若干重大问题的决定》（党的十六届六中全会审议通过）更是将"基本公共服务均等化"纳入政府工作日程，标志着我国基本公共服务的价值理念发生了重大变化；2007年党的十七大报告突出强调以"加快推进以改善民生为重点的社会建设"为切入点，协调经济社会发展、保障和改善民生、促进社会公平正义；2010年《中共中央关于制定国民经济和社会发展第十二个五年规划的建议》（党的十七届五中全会审议通过）再次重申"加强社会建设，建立健全基本公共服务体系"的重要性，要求着力保障和改善民生，逐步完善符合国情、比较完整、覆盖城乡、可持续的基本公共服务体系，推进基本公共服务均等化；2012年7月国务院公布了《国家基本公共服务体系"十二五"规划》，第一次明确界定了基本公共服务的服务范围、服务对象、保障标准、支出责任和覆盖水平，使基本公共服务均等化从理念蓝图变成现实计划。至此，"民生导向、公平优先"的基本公共服务价值观完全得到了确立①。

第二，"城乡一体、统筹发展"的基本公共服发展观。在此发展观指导下，我国的公共政策发生了明显转向，农村居民、弱势群体更多地成为政策受益者，在农民工就业保障、城乡义务教育、医疗和养老保障各个方面，政府颁布和实施的系列政策文本均显示出政策重心的转移，自党的十六大以来，"从经济政策到社会政策的历史性跨越"毫无疑问极大促进了社会公平正义。2002年10月，党的十六大报告提出了"统筹城乡经济社会发展"的重大战略指导思想，使多年来一直处于僵局之中的"三农"问题被提升到国家宏观经济层面加以解决；2003年10月，党的十六届三中全会提出了包括"统筹城乡发展"在内的五个"统筹"，强调"坚持以人为本，树立全面、协调、可持续的发展观，促进经济社会和人的全面发展"；2008年10月，党的十七届三中全会做出《中共中央关于推进农村改革发展若干重大问题的决定》，提出从六个方面实现"城乡一体化"：城乡规划一体化、产业发展一体化、基础设施建设一体化、公共服务一体化、就业市场一体化、社会管理一体化；2013年11月，党的十八届三中全会通过的《中共中央关于全面深化改革若干重大问题的决定》

①　2017年1月国务院公布了《"十三五"推进基本公共服务均等化规划》，文件名称直接以"基本公共服务均等化规划"为名，更加确立了公平优先的导向。

更是直面"城乡二元"问题，指出"城乡二元结构是制约城乡发展一体化的主要障碍。必须健全体制机制，形成以工促农、以城带乡、工农互惠、城乡一体的新型工农城乡关系，让广大农民平等参与现代化进程、共同分享现代化成果"，要"推进城乡要素平等交换和公共资源均衡配置""统筹城乡基础设施建设和社区建设，推进城乡基本公共服务均等化"；2014年3月，《国家新型城镇化规划（2014—2020年)》发布，明确提出新型城镇化的核心是"人的城镇化"，本质是农业转移人口的市民化，要求在推进新型城镇化的过程中，始终坚持以人为本，把促进农业转移人口就业、完善社会保障、提高基本公共服务水平摆在更加突出的位置，提出一系列政策措施来保障农民工在子女教育、就业机会、居住环境、收入增长和权益保护等多方面享受到同等的公共服务。

　　这一时期，基本公共服务的各个领域不断出台一些有重要影响力的政策。在义务教育方面，2003年召开的国务院全国农村教育工作会议做出了教育资源投入向农村倾斜的政策决策：新增教育经费主要用于农村以加快普及农村义务教育。受此类政策影响，至2008年，农村义务教育得以与城市一样，基本实现了全免费；同时，城乡、区域义务教育基础设施建设差距逐渐缩小，均等化程度不断提高。在医疗保障方面，自2003年开始试点建立的"新型农村合作医疗"制度，经过6年发展，至2008年已在全国农村基本建立；与此同时，"城镇居民基本医疗保险"制度自2007年开始推行，该制度囊括了城镇非从业人员和灵活就业人员。由此，"基本医疗保障制度"由"城镇职工基本医疗保险""城镇居民基本医疗保险"和"新型农村合作医疗"三大体系共同支撑起来，实现了城乡全覆盖。在医疗保障制度全面确立和实施的同时，2009年国务院发布的《关于深化医药卫生体制改革的意见》为实现人人享有基本医疗卫生服务的目标明确了改革方向和具体措施。在养老保障方面，与医疗保障制度全覆盖的思路一致，政府在落实和固化城镇企业职工基本养老保险制度成果、做实和扩大正规就业人员的参保覆盖率的同时，于2009年9月启动试点，拟通过建立"新型农村社会养老保险制度"，使农村居民享有与城镇企业职工同样的养老保障。"新农保"资金通过个人缴费、集体补助、政府补贴三条渠道筹集，以基础养老金的方式解决年满60周岁的农村居民的养老问题。在公共就业服务方面，2002年以来，政府不断加大公共就业服务的财政投入和供给力度，制定实施了一系列积极的就业政策，城乡职业介绍与培训网络通过"政府主导、多元社会主体共同参与"的模式逐步得以建立和完善；2007 年，《就业促进法》《劳动合同法》相继出台，分别就建立健全就业援助制度的政府责任、劳动关系的全面规范做出了法律规定。应该说，这两部法律的出台对于消除城镇就业体系对农民工的就业歧视、维护农民工劳动权益的意义极为重大。

第三，"政府主导、多元协同"的基本公共服务责任观。这一阶段的公共服务制度改革，一方面不断强化政府的供给主体责任，另外一方面也在不断推进公共服务的市场化、社会化，基本公共服务多元供给机制不断成熟和扩展，为缩小城乡间、区域间基本公共服务差距提供了机制支撑。首先，进一步明确了政府责任。以农村教育公共服务为例，2005 年开始建立的农村义务教育经费保障机制明确规定，由中央和地方分项目、按比例分担农村义务教育经费，并且由中央负担主要部分；2006 年，《义务教育法（修订案）》由全国人大审议通过，不仅正式明确了各级政府在义务教育方面的责任，更是做出了将义务教育经费纳入公共财政保障范围、义务教育阶段免收学杂费的规定。再以住房保障为例，2007 年国务院出台《关于解决城市低收入家庭住房困难的若干意见》，保障性住房体系被纳入政府公共服务范围，并提出了通过廉租房、经济适用房建设解决城市低收入家庭的住房问题的具体措施。2012 年《国家基本公共服务体系"十二五"规划》具体确定了 8 个领域和残疾人基本公共服务共 44 类、80 个基本公共服务项目，首次明确了政府基本公共服务的支出责任。其次，进一步调整了中央与地方的责任。通过不断完善财政转移支付制度进行了中央政府与地方政府的事权与财权划分。为推进基本公共服务均等化和公共财政体制改革，2006 年国家出台"十一五规划纲要"，提出"有条件的地方可实行省管县的体制"，2009 年中央"一号文件"进一步明确提出了全面推进省管县体制改革的目标；积极推进省管县的财政体制改革，调整公共财政支出结构，探索建立公共服务的财政投入增长机制。最后，创新了以"多元主体协同供给"为特色的基本公共服务供给机制，在明确政府在公共服务供给中的主导地位的前提下，积极推动公共服务供给的市场化与社会化运作。① 2013 年 11 月，党的十八届三中全会通过《中共中央关于全面深化改革若干重大问题的决定》，明确提出使市场在资源配置中起决定性作用，同时要更好地发挥政府作用，一方面"稳步推进城镇基本公共服务常住人口全覆盖""建立财政转移支付同农业转移人口市民化挂钩机制"，另一方面"适合由社会组织提供的公共服务和解决的事项，交由社会组织承担"。

通过政策文本的整体考察可以看出，我国基本公共服务均等化政策在党的执政理念、经济发展水平、社会公共需求共同作用之下，经过了较为曲折的变迁过程。从价值取向来看，基本公共服务政策经历了"平均—效率—公平"的三次转换；从时间序列来看，基本公共服务均等化政策可以划分为 1949—1978 年、1979—2002 年、2003—2016 年三个阶段；从政策内容来看，基本公共服务经历了低水平平均、严重失衡、迈向新的均衡三个时期。

二 城乡基本公共服务均等化政策演变的分类考察

要全面回顾城乡基本公共服务均等化的政策发展，除了进行宏观的整体考察，还必须进行分类考察，这样才能更加饱满地理解中国城乡基本公共服务均等化的政策变迁。本小节按照"十二五"基本公共服务规划确定的范围，对八个领域的基本公共服务政策演变进行解读，这些领域包括公共教育、劳动就业服务、社会保障、基本社会服务、医疗卫生、人口计生、住房保障和公共文化。

（一）城乡基本公共教育服务均等化政策的演变

《国家基本公共服务体系"十二五"规划》着重强调公共教育，促进教育的公平发展，尤其是城乡基本公共教育的均等化发展，可以有效缩小城乡之间的差距。实现城乡基本公共教育均等化是现代社会公民基本人权的体现，是实现教育公正的价值体现。城乡基本公共教育的均等化与公共政策息息相关。然而，回顾过往政策，城乡基本公共教育均等化的政策发展并非一以贯之，政策变迁的轨迹也是非常明显。以下将基

---

① 郁建兴：《中国的公共服务体系：发展历程、社会政策与体制机制》，《学术月刊》2011年第 3 期。

于间断—均衡理论①对城乡基本公共教育均等化政策的变迁逻辑进行探求。

1. 1949—1978 年城乡基本公共教育服务主要政策及其内容

该阶段为政策均衡期，在城乡二元分治的背景下，以平均思想为价值指导，通过国家计划行政命令手段推动资源在城乡之间的配置。该阶段，在资源有限的情况下，城乡基本公共教育处于低水平的平均状态。该阶段的政策文本包括 1949 年的《共同纲领》、1954 年《宪法》两个宪法典；党的八大、九大、十大、十一大四个党代会报告；"一五"到"四五"，四个五年计划；政务院两个指示一个决定等。表 3—1 是该阶段具有代表性的政策及主要内容。

表 3—1　1949—1978 年城乡基本公共教育均等化代表性政策及主要内容

时间	代表性政策	主要内容
1949 年	《中国人民政治协商会议共同纲要》	确立文化教育为新民主主义的，即民族的、科学的、大众的文化教育
1951 年	《关于改革学制的决定》	确立各级各类学校面向学龄人口、劳动人民、工农干部服务途径，提出开展大规模扫盲和工农干部文化补习教育
1953 年	《政务院关于整顿和改进小学教育的指示》	在城市，特别是大城市公立小学作适当发展；在农村，提倡民办小学，可以办分散的不正规小学，发挥群众自己办学的积极性
1954 年	《中华人民共和国宪法》	中华人民共和国公民有受教育的权利，国家设立并且逐步扩大各种学校和其他文化教育机构，以保证公民享受这种权利
1966 年	《第三个五年计划》	加强农村小学农业中学建设校舍、城市小学半工半读中学校舍建设

资料来源：本研究整理所得。

----

① 鲍姆加特纳和琼斯（Baumgartner & Jones）提出了新的理论框架"间断—均衡框架（Punctuated—equilibrium framework）"，用它来解释政策的稳定性和变迁。"间断—均衡"理论框架是一个聚焦于相对较长时间段政策变迁的分析框架。"间断—均衡"理论致力于解释一个简单的现象：政治过程通常由一种稳定和渐进主义逻辑所驱动，但是偶尔也会出现不同于过去的重大变迁。它既能够解释稳定和渐进性时期，也能够解释发生剧烈变革以及大规模变化的时期。

问题性质方面。在新中国成立之初，全国 80% 的人口是文盲，农村的文盲率更是高达 95% 以上，适龄儿童小学入学率不到 20%。中国城乡人口素质低下。新中国成立后，为提高人民文化水平，培养社会建设人才，肃清旧有思想，发展为人民服务的思想，同时党中央的第一代领导集体特别注重对公平和平等的追求。"在计划经济时代，中国建立起了一个平均主义、国家包办的公共服务体系。"① 但由于资源的匮乏，国家通过"以农补工、城乡分治"的制度设计，构建起了二元的教育体制。因此，在我国构建起城乡二元分治的、低水平的、相对均等的基本公共教育体制成为必然。

政策图景方面。实现平等（公平）是中国深层文化的价值底蕴，也是共产党人孜孜以求的价值目标。实现城乡基本公共教育均等化是党中央和人民群众共同的价值取向和信仰，是对过往城乡差距悬殊造成动乱的反思，也是对现实美好愿望的感情要求。1949 年《共同纲领》确定了文化教育的地位，认为教育是民族的、科学的、大众的教育。让公众对教育的均等化发展充满信仰。1951 年《关于改革学制的决定》确定了城乡各类群众受教育的途径。1954 年《宪法》以法律的形式确认了城乡群众受教育的基本权利。这些政策奠定了基本公共教育发展的基调。政策图景也会因某些事件而发生变化。在落后就要挨打以及积累优先等价值观影响下，在资源匮乏的计划经济时代，优先发展重工业，优先保障城市供应，公众把注意力放到了发展重工业上。通过 1953 年开始实行的统购统销政策和 1958 年开始实行的城乡二元户籍制度，形成了两个封闭的教育就业体系。在中央强有力的宏观计划下，城乡基本公共教育在各自体系内发展，发展缓慢且平均。这在当时公众和媒体看来是合理的，呈现出正面的政策图景。

政策场域方面。"在党政合一的毛泽东时代，国家政治、经济、社会和文化生活中的近乎所有问题都由中共做出决策并操控其具体实施，其他各政策主体都缺乏应有的独立性。"② 中国共产党通过自身庞大的组织

---

① 郁建兴：《中国的公共服务体系：发展历程、社会政策与体制机制》，《学术月刊》2011年第 3 期。

② 朱水成：《政策执行的中国特征》，《学术界》2013 年第 6 期。

和强有力的动员能力，把所有的社会主体囊括进了自身体系之中，这是一种政治主导的时代。因此，我国城乡基本公共教育政策领域是垄断的政策领域。在这种垄断的政策场域中民众对政策制定的参与是有限的，一切政策皆由中央通过计划指令而执行。基本公共教育政策领域通过政治主导的政策体系最终形成了建立在单位制度、户籍制度和城乡二元结构之上，以城市"单位制福利"和农村"集体福利制度"为主体①的城乡二元基本公共教育服务体系。

政策垄断方面。在政治主导推动经济社会发展的年代，中央政府通过高压的政治手段和强有力的政策动员能力，构建起了集中与封闭的政策制定体系，其他社会主体基本上被排除在外。城乡二元经济结构以及严格的户籍制度使得城市和农村在基本公共教育领域也形成了两个独立的教育服务提供系统。在发展优先、积累优先的价值信仰被民众普遍认同的年代，政策变迁的压力较小。这种政策图景和成功的政策垄断结合在了一起，低水平的、城乡二元分割的、相对平均的基本公共教育格局得以延续，政策变迁压力小，政策处于均衡期。

政策图景与政策场域的互动方面。中央宏观价值层面对基本公共教育的大力支持和以平均为导向的思想，加之党政合一时代领导者个人对平等的追求，封闭的政策场域契合了民众对教育公平的要求。正面政策图景支持着政治系统的决策，政策场域的强大力量也塑造着民众对教育公平的看法。两者之间的互相支持让城乡基本公共教育的各自平均发展成为这个阶段的特征。

2. 1979—2000 年城乡基本公共教育服务主要政策及其内容

该阶段为政策间断期，在城乡分治、以城为主的政策背景下，以效率优先为价值指导，在市场机制的作用下，城乡之间基本公共教育资源分配严重失衡，城乡之间教育差距扩大。该阶段，政策文本主要包括，1978 年《宪法》、1982 年《宪法》两个宪法典；1986 年《义务教育法》、1995 年《教育法》两个法律文件；党的十三大、十四大、十五大 3 个党代会报告；"六五"到"十五"，5 个五年计划；国务院关于城乡基本公

---

① 郁建兴：《中国的公共服务体系：发展历程、社会政策与体制机制》，《学术月刊》2011年第 3 期。

共教育的若干意见、通知、决定和纲要等规范性文件。表 3—2 是该阶段具有代表性的政策和主要内容。

表 3—2 1979—2000 年城乡基本公共教育均等化代表性政策及主要内容

时间	代表性政策	主要内容
1980 年	《关于普及小学教育若干问题的决定》	坚持"两条腿走路"的办学方针；实行两级财政，国家加强计划指导
1985 年	《关于教育体制改革的决定》	实行基础教育由地方负责、分级管理的原则；把发展基础教育的责任交给地方，有步骤实行义务教育
1986 年	《中华人民共和国义务教育法》	依法保障适龄儿童青少年接受义务教育的权利；义务教育事业，实行地方负责，分级管理原则；国家对接受义务教育的学生免收学费
1993 年	《中国教育改革和发展纲要》	全国基本普及九年义务教育；大城市积极普及高中教育、基本满足幼儿教育；广大农村积极发展学前教育；20 世纪末教育财政支出占 GDP 比例达到 4%
1995 年	《中华人民共和国教育法》	国家实行九年义务教育制度；保障适龄儿童、少年就学。三个逐步增长
1997 年	《社会力量办学条例》	国家鼓励社会力量举办义务教育作为国家补充；县级以上各级人民政府扶持社会力量办学
1999 年	《关于深化教育改革，全面推进素质教育的决定》	确保 2000 年两基目标实现达标后的巩固提高；全面推进素质教育；继续完善基础教育地方负责、分级管理的体制
2000 年	《关于推动东西部地区学校对口支援工作的通知》	实施"两个工程"，支持西部教育发展

资料来源：本研究整理所得。

问题性质变化情况。"文革"期间，教育事业停滞不前甚至倒退。为保障现代化建设顺利实现，提高全民族的文化素质，快速发展基本公共教育成为经济社会建设的迫切需要，此阶段基本公共教育的重心由平均化走向了非均等化。十一届三中全会以后，在宏观价值层面，党和国家的工作重心转移到经济建设上来，奉行"效率优先，兼顾公平"的发展价值取向。为迅速提供人才，基本公共教育政策也采取非均等化的措施。

在利益表达方面，20 世纪 80 年代"这个阶段已出现了教育需求多元化，也出现了教育利益区域化格局"①。20 世纪 90 年代，"这一阶段清晰地出现了不同的社会利益阶层。人们已经摒弃了教育利益泛政治化的观念，更多地回到了社会和自身需求的现实上来。"②

政策图景变换情况。这个阶段政策图景实现了由正面政策图景向负面政策图景的转变。"文革"期间，教育事业近乎瘫痪，青少年失去了接受教育的机会，以阶级为标准的选拔方法弊端重重，基础教育发展十分落后。此阶段，在政策信仰和价值观方面，实现基本公共教育的快速发展，满足现代化建设的需要，成为发展教育的价值方向，对效率的诉求超过了对公平的期待。1985 年的《关于教育体制改革的决定》要求地方承担起发展基础教育的责任，调动了地方办学的积极性。1986 年《义务教育法》颁布，农村义务教育投入管理进入了乡镇化时代，教育出现繁荣局面。20 世纪 90 年代，民办教育开始崛起，成为教育发展有利的补充。这些政策的出台扭转了过去以公平优先的基本公共教育政策。过去经验的惨痛教训，对基本教育的深切渴望成为政策图景转变的关键。这个阶段无论是精英还是民众，对基本公共教育效率的追求成为共识。

政策场域转换情况。这个阶段是计划和市场共同起作用的阶段，也是社会主义市场经济建立的阶段。"在倡导党政分开的邓小平时代，中共虽然弱化了直接实施政策的行为，但依然会通过各种决策干预其他主体的实施活动。"③ 这说明在中国的政策场域中党和政府在决策中起着主动作用，允许其他主体的有限参与。正如陈伟所言："一元化决策机关对政策变迁具有决定性影响。"④ 1997 年《社会力量办学条例》的出台，体现出在基本公共教育政策场域中社会力量的作用已经凸显。政策场域实现了由垄断向开放的转换。

---

① 张铁明、王志泽：《教育利益国民化：在和谐社会中重构我国公共教育政策的新取向》，《教育导刊》2008 年第 1 期。

② 张铁明、王志泽：《教育利益国民化：在和谐社会中重构我国公共教育政策的新取向》，《教育导刊》2008 年第 1 期。

③ 朱水成：《政策执行的中国特征》，《学术界》2013 年第 6 期。

④ 陈伟、高力：《间断—均衡模型：中央"一号文件"农业政策变迁的一种分析框架》，《云南行政学院学报》2015 年第 2 期。

政策垄断打破情况。政策图景变得有争议时,政策垄断常常受到攻击,政策垄断的打破常常会出现政策的突变。党的十一届三中全会以后,上至党中央、国务院,下至普通民众,对基本公共教育的快速、多元发展达成了共识(新政策图景)。原有的以公平甚至是绝对平均的发展图景受到普遍的冲击,在此背景下,原有政治决策系统被打破。在党中央的有力推动下,在民众有限参与的基础上,从基本公共教育财政体制入手,以管理体制创新为牵引,原有一系列基本公共教育政策出现重大变化,以公平为价值导向的基本公共教育政策被以效率优先的基本公共教育政策所替代,出现了政策的间断期。

政策图景与政策场域的互动情况。以效率优先的城乡基本公共教育政策图景获得了广泛的认可,其直接影响了政策场域的决策系统。反之,政策场域由封闭、垄断的状态走向开放决策状态的新变化又不断打破旧有的政策图景,巩固着新的政策图景,两者之间的互动让城乡基本公共教育平均发展的政策垄断被打破,出现了重大政策变迁,因而政策出现了间断。

3. 2001—2016 年城乡基本公共教育服务主要政策及其内容

该阶段,政策文本主要包含"十一五"、"十二五"两个五年规划;党的十六、十七、十八大党代会报告三个;关于教育事业发展的两个专项规划;国务院关于推进城乡基本公共教育的若干意见、通知、决定等。以下为该阶段具有代表性的政策文件和主要内容。在城乡一体、统筹发展的背景下,以公平优先为价值指导,在市场和政府共同作用下,城乡之间基本公共教育资源配置正逐步走向均衡,城乡基本公共教育之间的差距在不断缩小,政策取得了预期的效果。表 3—3 是该阶段有代表性的政策和主要内容。

表3—3　2001—2016 年城乡基本公共教育均等化代表性政策及主要内容

时间	代表性政策	主要内容
2001 年	《国务院关于基础教育改革与发展的决定》	明确地方负责、分级管理、以县为主的体制;农村学校建设列入基础设施建设统一规划;流动人口子女义务教育实行"两为主"政策;贫困地区家庭经济困难中小学生免费教科书试点

续表

时间	代表性政策	主要内容
2003 年	《国务院关于进一步加强农村教育工作的决定》	促进城市和农村教育协调发展；落实以县为主的农村义务教育管理体制；建立健全资助家庭经济困难学生就学制度；实施农村中小学现代远程教育工程
2005 年	《教育部关于进一步推进义务教育均衡发展的若干意见》	优先解决县域义务教育均等化；教育经费支出重点支持农村地区、贫困地区等；建立区域内骨干教师巡回授课制度；建立检测评估体系，切实推进均衡发展
2005 年	《国务院关于深化农村义务教育经费保障机制改革的通知》	2006 年起分步免除中小学学杂费；省级政府负责统筹落实辖区内农村义务教育经费；推行城市教师、大学毕业生到农村支教制度
2006 年	《中共中央关于构建社会主义和谐社会若干重大问题的决定》	公共教育资源向农村、中西部、贫困等地区倾斜；落实农村义务教育经费保障机制
2010 年	《教育部关于贯彻落实科学发展观进一步推进义务教育均衡发展的意见》	提高教育质量，促进内涵发展；通过制度建设和机制创新推进均衡发展
2010 年	《国家中长期教育发展改革和发展纲要（2010—2020 年)》	推进义务教育学校标准化建设，均衡配置资源；建立城乡一体化义务教育发展机制
2012 年	《国家教育事业发展第十二个五年规划》	推进义务教育学校标准化建设、均衡配置教师；建立县（市）域义务教育均衡发展评价机制
2012 年	《关于深化推进义务教育均衡发展的意见》	推动优质资源共享，均衡配置办学资源；合理配置教师资源，保障特殊群体平等权利
2015 年	《国务院关于进一步完善城乡义务教育经费保障机制的通知》	统一城乡义务教育经费保障机制；统一城乡义务教育学生生均公用经费基准定额；统一城乡义务教育学生"两免一补"政策
2016 年	《关于落实发展新理念加快农业现代化实现全面小康目标的若干意见（一号文件)》	推动城镇公共服务向农村延伸；建立城乡统一重在农村的义务教育经费保障机制；全面改善贫困地区义务教育基本办学条件

资料来源：本研究整理所得。

问题性质再变化情况。20 世纪八九十年代基本公共教育的非均衡化发展政策，使得"上学难、上学贵"日益突出，城乡之间发展失衡严重，特别是 1994 年实行分税制之后。在以城市为导向的教育政策下，农村基本公共教育事业发展十分落后，外来务工人员子女受到歧视、打压，城乡基本公共教育的均衡发展成为社会关注的热点问题。为了缩小城乡基本公共教育之间的差距，2001 年国务院出台了《国务院关于基础教育改革与发展的决定》，确定了基础教育"以县为主"的管理体制，流动人口子女接受义务教育的"两为主"政策。2003 年的《国务院关于进一步加强农村教育工作的决定》，明确提出促进城市和农村教育协调发展。公众对城乡基本公共教育的均衡发展成为政策转变的动力之一，促进城乡基本公共教育的均等化成为政策的关注焦点。

政策图景再变换情况。在政策信仰与价值观方面，实现城乡基本公共教育的均衡发展，有效缓解"上学难、上学贵"成为民众对基本公共教育政策的期待。公众对过去 20 多年的教育政策开始以负面的眼光看待，出现了负面政策场景。公众追求教育公平的呼声逐渐超过了对发展主义的关注，尤其是 2002 年党的十六大报告中明确强调政府的公共服务职能之后，政府更加关注公共服务的均衡发展。伴随着公众对城乡基本公共教育均衡发展的关注以及政府宏观价值的引导，实现城乡基本公共教育均衡发展成为正面的政策图景。

政策场域再转换情况。进入 21 世纪，市场在资源配置中起基础性乃至决定性的作用，"从 2003 年开始，我国将进入教育利益体制化与教育利益国民化相互交织的转型阶段"[①]。多元的利益主体正在不断扩大对政府决策的影响。但在党委决策的中国，政治决策系统仍然比较封闭，党和政府在决策中仍起着决定性的作用。在越来越开放、民主、法治的中国，尤其是涉及公众基本权利的城乡基本公共教育政策领域，决策越来越具有民主性，公众的参与也逐渐增多，通过实地调研、座谈会、意见征求等形式，政策场域正在由垄断走向开放。

政策垄断再打破情况。打破城市导向的决策系统，实现城乡一体化

①　张铁明、王志泽：《中国教育利益体制化格局及其社会根源和危害——兼对我国公共教育政策本质的反思》，《教育导刊》2006 年第 9 期。

的基本公共教育政策是教育政策发展的方向。在决策系统中，由于乡村天然处于决策的边缘区，基本没有话语权。要打破城市导向的基本公共教育政策需要公众的共同努力和党中央、国务院的强力推动，这样方可打破利益的藩篱，促进城乡基本公共教育的均衡发展。在多元教育利益主体的参与下，在公众的关注下，原有的城市导向的政策垄断被逐渐打破，城乡基本公共教育逐渐走向一体化。2001年"以县为主"的教育经费保障机制，2003年贫困地区的"两免一补"政策，2005年的省级统筹经费新机制，2006年的促进教育公平发展，2010年的提升教育质量意见，以及2015年的城乡教育经费的统一等，这些政策文件打破了原有的政策垄断，城乡基本公共教育均等化政策进入了新的政策均衡期。

政策图景与政策场域的再互动情况。推进城乡基本公共教育均等化的政策图景要求在政策场域中得到表达，政策场域的逐渐开放让不同的教育利益主体能够在政策系统中相互博弈，达成共识。城乡基本公共教育均等化的政策图景和多元的政策利益主体构成的政策场域相互互动，使得原来非均衡化发展的基本公共教育政策决策系统受到质疑，均衡发展的政策图景和中央的决策相互支持，让城乡基本公共教育均等化发展成为政治议程的主题，打破了原来以城市为导向的基本公共教育政策决策系统，政策发生了重大变迁。城乡基本公共教育均等化的政策再次进入政策均衡期。

（二）城乡劳动就业政策均等化的政策演变

"国家建立劳动就业公共服务制度，为全体劳动者就业创造必要条件，加强劳动保护，改善劳动环境，保障合法权益，促进充分就业和构建和谐劳动关系。"① 通过劳动就业服务，实现城乡劳动就业均等化，促进公平就业、充分就业是政府的重要职责。下面依据多源流理论对城乡劳动就业政策变迁进行剖析。

1. 1949—1978年城乡劳动就业服务主要政策及其内容

这一时期中国经济社会发展实行高度集中的计划经济。计划经济是对生产、资源分配以及产品消费事先进行计划的经济体制。在这种体制下，政府是政策原汤中绝对的主导者，生产什么、怎样生产和为谁生产

---

① 《国家基本公共服务体系"十二五"规划》，《光明日报》2012年7月20日第9版。

都是直接由政府计划决定的，社会的大部分资源也由政府所掌握并进行配置。就业问题作为经济社会发展的重要问题，自然纳入了政府的直接计划范围。在基本公共服务资源总体匮乏的情况下，采取怎样的政策来维护社会稳定，解决失业问题是政策共同体高度关注的。

从政策文本内容来看，这一时期，国家以行政计划的方式对城乡劳动就业领域进行了诸多政策设计。具体的代表性政策及要点如表3—4所示。为实现充分就业的目标，实行"统一管理、分工负责"的劳动用工政策、统包统配的劳动就业政策，几乎所有雇员都在国有或者集体企业就业。为了减少失业对城市的压力，对农村劳动力采取限制自由进入城市的政策，并把大量的城市剩余劳动力向农村转移作为政策补充。一系列在国家行政计划安排出台的劳动就业政策，汇聚成了这一时期的政策源流。在计划经济时代，国家承担满足城市居民需求的所有责任，可以说在这一阶段，城乡劳动就业政策是在城乡分割大背景下的追求低水平平均化的体现。

表3—4　　1949—1978年城乡劳动就业服务主要政策及主要内容

时间	代表性政策	主要内容
1950年	《关于救济失业工人的指示》	救济失业工人和知识分子，有步骤地帮助失业者就业
1952年	"统一介绍"的方针	实现劳动力的统一调配，对农村富余劳动力，尽可能通过发展农业生产和多种经营就地吸收消化
1961年	"调整、巩固、充实、提高"的方针	大幅度压缩基本建设，企业则实行关停并转，大批精减职工，从农村招收的职工，凡是能回农村的都动员回农村参加农业生产
1964年	《关于动员和组织城市知识青年参加农村社会主义建设的决定》	组织大批的城市知识青年上山下乡，参加农业生产

资料来源：本研究整理所得。

从政策问题聚焦来看，从1949年中华人民共和国成立到1978年党的十一届三中全会召开，我国的劳动就业政策属于统包统配的计划调控阶段。新中国建立之初，由于帝国主义的侵略和国民党反动派的长期统治，民族工业遭到极大破坏，加上对经济结构和经济秩序的调整，导致出现了比较严重的失业现象。据统计，新中国成立初期失业人员总数达400万，相当于全国职工人数的一半。① 然而"社会主义不允许失业"这一认识偏差导致劳动就业政策存在脱离实际的倾向。随着社会主义制度的建立，国家以限制农村劳动力自由流动和鼓励城市职工和知识青年到农村为条件，努力实现城市居民的充分就业。事实证明，这种就业是充满泡沫的充分就业，实际造成城市的隐性失业人口大量存在，农村剩余劳动力大量积压。同时，在"二元分治"的思想指导下，伴随以户籍制度为主的一系列制度的实施，城乡劳动力市场分割长期存在，造成城乡经济社会发展的巨大差距。

从政策主导理念来看，新中国成立之后，劳动就业政策的确定和调整的决定因素来自政府决策层面的实际动机——巩固新生政权，全面建设社会主义。针对新中国成立后的失业形势，要实现此目标，首要的问题就是要解决好在一个人口大国如何实现劳动力充分就业的问题。因此，经过新中国成立之后过渡时期的探索，1956年社会主义改造基本完成之后，中国进入了社会主义社会，"政策之窗"打开了。一方面，就业问题客观存在，同时，适应计划经济体制的统包统配的就业政策逐渐形成；另一方面，执政党秉承着社会主义制度无失业，社会主义就是计划经济的执政理念，对就业问题高度关注。所以，随着社会主义制度的建立，三大源流汇合在一起，统包统配的计划控制机制成为这一时期劳动力资源配置的最主要、甚至是唯一的手段，在这样的机制下，政府实行一包到底的就业制度安排。

2. 1979—2001年城乡劳动就业服务主要政策及其内容

计划经济时期的就业政策，是在特定的历史条件下产生，在缓解一定时期的就业矛盾的同时，也积累了就业的新危机。过分行政化的管理与调控一方面强化了不合理的所有制和产业结构，同时削弱了人们劳动就业的主动性和积极性。随着经济社会的发展，越来越失去优势。特别是进入改革开放新时期，如何面对经济体制改革和产业结构调整，如何

---

① 刘嘉林、毛凤华：《中国劳动制度改革》，经济科学出版社1988年版，第4页。

提高城乡劳动力资源配置效率，是这一阶段政策共同体在制定就业政策时考虑的首要问题。

从政策文本内容来看，1978 年改革开放拉开序幕，全党工作重点迅速转移到现代化建设上来。城乡劳动就业政策也是围绕经济增长这一中心而展开。20 世纪 70 年代末至 80 年代中期，以增加就业机会、拓宽就业渠道为目的，随着"三结合"就业方针（劳动部门介绍就业、自愿组织起来就业和自谋职业）的提出，劳动合同制开始推行、再就业工程实施，就业政策和机制发生了根本性变革。20 世纪 90 年代，随着经济体制改革的推进，在城乡劳动就业政策上也开始探索统筹城乡就业的必要性和可行性。

这一时期，政策共同体在就业指导思想上认识到了统筹城乡管理就业的重要性，但还没有系统地探寻如何进行统筹，在实践中处于被动位置，在城乡两个市场分头作战。这一阶段的政策源流中的代表性政策如表 3—5 所示。

表 3—5　　　1979—2001 年城乡劳动就业服务主要政策及主要内容

时间	代表性政策	主要内容
1980 年	三结合方针	在国家统筹规划和指导下，实行劳动部门介绍就业，自愿组织起来就业和自谋职业相结合
1984 年	《关于农民进入集镇落户问题的通知》	农民进入集镇务工、经商、办服务业，对促进集镇的发展繁荣城乡经济，具有重要的作用，对此应积极支持
1990 年	《关于做好劳动就业工作等通知》	对农村富余劳动力，要引导他们"离土不离乡"，就地消化和转移；对农村劳动力进城务工，要运用各种方式实行有效控制，严格管理
1993 年	《中共中央关于建设社会主义市场经济体制若干问题的决定》	要改革劳动制度，逐步形成劳动力市场，并且鼓励和引导农村剩余劳动力逐步向非农产业转移和地区间的有序流动
1994 年	《中华人民共和国劳动法》	劳动者享有平等就业和选择职业、取得报酬、休息休假、获得劳动安全卫生保护、享受社会保障和福利的权利

时间	代表性政策	主要内容
1998 年	《中共中央关于农业和农村工作若干重大问题的决定》	要求开拓农村广阔的就业门路，同时适应城镇和发达地区的客观需要，引导农村劳动力合理有序流动
2000 年	《关于进一步开展农村劳动力开发就业试点工作的通知》	试行城乡统筹就业，大力组织转移培训，推进西部开发就业，鼓励扶持返乡创业
2001 年	《国民经济和社会发展第十个五年计划纲要》	打破城乡分割体制，改革城镇户籍制度，取消对农村劳动力进入城镇就业的不合理限制；破除地区封锁，反对地方保护主义，坚持城乡统筹的改革方向，推动劳动市场逐步一体化

资料来源：本研究整理所得。

从政策问题聚焦来看。1978 年年底党的十一届三中全会召开，我国开始实行改革开放。随着经济结构、产业结构和就业方式的变化，城乡就业形势异常复杂，市场变量的进入，打破了原有的就业格局。1992 年社会主义市场经济体制改革目标的确立，就业结构进入急剧调整期。根据 1995 年 1% 人口抽样调查资料，1995 年半年以上的跨乡、镇、街道的流动人口达到 7073 万人，其中从农村迁出的占 60%。大量的农村劳动力"离土离乡"到东南沿海打工淘金，引发了大量社会问题。

从政策主导理念来看。改革开放以来，我国就业制度经历了由计划就业向市场就业的成功转型。随着经济社会发展与转型，政府过去"重城市、轻农村"的就业工作思路造成了城乡就业发展的失衡，就业中城镇优先发展的政策使农村劳动者就业受限，就业保障缺失，由此引发的社会问题层出不穷。

3. 2002—2016 年城乡劳动就业服务主要政策及其内容

尽管关于统筹城乡就业的思想始于 20 世纪 90 年代，但政府、社会及学术界对城乡劳动就业均等化问题的广泛关注与研究是在统筹城乡发展这一战略思想被提上议事日程之后。

从政策文本内容来看。这一时期，对于如何统筹城乡就业、实现城乡劳动就业均等化，政策共同体中众多的专家学者、媒体、政府智囊机构等立足于不同领域，向决策者提出自己的主张；作为"软化"对象的公众，他们通过各种渠道充分反映自身情况与困难，其作用也在政策源流中愈加得以凸显。这一时期的代表性政策和要点如表3—6所示。

表3—6　　2002—2016年城乡劳动就业服务主要政策及主要内容

时间	代表性政策	主要内容
2002年	《关于做好2002年农业和农村工作的意见》	对农民进城务工"公平对待，合理引导，完善管理，搞好服务"
2003年	《中共中央关于完善社会主义市场经济体制若干问题的决定》	改善农村富余劳动力转移就业的环境，逐步统一城乡劳动力市场，加强引导和管理，形成城乡劳动者平等就业制度
2004年	《进一步做好改善农民进城务工就业环境工作的通知》	进一步做好农民进城就业的管理和服务工作；切实维护农民进城就业的合法权益，进一步完善劳动力市场
2006年	《关于解决农民工问题的若干意见》	坚持以"公平对待，一视同仁；强化服务，完善管理；统筹规划，合理引导；因地制宜，分类指导；立足当前，着眼长远"的原则，抓紧解决农民工面临的突出问题，形成从根本上保障农民工的体制
2006年	《中华人民共和国国民经济和社会发展的第十一个五年规划纲要》	对临时进城务工人员，实行亦工亦农、城乡双向流动的政策，依法保障其合法权益；对在城市已有稳定职业和住所的进城务工人员要创造条件使之逐步转化为城市居民，享有当地居民的权利义务
2007年	《就业促进法》	实行城乡统筹的就业政策，建立健全城乡劳动者平等就业的制度；不得对农村劳动者进城就业设置歧视性限制

续表

时间	代表性政策	主要内容
2010 年	《关于进一步做好农民工培训工作的指导意见》	提高农民工技能水平和就业能力，促进农村劳动力向非农产业和城镇转移，推进城乡经济社会发展一体化进程
2015 年	《落实发展新理念加快农业现代化实现全面小康目标的若干意见》	推进农村劳动力转移就业创业和农民工市民化。健全农村劳动力转移就业服务体系，大力促进就地就近转移就业创业，稳定并扩大外出农民工规模，支持农民工返乡创业

资料来源：本研究整理所得。

　　城乡劳动就业均等化在顶层制度设计层面出现大量的促进因素。2002 年党的十六大第一次明确提出统筹城乡经济社会发展的治国方略，对农村劳动力流动就业问题做了总体部署，强调要求取消城乡就业方面的各种不合理限制，引导农村劳动力合理有序的流动，最终目标是逐步实现城乡劳动力流动的一体化；2007 年党的十七大提出必须形成城乡经济社会发展一体化的新格局，明确指出逐步实现城乡就业和劳动力市场一体化，不仅是增加农民收入的重要途径，也是发育要素市场、支持城市经济发展的必然要求。2012 年党的十八大确立了到 2020 年"基本公共服务均等化总体实现"的目标。培育和促进城乡劳动就业均等化的法律政策相继出台。2007 年，《就业促进法》《劳动合同法》相继出台，分别就建立健全就业援助制度的政府责任、劳动关系的全面规范做出了法律规定，标志着统筹城乡就业上升为国家意志。2012 年 7 月国务院公布了《国家基本公共服务体系"十二五"规划》，第一次明确界定了基本公共服务的服务范围、服务对象、保障标准、支出责任和覆盖水平，使基本公共服务均等化从理念蓝图变成现实计划。

　　从政策问题聚焦来看。步入 21 世纪，随着体制改革的不断深化，城乡劳动就业领域的不均等问题从多方面反映出来。第一，农村劳动力资源所占比重仍然较大。根据第六次人口普查的数据资料，2010 年末，我国农村劳动力资源（16 岁及以上人口）51210 万人，占全部劳动力资源的 49%；农村就业人口 39362 万人，占全部就业人口的 55%；第二，从参加劳动就业培训对象上看，农村劳动者共 4667553 人，占总人数的 37.2%；第三，权益保障类指标上，2011 年雇主或单位为农民工缴纳养老保险、工伤保险、医疗保险、失业保险和生育保险的比例分别为 13.9%、23.6%、16.7%、8% 和 5.6%，参加社会保险的农村劳动者比率有所提高，但总体仍然较低。同时，近年来农民工采取极端行为表达不满的例子增多，包括罢工、犯罪甚至自杀。各地出现的拖欠农民工工资事件、新生代农民工罢工事件、民工荒、返乡潮的出现，都引起了更广泛的社会舆论关注，是推进城乡劳动就业服务均等化进入政策议程的直接动因。在中国这样一个人口大国，就业不仅是经济问题，而且是政治问题和社会问题。由于政治统摄上的公民权利差异性赋予制度、行政管理中的区划分割制度以及经济、社会运行发展中的二元结构的影响，在劳动就业服务领域，城乡的差异性、非均等性一直未从根本上解决，该问题源流持续存在。

从政策主导理念来看。党的执政理念发生新的变化，就业成为国家宏观调控的四大目标之一，加上各项较为成熟的制度的出台，为城乡劳动就业均等化指明了方向。尤其在局部地区出现的"民工潮"转变为"民工荒"等现象的推动下，推进统筹城乡发展，实现城乡劳动就业均等化的政策有了进入决策议程的最佳时机。2003 年，党的十六届三中全会的召开正好为其开启了一扇政策之窗。党的十六届三中全会审议通过了《中共中央关于完善社会主义市场经济体制若干问题的决定》，提出"统筹城乡发展、统筹区域发展、统筹经济社会发展、统筹人与自然和谐发展、统筹国内发展和对外开放"的新要求。在"五个统筹"框架下，统筹城乡就业成为必然。城乡统筹就业是"针对过去在计划经济体制下城乡分割的就业管理体制而提出的"[1]，"是进一步深化改革的一种制度创新"[2]，城乡劳动就业政策进入一个新的发展阶段。

（三）城乡社会保障服务均等化的政策演变

自中华人民共和国成立以来，我国就一直在探索建立社会保障服务制度，相继出台了多个社会保障政策，在保障城乡居民的基本生活权益、

---

[1] 罗斌：《论城乡就业统筹的必要性》，《农业经济问题》2001 年第 5 期。

[2] 宋新海：《统筹城乡就业的现实意义》，《光明日报》2007 年 6 月 22 日第 7 版。

促进我国经济协调发展、稳定社会生活方面做出了重大贡献。从整个历史发展进程来看，我国的社会保障制度变迁可以划分为三个阶段：初步探索、全面改革和协调发展阶段。下面以制度变迁理论为视角，对城乡社会保障服务均等化的政策演变进行考察。

1. 1949—1978 年社会保障服务主要政策及其内容

新中国成立初期，我国处于计划经济体制，这一时期的社会保障制度是中国特殊历史条件下特殊经济体制的产物，是一种"传统社会保障制度"。这一阶段，社会保障政策的制度框架见表3—7。

表3—7　　　　　　　1949—1978 年重点社会保障政策及主要内容

时间	代表性政策	主要内容
1949 年	《中国人民政治协商会议共同纲领》	实行劳动保险制度
1951 年	《中华人民共和国劳动保险条例》	企业职工的养老保险制度初步建立
1952 年	《关于全国各级人民政府、党派、团体及所属事业单位的国家工作人员实行公费医疗预防的指示》	公费医疗制度建立
1955 年	《国家机关工作人员退休处理暂行办法》	确定国家机关退休职工的待遇给付标准
1958 年	《国家机关工作人员退职处理暂行办法》《国务院关于工人、职员退职处理的暂行规定（草案）》	统一退职条件和退职待遇标准
1965 年	党中央批转卫生部党委《关于把卫生工作重点放到农村的报告》的批示	改革公费医疗制度
1978 年	《关于安置老弱病残干部的暂行办法》《关于工人退休、退职的暂行办法》	恢复重建退休制度

资料来源：本研究整理所得。

从制度需求方面来看，呈现"弱需求"状态。新中国成立初期我国仍处于经济恢复时期，这一阶段居民对社会保障的需求意识刚刚开始萌芽，尚不明确，因此城乡居民对社会保障制度变迁的推动作用并不大。

新中国成立之初，由于中国经济发展的落后性和对发展重工业的重视，我国实行了计划经济体制，由政府集中力量来进行制度的探索和建立。我国政府从1951年开始探索建立养老保险制度，根据《中华人民共和国劳动保险条例》，对以前社会保险工作上"各行其是"的现象进行了纠正，进一步扩大了社会保险的范围，并提高了某些社会保险的待遇标准。1958年国家根据当时的实际情况，将企业和机关事业单位的两个养老保险制度在适当放宽养老条件和提高待遇标准的基础上作了统一规定，并一直沿用到1978年，后由1978年《关于工人退休、退职的暂行办法》和《关于安置老弱病残干部的暂行办法》所取代。所有的个人福利与生老病死都由企业负担是这个历史阶段的社会保险的特点，同时，这一时期的社会保险也集中于城镇地区，围绕着"单位"机制为重点。

从制度供给方面来看，呈现"弱供给"状态。社会经济体制的变革也给社会保障制度带来了新的挑战。长达10年的"文革"运动对当时的社会保障制度造成了严重冲击，人民公社组织和以生产队为代表的集体经济组织，具有"统包统揽"的管理特征，限制了其他自由组织的出现，使许多地区的经济积累逐渐减少，导致了原来农村地区依靠集体经济发展起来的社会保障制度不得不进行改革和创新。传统集体经济的运作模式在新中国成立之初所建立起来的农村社会保障体制，对保障农村居民的基本生活有一定的积极作用，但随着集体经济作用的日益衰落，在农村居民总收入中所占的比重越来越小，所发挥的社会保障服务的功能也逐渐减弱。

纵观这一阶段社会保障体制变迁的过程，无论是社会保障制度的设计、社会保障政策的推进、筹资模式的设置以及财政资金的管理等，都是政府凭借行政力量逐步开展的；在这一过程中对于社会保障体制的调整，都是由政府通过明确的政策条文和法律法规的方式确定社会保障体制变迁方向。政府作为社会保障制度的主导者，也是追求经济利益最大化的利益集团，通过制度变迁力求达到预期收益大于付出的边际成本这一理想状态；同时，作为社会保障制度的供给者，政府能保障制度变迁的顺利进行，也能及时弥补其他主体所存在的供给力度不够的问题，因此，这一时期我国社会保障制度变迁是一场由政府主导的强制性变迁。

2. 1979—2001 年社会保障服务主要政策及其内容

在经历"文革"的冲击后，我国迎来了改革开放和社会主义现代化建设的新时期，居民对社会保障制度的改革需求以及政府对社会保障制度的大力恢复，使社会保障制度进入全面改革阶段。这一阶段，社会保障政策的制度框架见表3—8。

表3—8　　　　　　　1979—2001 年重点社会保障政策及主要内容

时间	代表性政策	主要内容
1980 年	《关于老干部离职休养的暂行规定》	确立我国特殊的养老制度——离休制度
1984 年	《中共中央关于经济体制改革的决定》	以城市为重点推进，开始引入个人缴纳养老保险费用机制，探索实行退休费用社会统筹
1991 年	《国务院关于企业职工养老保险制度改革的决定》	基本养老保险费用由国家、企业、个人三方共同负担
1993 年	《中共中央关于建立社会主义市场经济体制若干问题的决定》	养老保险改革实行"社会统筹和个人账户相结合"
1995 年	《关于深化企业职工养老保险制度改革的通知》	统账结合
1997 年	《国务院关于建立统一的企业职工基本养老保险制度的决定》	统一企业职工养老保险制度
2000 年	《完善城镇社会保障体系试点方案》	选择辽宁省进行完善城镇社会体系试点

资料来源：本研究整理所得。

从制度需求方面来看，呈现"中度需求状态"。社会保障体制在我国历经初步探索之后，在我国公民的社会生活中占据较大的比重，同时经过"文革"对我国经济发展的冲击和社会生活的震荡，我国城乡居民开始意识到社会保障制度的重要性和必要性，因此自发地想要寻求一种更优的社会保障制度，即提出社会保障制度变迁的需求。一方面，居民收入不断提高，增强了居民保障基本生活和负担家庭开销的能力，而且经济水平的提高也为社会保障制度的变迁带来了发展机遇，提供了重要的物质条件；另一方面，随着经济体制的改革，我国逐渐从传统的农业社会向工业社会转型，在这一转型过程中，农村的经济发展受到工业发展的冲击，农民赖以生存的土地资源的价值逐渐减低，导致农民收入减少，基本生活权利得不到满足，农村居民的社会保障服务亟待解决和优化，这也是农村居民对社会保障制度变迁的诉求。

从制度供给方面来看，呈现"中度供给状态"。随着改革开放的深入发展，我国开始由计划经济向市场经济转型，开始大力探索社会保障制度改革，同时，我国社会经济混乱局面在 1978 年召开的党的十一届三中全会后得以扭转，为我国社会保障制度的改革提供了宽松的政治和社会条件。

剖析这一阶段的社会保障制度改革，虽然以政府为主导的强制性变迁始终占据主要地位，不可否认，强制性变迁与诱致性变迁相结合使社会保障制度改革取得的良好成效。由于社会保障覆盖利益群体的复杂性和多样性，各单位、各区域城乡之间的情况存在着明显的差别，以政府为主导的自上而下的强制性变迁很难兼顾各地区的实际发展情况，如果在这些地区强制推行中央发布的政策法规和改革方案，有可能会损害一些地区的利益，这些地区可能就不会完全按照中央的指示进行改革，从而使社会保障制度很难真正的贯彻和实施。因此，以中央的方针为指导，并结合各试点地区的特色，采取具体问题具体分析的做法，通过强制性变迁与诱致性变迁相结合，大力推进社会保障制度改革，使制度改革更深入、效果更持久。

3. 2002—2016 年社会保障服务主要政策及其内容

随着 21 世纪的到来，我国的社会保障制度处于平稳发展阶段，但制度供给与需求之间相互作用，供需的不平衡出现了新的获利机会，产生潜在的制度需求与制度供给，推动着我国社会保障制度的协调发展。这一阶段，社会保障政策的制度框架见表3—9。

表3—9　　　　　　2002—2016 年重点社会保障政策及主要内容

时间	代表性政策	主要内容
2002 年	《关于进一步加强农村卫生工作的决定》	建立以大病统筹为主的新型农村合作医疗制度
2005 年	《关于完善企业职工基本养老保险制度的决定》	改革基本养老金计发办法，做实个人账户试点

续表

时间	代表性政策	主要内容
2006 年	《中共中央关于构建社会主义和谐社会若干重大问题的决定》	提出到 2020 年基本建立覆盖城乡居民的社会保障体系
2007 年	党的十七大报告	再次提出加快建立覆盖城乡居民的社会保障体系
2009 年	《国务院关于开展新型农村社会养老保险试点的指导意见》	2020 年之前基本实现对农村适龄居民的全覆盖
2011 年	《国务院关于开展城镇居民社会养老保险试点的指导意见》	2012 年基本实现城镇居民养老保险制度全覆盖
2012 年	党的十八大报告	全面建成覆盖城乡居民的社会保障体系
2014 年	《国务院关于建立统一的城乡居民基本养老保险制度的意见》	2020 年前全面建成城乡居民养老保险制度

资料来源：本研究整理所得。

从制度需求方面来看，呈现"强需求"状态。进入 21 世纪，全面改革开放和社会主义市场经济已经发展得比较成熟，新的制度环境和制度安排的变动为制度需求的增长提供了契机，从而推动着社会保障制度的变迁。首先，相对价格变动提升了需求。诺思认为，相对价格和偏好的变化是制度变迁的动力及源泉。相对价格的变动会影响原有制度的成本收益格局，从而导致新的制度需求产生，即当相对价格的变化能为大多数人带来营利机会时，人们的制度需求就会增大；当相对价格的变化多产生的利益小于可能要承受的成本风险时，人们的制度需求就会不足。当前税费改革、各类社会保险制度改革和社会保障建设的推进下，居民更多地成为利益的享有者，而由政府分担了大部分的成本，这就极大地调动了城乡居民对社会保障制度变迁的积极性。其次，政策法规健全推动了需求。社会保障制度经历次修正发展至今，国家已出台了相当多的政策辅之进行，从外部保障了居民对于制度改革的合理诉求，降低了社会保障制度的改革成本以及居民表达需求的费用，使居民对社会保障制度的相关需求逐渐增加。最后，技术创新的发展促进了需求。技术创新对制度变迁的影响是多方面的，主要体现在通过技术变化改进生产要素的价格促进制度变迁，技术创新能够产生新的利益从而推动新制度的产生。21世纪信息和网络技术的巨大发展，拓宽了居民获取社会保障信息的渠道，同时网络舆论力量的加强也为居民的需求表达降低了成本，提供了新的路径，因此在社会保障制度变迁过程中，技术创新所带来的交易费用和需求表达成本的降低有利于扩大居民对社会保障制度的需求。

从制度供给方面来看，呈现"强供给"状态。自改革开放以来，社会保障制度变迁带有明显的强制性和供给主导性，政府在推动制度变迁的过程中仍然占据主导地位。首先，新制度设计的成本因素促使了"强供给"状态。我国改革开放至今，社会政治经济体制面临着全面转型，新制度设计的成本无疑是比较高的，在成本约束的限制条件下，政府在社会保障体制改造中坚持以政府为主导的强制性变迁，是有必要性和合理性的，如延续了之前的自上而下的决策机制及多种筹资方式等，有利于降低新制度安排的成本，使制度变迁更好地得到实施。其次，知识积累的薄弱导致了"强供给"状态。在社会保障制度变迁的初期，受到国家集权政治和传统经济的影响，社会科学和文化发展面临着巨大阻碍，自改革开放到21世纪以来，思想学界才逐渐开始探索科学文化知识，这就极大地限制了社会保障相关制度安排的理论供给。最后，现有制度安排约束强化了"强供给"状态。我国的社会保障制度发展至今，已形成了一个相对全面的框架和发展格局。现存的制度安排已经形成了比较稳定的既得利益格局，导致民众在很大程度上对新制度的设计和安排会产生抵触。如在农村的社会保障制度建设过程中，分税制改革调整了中央和地方政府的利益格局，而随着税费改革的大力推进，中央的财政支持作用未得到完全发挥时，地方政府的利益就会收到极大地损害，这就不利于新制度的安排和供给。

现有的社会保障制度形成了以政府为主导、私人组织和社会中介参与的多元格局。改革开放后，我国在改革浪潮和西方政府管理改革运动的影响下，产生积极的变化，主要变现为参与主体多元化，逐渐打破原有的政府主导、一元供给的格局，多种私人组织和社会中介积极参与到社会保障制度变迁中来。政府改变了原有的"一手包揽"的管理方式，逐步减少政府垄断和行政干预，制定了一系列有关社会保障制度改革的政策法规，推行由政府主导、市场参与、扩大融资渠道的社会保障体制。中央政府积极下放权力，减少对地方政府的干预和管制，给予地方政府更多自主发挥的权利，以此调动地方政府在社会保障制度改革方面的积极性。这表明我国政府由原来的一方主导的强制性变迁逐渐转变为与诱致性变迁融合发展。

在我国的社会保障机制中，非政府组织的主体主要包括私人组织和社会中介组织，但是它们在发挥作用方面还存在一定的局限性，当前非政府组织的作用主要涉及社会保障资金的筹措（如私人组织和社会中介组织的捐赠）和社会保障产品的供给（如私人组织和社会中介组织提供的公益性服务），而在社会保障制度的决策方面，缺乏发言权和主动性，也就不利于社会保障制度在城乡地区之间的全面推进和覆盖，因此要把私人组织和社会中介组织融入社会保障制度改革主体，实现强制性变迁和诱致性变迁的均衡发展。

（四）城乡基本社会服务均等化的政策演变

《"十三五"推进基本公共服务均等化规划》提出："国家建立完善基本社会服务制度，为城乡居民提供相应的物质和服务等兜底帮扶，重点保障特定人群和困难群体的基本生存权与平等参与社会发展的权利。"[1]随着历史发展、社会进步和经济发展，基本社会服务的内容也在不断地发展完善。在新中国建立以后的相当长的时期，我国基本社会服务主要内容是"以农村五保供养、自然灾害救助、医疗救助、流浪乞讨人员救助制度为主要内容，以临时救助制度为补充的社会救助体系"[2]。在当前，基本社会服务这一内容已经有了很大扩展。

1. 1949—1978 年的基本社会服务主要政策及其内容

在新中国刚建立的这一时期，基本社会服务初步创立，历经整顿、改造以及初步规范三个阶段。这期间，基本社会服务政策的制度框架见表 3—10。

---

[1]　国务院：《"十三五"推进基本公共服务均等化规划》，国发〔2017〕9 号，2017 年 3 月 1 日。

[2]　《国家基本公共服务体系"十二五"规划》，《光明日报》2012 年 7 月 20 日第 9 版。

表3—10　　　1949—1978 年基本社会服务代表性政策及主要内容

时间	代表性政策	主要内容
1949 年	《中华人民共和国中央人民政府组织法》	任命谢觉哉为内务部部长，武新宇、陈其瑗为副部长，内务部主管民政工作
1956 年	《高级农业生产合作社示范章程》	明确"五保"制度——保吃、保穿、保燃料、保教、保葬，享受"五保"的农户简称"五保户"
1958 年	《关于人民公社若干问题的决议》	强调应该办好敬老院，以使那些孤寡老人（五保户）能够拥有不错的生活养老场所
1960 年	《为提前实现全国农业发展纲要而奋斗》	适应于生产集体化程度的提高，推行农村生活的集体化，普遍举办公共食堂、托儿所、敬老院等集体福利事业；保护妇女儿童，实行五保
1966 年	《关于撤销高检院、内务部、内务办三个单位，公安部、高法院留下少数人的请示报告》	内务部撤销后，各地民政部门也被冲垮，民政福利一度处于混乱停滞状态，各项救济政策无法全面落实，很多按规定应该享受救济的人员得不到救济
1978 年	《团结起来，为建设社会主义的现代化强国而奋斗》	积极兴办社会集体福利事业，发展城市公用事业，做到有利生产，方便生活

资料来源：本研究整理所得。

1949 年 10 月 1 日，中华人民共和国中央人民政府正式成立。10 月 19 日，在政协第一次会议上通过了《中华人民共和国中央人民政府组织法》。1949 年 11 月，中央人民政府内务部成立，接受中央人民政府政务院的领导以及政务院政治法律委员会的指导，主管民政工作。内务部成立之初，为巩固新生的政权和建立社会的新秩序，即以救灾和政权建设工作为重点，做了大量工作。

在基本社会服务事业的整顿、改造两个阶段，新政权开始接收和改造民国时期国民政府举办的各类救济机构；同时又新建立了一批救济类福利事业单位。这一时期，中国福利救济事业为今后民政福利事业的发展奠定了基础。至 1957 年，随着"三大"改造任务的基本完成，新中国进入"全面建设社会主义时期"。人民生活明显改善，城乡困难人口大量减少，因此福利救济的对象、内容和方式都发生了新的变化，救助模式由紧急性救济转向经常性救济，城乡救济也开始呈现二元经济结构特征。

1958 年 12 月，中国共产党第八届中央委员会六次会议通过了《关于人民公社若干问题的决议》，这份决议强调了应办好敬老院，使那些孤寡老人（五保户）能够拥有不错的生活养老场所。两年之后，第二届人大二次会议决议通过了《1956 年到 1967 年全国农业发展纲要》，确定农村集体经济组织有义务，向劳动能力丧失、生活缺乏依靠的孤寡社员在生活上提供一定的照料，使这些人的生老病死皆有所依。60 年代初期，由于各种原因导致农村的贫困群体数量大幅度的增加，政府部门发动农民生产自救，并同时加大了对农村的救济。

1966 年 5 月，"文革"开始，年底内务部撤销以后，中国的民政福利事业遭受了严重挫折"。[①] 各地民政部门被冲垮，民政福利一度处于混乱停滞状态。此前初步建立的农村五保供养制度，是由集体经济组织承担社会救济责任，"文革"开始后主要依托于农村人民公社；城市的福利救济主要依靠企事业单位组织实施。除此之外，一部分高层领导人仍然会在大规模灾害发生时，尽最大努力直接组织救援，帮助灾民。

2. 1979—2001 年的基本社会服务主要政策及其内容

"文革"之后 10 年，基本社会服务事业开始全面恢复，同时随着"改革开放"新形势的变化，不断地进行改革、探索和发展。其间，基本社会服务政策的制度框架见表 3—11。

表 3—11　　　1979—2001 年基本社会服务代表性政策及主要内容

时间	代表性政策	主要内容
1979 年	《在全党工作着重点转移的新形势下，努力做好城市社会救济福利工作》	进一步明确了城市社会福利事业单位的福利性质；制定了恢复和发展社会福利事业的方针和政策；启动了全国社会福利事业单位的全面整顿和初步改革；提出对城市的社会福利事业单位进行整顿的意见等
1983 年	《政府工作报告》	积极发展城乡医疗卫生事业和社会福利事业，搞好环境保护

---

① 苏振芳：《我国民政福利事业的历史演变及其构建》，《福建论坛》2007 年第 5 期。

续表

时间	代表性政策	主要内容
1984 年	《全国社会福利事业单位改革整顿工作经验交流会材料》	提出了"解放思想，勇于改革，因地制宜，依靠社会力量，积极发展城市社会福利事业，全心全意为孤老残幼服务"的业务指导思想，并制定了社会福利事业要进一步向国家、集体、个人一起办的体制转变，由封闭型向开放型转变的发展战略和改革方向
1988 年	《政府工作报告》	提出各级政府和全社会应当重视残疾人事业，发扬社会主义的人道主义，关心和帮助残疾人，使他们的医疗、保健、教育、劳动就业和生活状况逐步得到改善
1989 年	《坚决贯彻治理整顿和深化改革的方针》	提出各地区、各部门都应关心老年工作
1993 年	《政府工作报告》	提出要关心和支持残疾人事业，努力改善残疾人的生活和工作状况
1996 年	《关于国民经济和社会发展"九五"计划和2010年远景目标纲要的报告》	提出要解决贫困人口的生活困难特别是农村贫困人口的温饱问题，是"九五"时期的一项艰巨任务；帮助遭受严重自然灾害地区的群众生产自救和重建家园；逐步建立城市居民最低生活保障制度，帮助城市贫困人口解决生活困难
1998 年	《政府工作报告》	提出要千方百计安排好灾区人人民生活，帮助他们生产自救。关心和支持老龄人、残疾人工作
2001 年	《政府工作报告》	加强和完善城市居民最低生活保障制度，逐步提高城市贫困人口救济补助标准；积极发展社会福利、社会救济、优抚安置和社会互助等社会保障事业；切实保障妇女、未成年人、老年人、残疾人的合法权益；发挥基层组织、社区组织在社会保障对象管理和服务方面的作用

资料来源：本研究整理所得。

从 1978 年 12 月中国共产党第十一届三中全会召开到 1986 年是中国民政福利事业发展的重要转型期。由民政福利事业机构的改革开始，之后逐步开辟出了面向社会全体公民的社区服务体系，以及较为完整的社会福利社会化的思路。1979 年 11 月，全国城市社会救济福利工作会议召开，标志着民政福利事业全面恢复。会议进一步明确了城市社会福利事业单位的福利性质；制定了恢复和发展社会福利事业的基本方针和政策，启动了针对全国社会福利事业单位的全面整顿和初步改等。1984 年，全国社会福利事业单位改革整顿工作经验交流会召开。在总结社会福利事业单位整顿和改革经验的基础上，进一步提出了"解放思想，勇于改革，因地制宜，依靠社会力量，积极发展城市社会福利事业，全心全意为孤老残幼服务"的业务指导思想，并制定了社会福利事业要进一步向国家、集体、个人一起办的体制转变，由封闭型向开放型转变的发展战略和改革方向。

3. 2002—2016 年的基本社会服务主要政策及其内容

自党的十六大以来，在党中央的领导下，民政福利事业在以往基础上得到了加速发展和全面进步，取得了新的重大突破、新的巨大发展，发生了重大而深刻的变化。其间，基本社会服务政策的制度框架见表3—12。

表3—12 　　 2002—2016 年的基本社会服务代表性政策及主要内容

时间	代表性政策	主要内容
2002 年	《政府工作报告》	强化城市居民最低生活保障制度建设，使所有符合条件的城市贫困居民都能得到最低生活保障，做到应保尽保。中央财政预算较大幅度地增加了"低保"资金，地方财政预算也必须增加所需资金。加大对灾区和特困地区的支持，减免农、牧业税，并真正落到实处。积极帮助农村特困户和优抚对象解决实际困难
2002 年	《全面建设小康社会，开创中国特色社会主义事业新局面》	完善城市居民最低生活保障制度，合理确定保障标准和方式。采取多种方式包括依法划转部分国有资产充实社会保障基金。强化社会保险基金征缴。鼓励有条件的企业建立补充保险，积极发展商业养老、医疗保险。农村养老保障以家庭为主，同社区保障、国家救济相结合。有条件的地方探索建立农村最低生活保障制度
2003 年	《政府工作报告》	加强"两个确保"和城市"低保"工作，搞好"三条保障线"的衔接；合理确定"低保"标准和保障对象补助水平，切实做到应保尽保；建立和完善对低收入者的救助制度，重视解决城市特殊困难家庭在住房、子女就学、医疗和取暖等方面遇到的问题。搞好农村新型合作医疗制度试点工作。发展社会福利、社会救济、优抚安置和社会互助等社会保障事业

时间	代表性政策	主要内容
2004 年	《政府工作报告》	要继续做好"两个确保"工作,搞好"三条保障线"的衔接。进一步做好城市"低保"工作,规范"低保"标准和范围
2006 年	《政府工作报告》	完成国有企业下岗职工基本生活保障向失业保险并轨。城市低保对象基本实现应保尽保。重点优抚对象抚恤补助标准明显提高。建立社会救助体系的基本框架。救灾和扶贫工作力度加大
2006 年	《中共中央关于构建社会主义和谐社会若干重大问题的决定》	逐步建立农村最低生活保障制度,有条件的地方探索建立多种形式的农村养老保险制度;加强对困难群众的救助,完善城市低保、农村五保供养、特困户救助、灾民救助、城市生活无着的流浪乞讨人员救助等制度;完善优抚安置政策。发展以扶老、助残救孤、济困为重点的社会福利
2007 年	《中华人民共和国国民经济和社会发展第十一个五年规划纲要》	完善城市居民最低生活保障制度,逐步提高保障标准。建立城乡医疗救助制度,将城市居民最低生活保障对象、农村特困户和五保供养对象纳入救助范围。完善城市生活无着流浪乞讨人员特别是流浪未成年人的救助制度
2007 年	《高举中国特色社会主义伟大旗帜,为夺取全面建设小康社会新胜利而奋斗》	完善城乡居民最低生活保障制度,逐步提高保障水平。健全社会救助体系。做好优抚安置工作。发扬人道主义精神,发展残疾人事业。加强老龄工作。强化防灾减灾工作
2007 年	《政府工作报告》	城乡社会救助体系框架基本建立,慈善事业不断发展
2008 年	《政府工作报告》	城乡社会救助体系基本建立。城市居民最低生活保障制度不断完善,保障标准和补助水平逐步提高。全国农村全面建立最低生活保障制度。这是保障城乡困难群众基本生活的一项根本性制度建设。社会福利、优抚安置、慈善和残疾人事业取得新进展。抗灾救灾工作全面加强

时间	代表性政策	主要内容
2008 年	《中共中央关于农村改革发展若干重大问题的决定》	完善农村最低生活保障制度，加大中央和省级财政补助力度，做到应保尽保，不断提高保障标准和补助水平；全面落实农村五保供养政策，确保供养水平达到当地村民平均生活水平；完善农村受灾群众救助制度；落实好军烈属和伤残病退伍军人等优抚政策；发展以扶老、助残、救孤、济困、赈灾为重点的社会福利和慈善事业；发展农村老龄服务。加强农村残疾预防和残疾人康复工作，促进农村残疾人事业发展
2009 年	《政府工作报告》	全面加强城乡居民最低生活保障制度建设。及时增加对低收入群体和大学生的生活补贴
2010 年	《政府工作报告》	进一步提高城乡低保、农村五保等保障水平，提高优抚对象抚恤和生活补助标准。大力发展社会福利事业和慈善事业
2010 年	《中共中央关于制定国民经济和社会发展第十二个五年规划的建议》	加强社会救助体系建设，完善城乡最低生活保障制度，规范管理，分类施保，实现应保尽保。健全低保标准动态调整机制，合理提高低保标准和补助水平。加强城乡低保与最低工资、失业保险和扶贫开发等政策的衔接。提高农村五保供养水平。做好自然灾害救助工作。完善临时救助制度，保障低保边缘群体的基本生活。提倡积极发展社会福利和慈善事业以扶老、助残、救孤、济困为重点，逐步拓展社会福利的保障范围，推动社会福利由补缺型向适度普惠型转变，逐步提高国民福利水平。坚持家庭、社区和福利机构相结合，逐步健全社会福利服务体系，推动社会福利服务社会化
2012 年	《坚定不移沿着中国特色社会主义道路前进，为全面建成小康社会而奋斗》	完善社会救助体系，健全社会福利制度，支持发展慈善事业，做好优抚安置工作

续表

时间	代表性政策	主要内容
2012 年	《国家基本公共服务体系"十二五"规划》	"十二五"时期,政府为城乡困难群体提供最低生活保障和专项救助;为农村五保对象提供吃、穿、住、医、葬方面的生活照顾和物质帮助;为自然灾害受灾人员提供救助;为城市生活无着的流浪乞讨人员提供救助;为残疾人、孤儿、精神病人等特殊群体提供福利服务;为老年人提供基本养老服务;为优抚安置对象提供优待抚恤和安置服务;为城乡居民免费提供婚姻登记服务;为身故者提供基本殡葬服务
2015 年	《中共中央关于制定国民经济和社会发展第十三个五年规划的建议》	坚持共享发展,着力增进人民福祉。加大对革命老区、民族地区、边疆地区、贫困地区的转移支付。加强对特定人群特殊困难的帮扶。统筹救助体系,强化政策衔接,推进制度整合,确保困难群众基本生活

资料来源:本研究整理所得。

党的十六大以来,保障城乡困难群众基本生活始终是各级民政部门的工作重心。在继续对传统的社会救济工作进行深入改革创新的基础上,抓紧建立健全缺位的社会救助制度,合理整合调配分散的社会救助资源。救助资金投入逐年增加,保障范围逐步扩大,服务网络日趋完善,整体合力逐渐增强,救助水平不断提高,有效保障了城乡绝大多数困难群众的基本生活,有力地促进了社会公平和全体人民共享改革发展的成果。

城乡最低生活保障制度的全面建立,也标志了初步实现均等化发展。现阶段内,已在全国普遍建立了较为规范的城市最低生活保障制度,实现了动态管理下的"应保尽保"。城乡最低生活保障制度的全面建立,使得社会救助范围扩展到全体居民,为保障人民群众基本生活构筑了最后一道防线。至此,困难群众生活救助进入了制度安排的长效保障机制阶段。

城乡医疗救助制度的建立,填补了中国社会保障事业的空白。根据党中央、国务院的部署和要求,民政部门开始逐步建立起以政府投入为主、以困难群众为保障对象的城乡医疗救助制度。目前,农村医疗救助制度已经覆盖所有涉农的县(市、区)。城市医疗救助制度建设在认真试点基础上加快了推进步伐。城乡医疗救助制度从无到有，是我国社会救助事业的重要补充，一定程度上有效地解决或缓解了困难群众的医疗难问题。

2012 年《国家基本公共服务体系"十二五"规划纲要》出台。纲要首次将基本社会服务列为一个独立完整的体系，并明确了基本社会服务的含义、范围、工作重点等具体内容，纲要的颁布，在基本社会服务均等化演进史上有着里程碑式的意义。2017 年 1 月《"十三五"推进基本公共服务均等化规划》对基本社会服务均等化推进工作做出了系统安排。

（五）城乡基本医疗卫生均等化的政策演变

1949 年以来，我国医疗卫生政策随整个经济社会体制改革经历了一个曲折反复的变迁过程。根据倡导联盟框架的理论假设对这一变迁过程进行历史考察，发现有两个竞争性的倡导联盟深刻影响了 70 多年来我国医疗卫生政策的形成和变迁，分别是秉持公平至上原则的"政府主导联盟"和秉持效率至上原则的"市场主导联盟"。两个倡导联盟的权力地位关系变化对于基本医疗卫生服务政策产生了巨大影响。不同的外部事件、信念系统以及政策学习，导致城乡基本医疗卫生服务均等化政策发展经历了三个阶段：1949—1978 年的城乡兼顾时期、1979—2002 年的城乡失衡时期、2003 年至今现在的城乡统筹时期。

1. 城乡兼顾的低水平福利卫生政策时期

这一阶段从 1949 年开始到 1978 年改革开放为止。新中国成立初期，我们党面临的是一个经历了长达几十年的战乱和动荡的社会环境，传染流行疾病肆虐、诊疗技术水平落后，整个国家缺医少药，百姓生存环境恶劣，人民健康状况极差，医疗卫生领域的奠基工作起始于极其不利的局面。1949 年 11 月，中央人民政府卫生部成立，医疗卫生服务的政府主导联盟开始形成，并在改革开放前近 30 年的时间内处于绝对支配地位。整个国家实行计划经济，通过行政指令进行卫生资源配置，所以也不存在所谓的市场主导联盟。在外部事件影响下，形成了政府主导联盟的信念系统，通过政策学习形成了城乡兼顾的低水平福利卫生政策。

表 3—13　　1949—1978 年城乡医疗卫生服务代表性政策及主要内容

时间	代表性政策	主要内容
1949 年	第一届全国卫生行政会议	会议讨论通过了卫生工作总方针:"卫生工作的重点应放在保证生产建设和国防建设方面,要面向农村、工矿,要依靠群众,要预防为主。"
1950 年	第一届全国卫生会议	毛泽东为大会题词:"团结新老中西各部分医药卫生工作人员,组成巩固的统一战线,为开展伟大的人民卫生工作而奋斗。"
1950 年	全国妇幼卫生工作座谈会	决定在城市建立妇幼保健试验院,在农村组织妇幼卫生工作队,广泛开展妇保卫生宣传
1950 年	《种痘暂行办法》	规定全国民众必须普种牛痘
1951 年	全国防疫专业会议	制定了鼠疫、霍乱、天花、白喉、斑疹伤寒、日本血吸虫病等 19 种传染病的防治方案和《法定传染病管理条例草案》以及若干防疫具体办法,为卫生防疫工作打下了基础
1951 年	《关于调整医药卫生事业中公私关系的决定》	提出对于卫生事业中的公私关系,各级政府卫生部门应当根据共同纲领所规定的公私兼顾的原则,加以适当调整,在为人民服务的共同原则下,实行分工合作,使公私卫生事业各得其所,各尽其力
1951 年	《农村卫生基层工作具体实施办法(草案)》	提出建立和发展基层卫生组织,培养大量基层卫生人员,即卫生员、妇幼保健员(助产助理员)和护士助理员
1952 年	《关于全国人民政府、党派、团体及所属事业单位的国家工作人员实行公费医疗预防措施》	公费医疗保险制度开始在全国实行
1952 年	爱国卫生运动	中央爱国卫生运动委员会成立
1952 年	第二届全国卫生会议	确定了"卫生工作与群众运动相结合"的原则,确立了新中国卫生工作的方向

续表

时间	代表性政策	主要内容
1953 年	《关于公费医疗的几项规定》	将公费医疗的范围扩大到大学和专科学校的在校学生及乡干部
1953 年	《四年来卫生工作的总结和今后的方针任务》	逐步建立国家卫生监督制度
1954 年	《关于各级党委必须加强对卫生工作的政治领导的指示》	指出卫生工作是关系全国人民生老病死的大事，是一个大的政治问题，党必须把它管好
1955 年	山西省高平县米山乡联合保健站挂牌	成为中国传统农村合作医疗的标志
1955 年	全国文教工作会议	进一步肯定联合诊所"是由独立脑力劳动的医务人员（及部分行政事务人员）自愿组织起来的合作社性质的社会卫生福利事业"
1956 年	全国人大一届三次会议通过了《高级农村合作社示范章程》	对合作社的社员因公负伤或因公致病的医疗给予了明确规定
1956 年	国务院给卫生部的批复	同意国家机关工作人员退休后仍享受公费医疗待遇
1957 年	《关于取消随军家属公费医疗待遇的批复》	取消随军家属公费医疗待遇
1957 年	中共八届三中全会	周恩来指示今后医院工作的方针：为六亿人民服务，城乡兼顾，扩大门诊；扩大预防、降低设备标准和药品价格；改革医疗制度；私立诊所不宜过早过急实行联营
1958 年	《关于动员城市医疗力量和医药卫生院校师生支援工矿农村卫生工作的报告》	动员城市医疗力量和医药卫生院校师生支援工矿农村卫生
1959 年	全国农村卫生工作会议	正式肯定农村合作医疗制度

续表

时间	代表性政策	主要内容
1959 年	《关于人民公社卫生工作几个问题的意见》	要把过去两年放松了的爱国卫生运动重新发动起来
1962 年	《关于调整农村基层卫生组织问题的意见》	明确个体医生是独立脑力劳动者,是国家卫生事业的补充,允许个体开业医生挂牌行医或坐堂接诊
1964 年	《关于改进公费医疗的报告》	提出公费医疗制度,对保护国家工作人员的健康,起了相当大的作用。但在执行过程中,也存在不少问题,不仅浪费很大,而且在看病和疗养上造成混乱现象
1965 年	"626 指示"	提出应该把医疗卫生工作的重点放到农村去
1965 年	《关于把卫生工作重点转向农村的报告》	把卫生工作重点转向农村
1968 年	《深受贫下中农欢迎的合作医疗制度》	介绍湖北长阳农村合作医疗模式,开始迅速在全国农村广泛推行
1968 年	毛泽东对上海市川山县江镇人民公社"赤脚医生"报道的批示	"赤脚医生"成为半农半医的乡村医生的特定称谓
1971 年	卫生部	提出公社卫生院实行社办国助的计划
1977 年	恢复高考	医学院恢复招生考试

资料来源:本研究整理所得。

第一,外部事件。计划经济与户籍制度。新中国成立后,通过建立国营工业、成立了国家计划委员会编制"一五"计划、制定和颁布了第一部宪法等一系列行为,到 1956 年 12 月我国建立起了计划经济体制,我国的医疗卫生事业也被纳入到高度集中的管理体制中。另外,出于快速实现工业化的考虑,国家有意识制定了农业对工业的支持贡献政策。从1951 年公安部颁布《城市户口管理暂行条例》到 1958 年发布的《户口登记条例》,再到 1977 年的《关于处理户口迁移的规定》,从城乡户籍身份上将城市与农村的发展逐渐分割开来。与此同时,通过实施工农业产品不等价交换、农业合作化、统购统销等一系列的城乡关系政策,形成一个相互支撑、互为补充的刚性制度体系,固化了农村对城市长期而巨大的牺牲①。这样的城乡二元分割不仅造成了基本医疗卫生服务体系和保障制度的区别设计，对未来几十年的社会结构和社会公平也产生了十分重要的影响。

第二，信念系统。平均主义与"四大方针"。受社会主义意识形态和传统"大同"思想的双重影响，平均主义成为治国理政者最为根深蒂固的深层核心信念。1949 年 9 月通过的《中国人民政治协商会议共同纲领》第五章第四十八条明确提出要"提倡国民体育，推广卫生医药事业，并注意保护母亲、婴儿和儿童和健康"；1954 年 9 月通过的我国第一部《宪法》第九十三条规定："国家举办社会保险、社会救济和群众卫生事业，并且逐步扩大这些设施，以保证劳动者享受这种权利"，两部纲领性文件为国家发展医药卫生事业奠定了宪法基础。② 1950 年和 1952 年的第一届、第二届全国卫生会议相继确立了新中国卫生工作的"四大方针"——面向工农兵、预防为主、团结中西医、卫生工作与群众运动相结合，它分别阐述了医疗卫生工作的服务对象、重点内容、统一战线和工作方法等方面，明确了卫生事业发展的政策核心信念。围绕宪法规定和卫生工作的"四大方针"，新中国成立初期的城乡医疗卫生都得到长足发展。政府主导联盟在深层核心信念基础上，推行了平等优先、注重再分配的社会福利政策。③ 在公共卫生方面，国家提出将公共卫生放在整个医疗卫生事业的优先地位，执行"预防为主"的工作方针，利用较短的时间以全民免费方式在城乡建立起了三级医疗预防保健网络。统收统支的财政体制保证了政府投入，再加上计划时代公共卫生服务的低成本，城市和农村居民都能够免费接受最低限度的基本公共卫生服务。

第三，政策学习。国家主导与权威指示。受制于财政能力不足，在医疗卫生服务政策设计中，从一开始就采用了城乡有别的做法。在城镇，1951 年 2 月国家颁布《中华人民共和国劳动保险条例》，经过 1953 年和

---

① 白永秀：《城乡二元结构的中国视角：形成、拓展、路径》，《学术月刊》2012 年第 5 期。

② 范逢春：《建国以来基本公共服务均等化政策的回顾与反思：基于文本分析的视角》，《上海行政学院学报》2016 年第 1 期。

③ 岳经纶等：《变迁中的社会政策——理论、实证与比较反思》，社会科学文献出版社 2013 年版，第 36 页。

1956 年的两次修订，确立了适用于中国城镇职工的劳保医疗制度，这一制度基本覆盖了国营、公私合营、私营企业职工和各类产业工人的医疗保障问题。1952 年 6 月，政务院发布《关于全国各级人民政府、党派、团体及所属事业单位的国家工作人员实行公费医疗的指示》，紧接着卫生部发布《国家工作人员公费医疗预防实施办法》对享受公费医疗待遇人员的范围、公费医疗经费来源、管理和督导等方面做出明确具体的规定。1953 年和 1956 年相继将此待遇范围扩大到大学、专科在校学生、乡镇干部以及国家机关退休工作人员。至此，城镇范围内的医疗保障制度正式全面确立。在医疗服务供给方面，1951 年 4 月，卫生部发布《关于健全和发展全国卫生基层组织的决定》《关于调整医药卫生事业中公私关系的决定》两份文件，对于城镇三级医疗服务体系的建设做出指导和规划。无论是各级政府还是单位集体开办的医疗机构都在计划经济体制下进行资源配置，保证了医疗产品和服务的福利性和公益性能够在"单位中国"的制度下顺利推行。[①] 而在广大的农村地区，虽然也在进行农村三级卫生网络的建设，但是进展较为缓慢。国家公费医疗和劳保医疗福利没有延伸到农村，绝大多数农民基本处于国家的社会福利体系之外。大多数农民通过自费的方式购买医疗服务，也有部分地区的农民开始寻求自发互助的形式来解决就医问题，但总体规模较小，尚未形成制度化的合作医疗保障形式。1958 年农村合作医疗的全国覆盖率也仅仅 10% 而已，城市与农村之间的鸿沟一直持续到 60 年代中期。向来重视农村发展和农民生活的毛泽东同志意识到了城乡之间的巨大反差，不仅做出组织城市高级医务人员下农村和为农村培养医生的指示，而且于 1965 年 6 月 26 日就医疗卫生问题发表谈话时明确指出，"要把医疗卫生工作的重点放到农村去"，史称"六二六指示"。1965 年 9 月，中共中央批转了卫生部党委《关于把卫生工作重点放到农村的报告》，强调"必须把卫生工作的重点放在农村，认真组织城市卫生人员到农村去，为农民服务，培养农村卫生人员，建立和健全农村基层卫生组织，有计划有步骤地解决农村医药卫生问题"。至此，针对农村医疗卫生服务的国家政策真正建立起来。在领袖崇拜和国家主导下，毛泽东和中共中央的指示得以运动式展开，全

---

①　葛延风等编：《中国医改：问题·根源·出路》，中国发展出版社 2007 年版，第 79 页。

国农村卫生工作出现巨大改观。1968年，《从"赤脚医生"的成长看医学教育革命的方向》《深受贫下中农欢迎的合作医疗制度》两篇文章经毛泽东亲自批示后在《人民日报》上发表，更是直接将农村合作医疗制度和"赤脚医生"制度的普及推向最高潮。伴随着"文革"的浪潮，农村合作医疗制度的全国覆盖率在1976年一度达到90％，全国"赤脚医生"的数量也达到150多万名。"赤脚医生"（人员）也与合作医疗（制度）、农村"保健站"（机构）一起，成为解决中国农村缺医少药问题的"三件法宝"。

这一时期的基本医疗卫生服务在计划经济与户籍制度的外部事件影响下，形成了基本医疗卫生服务的城乡二元特征；在平均主义"四大方针"信念系统影响下，保证了福利性和政府主导性；在"626指示"的动员下展开政策学习，推动了医疗服务向农村转向的政策变迁。虽然整体医疗卫生水平较低，城乡居民实际享受到的公共卫生和医疗服务差距还较大，但大体上呈现城乡兼顾的全民福利特征。

2. 城乡失衡的市场化产业卫生政策时期

这一阶段从1979年开始到2002年为止。在此阶段，我国实现了从高度集中的计划经济体制到充满活力的社会主义市场经济体制的历史性转变，市场主导联盟得以全面形成。在外部事件影响下，形成了市场主导联盟的信念系统，在政策学习的基础上形成了城乡失衡的市场化产业卫生政策。

表3—14　　1979—2002年城乡医疗卫生服务代表性政策及主要内容

时间	代表性政策	主要内容
1978年	《中华人民共和国宪法》	第一次将"合作医疗"写入宪法，列为国家为保证劳动者健康权利需要逐步发展的事业
1978年	国务院批转卫生部关于建议成立国家医药管理局的报告	成立国家医药管理局
1978年	《关于整顿和加强公费医疗管理工作的通知》	整顿和加强公费医疗管理工作
1978年	《关于全国农村人民公社卫生院暂行条例（草案）》	规定"公社卫生院由县（旗、市）卫生局和所在公社实行双重领导，党的工作和政治各项工作以公社为主；人事、财务、业务工作以县卫生局为主"

时间	代表性政策	主要内容
1979 年	全国卫生厅局长会议	提出了今后的医疗卫生工作要将重点转移到社会主义现代化建设上来，要遵循"普遍整顿，全面提高，重点建设"的工作方针强调以预防为主、传统医学、农村卫生、计划生育、科学管理、培养人才，科学技术、政治思想等八项具体任务为重点开展工作
1979 年	国家医药管理总局在京召开第一次医药工作会议	会议研究医药工作重点转移问题，讨论医药产供销统一管理后的体制和机构设置以及 1979 年计划执行中的问题
1979 年	《关于农村合作医疗章程（试行草案）的通知》	对合作医疗 20 多年来发展经验的总结，这是政府部门第一次发布关于农村合作医疗的正式法规性文件，标志着合作医疗的制度化
1980 年	《关于允许个体开业行医问题的请示报告》	允许个体开业行医
1980 年	《关于进一步加强工业卫生管理工作的意见》	进一步加强工业卫生管理工作
1981 年	《关于解决医院赔本问题的报告》	"公费医疗和劳保医疗，实行按成本收费的办法，各地可先进行试点，待取得经验后再逐步推行。"
1981 年	中共中央组织部、中共卫生部党组联合发出《关于加强与改进对全国卫生工作队伍管理的通知》	加强与改进对全国卫生工作队伍管理
1982 年	第五届全国人大五次会议通过《中华人民共和国宪法》	第 21 条明确规定：国家发展医疗卫生事业，发展现代医药和我国传统医药，鼓励和支持农村集体经济组织、国家企业事业组织和街道组织举办各种医疗卫生设施，开展群众性卫生活动，保护人民健康

续表

时间	代表性政策	主要内容
1983 年	卫生部发布《关于组织城市医疗卫生机构支援农村卫生事业建设若干问题的意见》	组织城市医疗卫生机构支援农村卫生事业建设
1985 年	国务院批转卫生部关于《卫生工作改革若干政策问题的报告》的通知，提出 8 项政策	国务院批转卫生部关于《卫生工作改革若干政策问题的报告》的通知，提出积极发展集体卫生机构、继续搞好农村医疗卫生工作的改革等 8 项政策
1985 年	全国卫生厅局长会议	宣布今后不再使用"文革"中沿袭下来的"赤脚医生"名称，而改称"乡村医生"
1986 年	全国农村卫生改革和建设学术讨论会	成立"中国农村卫生协会"
1989 年	国务院批转卫生部、财政部、人事部、国家物价局、国家税务局《关于扩大医疗卫生服务有关问题的意见》	积极推行承包责任制，允许开展有偿服务，拉开医疗卫生服务收费档次，实行"以副补主"，这是卫生改革的一个重要文件
1989 年	《"七五"时期卫生改革提要》	扩大医疗卫生单位人事、财务和经营管理自主权，实行财政补助经费"包干使用，超支不补，结余留用，自求平衡"的办法，第一次允许设立私营医院
1990 年	《关于我国农村实现"2000 年人人享有卫生保健"的规划目标的通知》	提出"2000 年人人享有卫生保健"的规划目标
1991 年	批转卫生部等部门关于改革和加强农村医疗卫生工作请示的通知	启动农村合作医疗新一轮改革
1991 年	《国民经济和社会发展十年规划和第八个五年计划纲要》	提出要把医疗卫生工作的重点放在农村

续表

时间	代表性政策	主要内容
1991 年	卫生部《关于进一步加强城市医院支援农村卫生事业建设的意见》	关于进一步加强城市医院支援农村卫生事业建设
1992 年	劳动部颁布《关于试行职工大病医疗费用社会统筹的意见》	推行大病统筹改革经验
1992 年	国务院下发《关于深化卫生改革的几点意见》	1992 年是向"医疗市场化"进军年,卫生部要求医院在"以工助医、以副补主"等方面取得新成绩
1992 年	劳动部关于试行职工大病医疗费用社会统筹的意见的通知	试行职工大病医疗费用社会统筹
1994 年	《关于职工医疗制度改革的试点意见》	布置职工医疗制度改革试点工作
1995 年	《国家卫生服务调查报告》	1 月 16 日,卫生部首次发布"国家卫生服务总调查"结果
1996 年	《全面落实全国乡村医生教育十年规划》	布置全国乡村医生教育工作
1996 年	《关于职工医疗保障制度改革扩大试点的意见》	挑选一部分具备条件的城市扩大试点
1996 年	中共中央、国务院召开了新中国成立以来第一次全国卫生工作会议	总结了新中国成立以来特别是改革开放以来卫生工作的成绩和经验,明确了新时期卫生工作的奋斗目标和工作方针,讨论了《中共中央、国务院关于卫生改革与发展的决定》,全面落实《国民经济和社会发展"九五"计划和 2010 年远景目标纲要》提出的卫生工作任务
1997 年	《中共中央、国务院关于卫生改革与发展的决定》	提出农村合作医疗制度改革的具体要求:"要在政府的组织和领导下,坚持民办公助和自愿参加的原则。筹资以个人投入为主,集体扶持,政府适当支持。""力争到 2000 年在农村多数地区建立起各种形式的合作医疗制度,并逐步提高社会化程度。"

续表

时间	代表性政策	主要内容
1997 年	国务院批转卫生部等部门《关于发展和完善农村合作医疗若干意见的通知》	提出发展和完善农村合作医疗若干意见
1997 年	卫生部发出《关于进一步推动合作医疗工作的通知》	要求各地做好合作医疗的宣传动员、管理培训、引导等工作
1998 年	《国务院关于建立城镇职工基本医疗保险制度的决定》	关于建立城镇职工基本医疗保险制度
1999 年	《关于发展城市社区卫生服务若干意见》	发展城市社区卫生服务
1999 年	卫生部基妇司发出《关于进一步规范和积极稳妥地推行乡（镇）村卫生组织一体化管理的几点意见》	提出要规范和积极稳妥地推行乡（镇）村卫生组织一体化管理
2000 年	国务院办公厅转发 8 部委《关于城镇医药卫生体制改革的指导意见》	提出实行卫生工作全行业管理，建立新的医疗机构分类管理制度，建立健全社区卫生服务组织、综合医院和专科医院合理分工的医疗服务体系，加强卫生资源配置宏观管理，改革预防保健体系，转变公立医疗机构运行机制，深化医疗机构人事制度和分配制度改革，实行医药分开核算、分别管理，规范财政补助范围和方式，调整医疗服务价格，加大药品生产结构调整力度
2001 年	国务院办公厅转发国务院体改办等部委《关于农村卫生改革与发展的指导意见》的通知	建立适应社会主义市场经济体制要求和农村经济社会发展状况、具有预防保健和基本医疗功能的农村卫生服务体系，实行多种形式的农民健康保障办法，使农民人人享有初级卫生保健

续表

时间	代表性政策	主要内容
2002 年	全国卫生工作会议在北京召开	会后出台了《中国农村初级卫生保健发展纲要（2001—2010 年）》
2002 年	《中共中央、国务院关于进一步加强农村卫生工作的决定》	关于进一步加强农村卫生工作
2002 年	《关于加快发展城市社区卫生服务的意见》	加快发展城市社区卫生服务的意见

资料来源：本研究整理所得。

第一，外部事件。改革开放与市场经济。受世界经济思潮和国民经济转型需要的双重影响，以邓小平为代表的党和国家第二代领导人开始推行改革开放，采取以市场为导向的政策措施推动经济和社会发展。1978 年 12 月，党的十一届三中全会的召开揭开改革开放的序幕，医药卫生事业随党和国家的工作重点一起迈入社会主义现代化建设的全新历史时期。1980 年 9 月，中共中央发出《关于进一步加强和完善农业生产责任制的几个问题》，强调在坚持集体经济的基础上，实行专业承包联产计酬责任制，农村的人民公社制度逐渐解体；1982 年 1 月，中共中央批转《全国农村工作会议纪要》，为包产到户扫除了障碍，家庭联产承包责任制得以推行。1984 年 10 月，党的十二届三中全会通过了《中共中央关于经济体制改革的决定》，城市大范围放松政府管制，以城市为重点的经济体制改革全面展开。1992 年 10 月，党的十四大确立了建设社会主义市场经济体制的改革目标，主张政企分开和国有企业转制，制度变迁和结构转型不仅在经济社会结构方面产生诸多变化，也引起全社会对合理的国家—社会关系认识的转变。[①] 受以"经济建设为中心"的发展战略影响，社会政策领域开始主动进行改革，试图摆脱单位福利制度下的巨大财政负担。

第二，信念系统。效率优先与放权让利。市场主导联盟反思行政命

_____

① 岳经纶等：《变迁中的社会政策——理论、实证与比较反思》，社会科学文献出版社2013 年版，第 57 页。

令下分配平均主义的弊端，引导社会价值开始从平等平均转向效率优先，信念转变极大地影响了这一阶段的医疗卫生服务发展方向。1979 年，时任卫生部部长钱信忠在接受采访时提出要"运用经济手段管理卫生事业"①，这标志着卫生主管部门放弃了计划经济时代"平均主义"的深层核心信念，政府主导联盟开始瓦解，卫生部转而成为市场主导联盟的主要成员。同年，卫生部等三部委联合发出了《关于加强医院经济管理试点工作的通知》。1981 年 3 月，卫生部下发《医院经济管理暂行办法》和《关于加强卫生机构经济管理的意见》，开始提出"定额补助、经济核算、考核奖惩"以及增收节支等提高经济效益的办法。除加强医院经济管理，国务院还在 1980 年批准了卫生部《关于允许个体开业行医问题的请示报告》，开辟了医疗主体多元化的先河。一系列以经济效益为出发点的政策出台表明新的市场主导联盟逐渐形成了自己的政策核心信念，即缩减政府投入，鼓励社会和个人筹资。1985 年 4 月国务院批转卫生部《关于卫生工作改革若干政策问题的报告》（国发〔1985〕62 号），报告提出："必须进行改革，放宽政策，简政放权，多方集资，开阔发展卫生事业的路子，把卫生工作搞好"，由此拉开了以让利放权、扩大医院自主权为核心的医疗机构转型序幕。1989 年 1 月，国务院批转卫生部、财政部等五部门联合发出的《关于扩大医疗卫生服务有关问题的意见》，文件围绕有偿收费等内容提出五条意见，进一步调动了医疗卫生机构通过市场化手段提高经济效益的积极性。1992 年 9 月，国务院下发《关于深化卫生医疗体制改革的几点意见》，卫生部提出"建设靠国家，吃饭靠自己"，并且要求医院在"以工助医、以副补主"等方面做出成绩。这一政策极大地刺激了医院的创收动机，拓展了其谋求自身利益的空间。至此，秉持效率优先原则的市场主导联盟在医疗卫生改革进程中完全确立了主导地位。上自政府部门，下至普通医务工作者，都成为这个庞大联盟的拥护者和行动者，不断推动市场化、产业化卫生政策的出台。

第三，政策学习。市场主导与对话缺乏。这一阶段，虽然政府主导联盟也并非完全销声匿迹，但是市场主导联盟主导了医改进程。1993 年 5 月召开的全国医政工作会议上，时任卫生部副部长殷大奎就明确表示反

---

① 王虎峰：《我国卫生医疗体制改革 30 年》，社会科学文献出版社 2013 年版，第 92 页。

对医疗服务市场化,但这番表态随即被认为"思想保守,反对改革"①。整个医疗卫生服务行业缺乏有效的政策学习,盲目强制推行完全市场化和产业化的改革方案。1997 年 1 月,中共中央、国务院发布《关于卫生改革与发展的决定》(中发〔1997〕3 号),将卫生事业定位成"政府负有重要责任的社会公益事业",而非过去的主要责任和福利事业。2000 年 2 月,国务院办公厅转发国务院体改办、卫生部等 8 部委《关于城镇医药卫生体制改革的指导意见》,并在之后陆续出台了 13 个配套政策,"鼓励各类医疗机构合作、合并,共建医疗服务集团。营利性医疗机构医疗服务价格放开,依法自主经营,照章纳税"的内容被广泛解读为完全"市场化"的号角,很多地方模仿国企改制对医院进行"产权改革",其中江苏宿迁的"卖光式改革"引发巨大争议。在效率优先的政策信念指导下,城乡之间基本医疗卫生服务和保障的非均等化程度渐深。在城镇,不仅医疗卫生机构和服务建设取得多方面进展,医疗保障制度也完成了重大变革。为解决医疗开支日益剧增的问题,1984 年 4 月,卫生部和财政部联合发出《关于进一步加强公费医疗管理的通知》,提出要积极慎重地改革公费医疗制度。1988 年 3 月,经国务院批准,由卫生部牵头成立财政部、人事部等 8 部门参加的国家医疗制度改革研讨小组,负责提出劳保医疗和公费医疗改革方案,同年 7 月推出《职工医疗保险制度设想(草案)》。经过著名的"两江试点"和全国范围的扩大试点,1998 年 12 月,国务院发布《国务院关于建立城镇职工基本医疗保险制度的决定》,我国城镇职工医疗保险制度全面建立。而农村面临的则是服务供给和筹资模式的两难困境。1978 年 3 月通过的《中华人民共和国宪法》第一次将"合作医疗"写入宪法,并将其列为国家为保证劳动者健康权利需要逐步发展的事业之一。但是 20 世纪 80 年代开始的农村经济体制改革瓦解了合作医疗的主要经费来源——农村集体经济,再加上全能型政治体制的式微,推动农民参加合作医疗的组织动员力量被大大削弱。农村合作医疗出现大面积解体和瘫痪,覆盖率由 70 年代的 90% 迅速下降到 80 年代末期的 4.8%。进入 90 年代,为兑现中国政府向世界卫生组织做出的"到 2000 年全面落实农村初级卫生保健工作"的承诺,中央决策层开始重新

---

① 曹海东、傅剑锋:《中国医改 20 年》,《南方周末》2005 年 8 月 4 日第 6 版。

关注农村医疗卫生工作。1993 年提出要"发展和完善农村合作医疗制度"①；1997 年 5 月，国务院批转卫生部等部门《关于发展和完善农村合作医疗的若干意见》，正式启动农村合作医疗的恢复与发展。但在 1994 年"分税制"改革背景下，事权与财权的不匹配导致地方政府执行中央政策的消极低效，财政投入大大缩减，合作医疗总体上仍处于较低发展水平。

这一时期的基本医疗卫生服务在改革开放与市场经济的外部事件影响下，形成了效率优先与放权让利的信念系统，进而导致了医疗服务产业化与基层医疗组织私有化；由于缺少不同联盟之间的政策学习，城乡基本医疗卫生服务失衡。"重经济效益轻社会效益"的私人垄断基层医疗使农村医疗卫生服务供给不足，医药价格不断上涨。政府投入在周期长见效慢的公共卫生领域大范围退出，加剧了广大农民看不起病、健康状况不断恶化的状况，健康公平和医疗卫生服务均等化在城乡之间的不均衡问题十分突出。

3. 城乡统筹的民生型公益卫生政策时期

这一阶段从 2003 年开始到现在，并且仍然在发展中。在此阶段，"基本公共服务均等化"正式进入政府常规决策范围。尤其是党的十八大以来，在"健康中国"政治话语导引下，城乡统筹的民生型公益卫生政策绩效不断提升，基本医疗卫生服务迈入了城乡统筹的民生型公益卫生政策新时代。

表 3—15　2003—2016 年城乡医疗卫生服务代表性政策及主要内容

时间	代表性政策	主要内容
2003 年	《关于建立新型农村合作医疗制度的意见》	各省、自治区、直辖市至少要选择 2—3 个县（市）先行试点
2003 年	全国防治非典型肺炎工作会议	建立健全突发公共卫生事件应急机制、疾病控制预防体系和卫生执法监督体系。完善农村卫生服务体系、城市基本医疗服务体系、环境卫生体系和财经保障体系

① 《中共中央关于建立社会主义市场经济体制若干问题的决定》，《人民日报》1993 年 11 月 7 日第 1 版。

续表

时间	代表性政策	主要内容
2004 年	《关于进一步做好新型农村合作医疗试点工作的指导意见》	提出必须坚持农民自愿参加的原则
2005 年	《国民经济和社会发展第十一个五年规划纲要》	指出要将新型农村合作医疗覆盖率提高到80%以上
2006 年	《关于加快推进新型农村合作医疗试点工作的通知》	要求加快新型农村合作医疗试点工作
2006 年	《关于成立国务院城市社区卫生工作领导小组的通知》	成立国务院城市社区卫生工作领导小组
2006 年	《国务院关于发展城市社区卫生服务的指导意见》	发展城市社区卫生服务
2007 年	国务院新闻发布会	中央决定新农合制度由试点转入全面推进阶段
2007 年	《关于成立国务院城镇居民基本医疗保险部际联席会议的通知》	成立国务院城镇居民基本医疗保险部际联席会议
2007 年	国务院批转卫生事业发展"十一五"规划纲要的通知	批转卫生事业发展"十一五"规划纲要
2007 年	《国务院关于开展城镇居民基本医疗保险试点的指导意见》	开展城镇居民基本医疗保险试点
2008 年	《关于做好 2008 年新型农村合作医疗工作的通知》	通知指出要加大对尚未开展新型农村合作医疗地区的指导和支持力度，实现 2008 年新型农村合作医疗制度的全面覆盖
2008 年	《关于将大学生纳入城镇居民基本医疗保险试点范围的指导意见》	将大学生纳入城镇居民基本医疗保险试点范围
2009 年	《中共中央国务院关于深化医药卫生体制改革的意见》	深化医药卫生体制改革
2009 年	《关于全面开展城镇居民基本医疗保险工作的通知》	全面开展城镇居民基本医疗保险工作
2009 年	《关于促进基本公共卫生服务逐步均等化的意见》	提出要促进基本公共卫生服务逐步均等化

续表

时间	代表性政策	主要内容
2009 年	《关于建立国家基本药物制度的实施意见》	建立国家基本药物制度
2009 年	《关于基本医疗保险异地就医结算服务工作的意见》	加强基本医疗保险异地就医结算服务工作
2010 年	卫生部《关于改进公立医院服务管理方便群众看病就医的若干意见》	改进公立医院服务管理
2010 年	《卫生部办公厅关于推进乡村卫生服务一体化管理的意见》	按照深化医药卫生体制改革总体部署，积极推进乡村一体化管理
2010 年	《关于公立医院改革试点的指导意见》	提出要强化区域卫生规划、改革公立医院管理体制、改革公立医院补偿机制、改革公立医院运行机制、健全公立医院监管机制、形成多元化办医格局等举措
2010 年	《关于进一步鼓励和引导社会资本举办医疗机构意见的通知》	鼓励和引导社会资本举办医疗机构
2010 年	《关于建立健全基层医疗卫生机构补偿机制的意见》	建立健全基层医疗卫生机构补偿机制
2011 年	《关于印发 2011 年公立医院改革试点工作安排的通知》	开展重大体制机制综合改革试点，包括推进管办分开，深化公立医院管理体制改革；推进政事分开，完善公立医院法人治理机制；推进医药分开，完善公立医院补偿机制；推进营利性与非营利性分开，完善医疗机构分类管理制度。推进公立医院服务体系建设发展，优化公立医院布局结构，优先建设发展县级医院，建立公立医院与基层医疗卫生机构的分工协作机制，加快推进医院信息化建设。在全国推行惠民便民措施。充分调动医务人员积极性。推进形成多元化办医格局
2011 年	《国务院关于建立全科医生制度的指导意见》	建立全科医生制度，充分落实预防为主方针

时间	代表性政策	主要内容
2012 年	《"十二五"期间深化医药卫生体制改革规划暨实施方案》	"十二五"期间深化医药卫生体制改革规划暨实施方案
2012 年	《关于确定县级公立医院综合改革试点县的通知》	各地要按照中共中央和国务院关于县级医院综合改革试点工作的要求和部署,以取消"以药补医"机制为关键环节,统筹推进管理体制、补偿机制、人事分配、采购机制、价格机制等方面的综合改革
2012 年	《关于开展城乡居民大病保险工作的指导意见》	确定城乡居民大病保险的筹资机制、保障内容
2013 年	《国务院关于促进健康服务业发展的若干意见》	提出到 2020 年,基本建立覆盖全生命周期、内涵丰富、结构合理的健康服务业体系,基本满足广大人民群众的健康服务需求
2014 年	《关于加快发展社会办医的若干意见》	要求优先支持社会资本举办非营利性医疗机构,加快形成以非营利性医疗机构为主体、营利性医疗机构为补充的社会办医体系
2014 年	《关于推进县级公立医院综合改革的意见》	全面深化县级公立医院管理体制、补偿机制、价格机制、药品采购、人事编制、收入分配、医保制度、监管机制等综合改革
2014 年	《关于进一步做好基本医疗保险异地就医医疗费用结算工作的指导意见》	做好基本医疗保险异地就医医疗费用结算工作
2015 年	《国务院办公厅关于进一步加强乡村医生队伍建设的实施意见》	改革乡村医生服务模式和激励机制,落实和完善乡村医生补偿、养老和培养培训政策
2015 年	《全国医疗卫生服务体系规划纲要(2015—2020 年)》	关于 2015 年至 2020 年的全国医疗卫生服务体系规划纲要
2015 年	《关于全面推开县级公立医院综合改革的实施意见》	全面推开县级公立医院综合改革

续表

时间	代表性政策	主要内容
2015 年	《关于城市公立医院综合改革试点的指导意见》	深化医改，将公平可及、群众受益作为改革出发点和立足点，加快推进城市公立医院改革。充分发挥公立医院公益性质和主体作用，切实落实政府办医责任，着力推进管理体制、补偿机制、价格机制、人事编制、收入分配、医疗监管等体制机制改革
2015 年	《关于促进社会办医加快发展若干政策措施的通知》	促进社会办医加快发展
2015 年	《国务院办公厅关于全面实施城乡居民大病保险的意见》	提出到 2015 年年底前，大病保险覆盖所有城镇居民基本医疗保险、新型农村合作医疗（以下统称城乡居民基本医保）参保人群，大病患者看病就医负担有效减轻。到 2017 年，建立起比较完善的大病保险制度，与医疗救助等制度紧密衔接，共同发挥托底保障功能，有效防止发生家庭灾难性医疗支出，城乡居民医疗保障的公平性得到显著提升
2015 年	《关于推进分级诊疗制度建设的指导意见》	推进分级诊疗制度
2016 年	《国务院关于整合城乡居民基本医疗保险制度的意见》	整合城乡居民基本医疗保险制度

资料来源：本研究整理所得。

第一，外部事件："非典"疫情与治理变革。产业化、营利化政策导向下，城乡医疗机构普遍以药养医、重医轻防，导致居民"看病难、看病贵"问题日益突出，公共卫生问题受到忽视。2003 年发生了史无前例的"非典"疫情，直接迫使政府和社会开始直面经济社会发展不平衡的课题，推动政府治理变革。随后国家以疾病预防控制为重点，以农村公共卫生建设为中心，完善加强全国公共卫生体系建设，全面建立公共卫生事件预警和应急机制。2002 年 11 月，党的十六大报告提出，要在"三个代表"重要思想指引下，"建立适应新形势要求的卫生服务体系和医疗保健体系，着力改善农村医疗卫生状况，提高城乡居民的医疗保健水平"①。2007 年 10 月，党的十七大提出，要建设服务型政府，通过"强化政府责任和投入""建设覆盖城乡居民的公共卫生服务体系、医疗服务体系、医疗保障体系、药品供应保障体系"。2012 年 11 月，党的十八大提出，要以保障和改善民生为重点来加强社会建设，要统筹推进城乡社会保障体系建设。2017 年 10 月，党的十九大报告提出了"健康中国战略"，要求要"全面建立中国特色基本医疗卫生制度""完善统一的城乡居民基本医疗保险制度"②。2019 年 10 月，党的十九届四中全会提出，要"坚持和完善统筹城乡的民生保障制度""健全基本医疗卫生制度"，城乡基本医疗卫生服务均等化政策成为国家治理的重要制度。一系列的国家治理变革导致政府主导联盟在医疗卫生服务领域重新占据优势地位。

第二，信念系统：公益回归与社会公平。随着改革开放进入深水区，社会进入矛盾相对集中的爆发时期。城乡差距过大、收入分配不公、缺乏基本社会保障等一系列问题使得实践界和学术界开始反思医疗卫生改革的主导理念问题。2005 年 5 月初，卫生部副部长马晓华发表讲话，严厉批评了当时公立医疗机构公益性淡化、过分追求经济利益的倾向。2005 年 7 月，由国务院发展研究中心葛延风主持完成的研究报告《对医疗体制改革的评价与建议》发表，认为目前中国的医疗卫生体制改革基本上是不成功的。随后，市场主导联盟和政府主导联盟之间进行了激烈论战。卫生部门重回政府主导联盟的核心位置，并联合多数公立医疗机构和部分专家学者，在社会舆论上占据优势。市场倡导联盟则主要包括财政部门、人社部门和大量以经济学家为主的学者，虽然在舆论中处于下风，但仍然坚持市场化的方向。2009 年 3 月，经多方论证的《中共中央国务院关于深化医药卫生体制改革的意见》终于颁布出台。《意见》明确提出，要把基本医疗卫生制度作为公共产品向全民提供，加大政府投入，维护公共医疗卫生的公益性。2007 年 10 月，党的十七大报告中首次

---

① 江泽民：《全面建设小康社会，开创中国特色社会主义事业新局面——在中国共产党第十六次全国代表大会上的报告》，《人民日报》2002 年 11 月 17 日第 1 版。

② 习近平：《决胜全面建成小康社会 夺取新时代中国特色社会主义伟大胜利——在中国共产党第十九次全国代表大会上的报告》，《人民日报》2017 年 10 月 28 日第 1 版。

提出"人人享有基本医疗卫生服务"①，并将此确立为全面建设小康社会奋斗目标的新要求之一。2009 年 3 月，以《中共中央国务院关于深化医药卫生体制改革的意见》出台为标志的新一轮医改正式启动，新医改方案强调"坚持统筹兼顾"的基本原则，并将"建立覆盖城乡居民的基本医疗卫生制度"作为医改的总体目标。在党的十七大、十八大、十九大报告中，"促进社会公平正义"都是醒目的政治话语。尤其是党的十八大以来，随着社会主要矛盾逐渐转变为"人民日益增长的美好生活需要和不平衡不充分的发展之间的矛盾"，要求公共治理必须坚持"以人民为中心的发展思想"，把"促进社会公平正义"作为价值旨归。至此，政府主导联盟彻底取得了优势地位，公益性回归成为了医改方案的最终基调。

　　第三，政策学习：政府主导与双向互动。2003 年 1 月，卫生部、财政部、农业部联合发布《关于建立新型农村合作医疗制度的意见》，拉开新型农村合作医疗制度从试点到覆盖全国的序幕②。2003 年 10 月，党的十六届三中全会提出以人为本的科学发展观，指出各项改革发展事业要按照五个统筹推进，其中"城乡统筹"居于首位。2007 年，中央决定新农合制度由试点转入全面推进，2008 年新农合在全国农村基本建立，随后，中央和各级政府不断加大财政投入。与此同时，城镇居民基本医疗保险制度改革也得到稳步推进，中共十六届三中全会提出"扩大基本医疗保险覆盖面"大方向。2007 年 7 月国务院印发《关于开展城镇居民基本医疗保险试点的指导意见》，提出争取 2009 年试点城市达到 80% 以上，2010 年在全国全面推开，逐步覆盖全体城镇非从业居民和灵活就业人员。另外，还建立起了医疗救助体系，2005 年 7 月发布的《关于建立城市医疗救助制度试点工作的意见》和 2009 年 6 月下发的《关于进一步完善城乡医疗救助制度的意见》，逐步完善了由城至乡的医疗救助制度。由此，由城镇职工基本医疗保险、城镇居民基本医疗保险、新型农村合作医疗和城乡医疗救助制度共同组成的基本医疗保障制度基本实现城乡全覆盖。

---

①　胡锦涛：《高举中国特色社会主义伟大旗帜 为夺取全面建设小康社会新胜利而奋斗》，《人民日报》2007 年 10 月 25 日第 1 版。

②　李萍萍、郝模等：《新型农村合作医疗制度十年政策历程分析》，《中国卫生资源》2013 年第 2 期。

2016 年 1 月，国务院印发《关于整合城乡居民基本医疗保险制度的意见》，为实现城乡居民公平享有基本医疗保险权益提供了制度性支持。

2002 年以来的城乡基本医疗卫生服务大致上可以分为两个阶段。2012 年以前是新医改的第一阶段，致力于促进基本公共卫生服务逐步均等化、加快推进基本医疗保障制度建设、初步建立国家基本药物制度、健全基层医疗卫生服务体系、推进公立医院改革试点五项重点工作，完成了预定目标，也引起了广泛的国际关注。2012 年国务院相继出台《关于印发"十二五"期间深化医药卫生体制改革规划暨实施方案的通知》《关于印发国家基本公共服务体系"十二五"规划的通知》两份文件，标志着新医改迈入了第二阶段，前者明确将"全民基本医保建设、基本药物制度巩固完善和公立医院改革"作为工作重点，后者主要阐明国家基本公共服务的制度安排，以公益性为旨归的城乡基本医疗卫生服务均等化不断在推进。

（六）城乡人口和计划生育服务均等化的政策演变

人口和计划生育基本公共卫生服务直接为广大群众生殖健康提供保障，对于增进群众健康福祉，增加家庭健康资本存量，防止因病致贫和因病返贫具有十分重要的作用，体现党执政为民的宗旨。人口和计划生育基本公共卫生服务工作涉及面广，惠及亿万群众及家庭。我国人口和计划生育基本公共卫生服务与我国的人口政策息息相关，在不同的人口政策背景下，人口和计划生育基本公共卫生服务的提供方式也有很大的差别。中国人口政策的分期在短短半个多世纪中，经历了从无到有、从局部试行到全面推行、从鼓励生育发展到除特殊困难者外普遍只生一个的计划生育政策，再到"单独二孩"政策、"全面二孩"政策。人口和计划生育基本公共卫生服务也是从无到有、从"城乡二元"到"城乡统筹"的演变。

1. 1949—1978 年城乡人口和计划生育服务主要政策及其内容

这一时期，我国的人口政策可以分为三个阶段：从新中国成立至1957 年——从客观鼓励生育到逐步提倡节制生育；1958 年至 1969 年——计划生育思想复苏，但丧失实施的社会环境。20 世纪 70 年代，计划生育政策开始实行，但是没有严格执行。这一时期的人口和计划生育服务政策体系见表 3—16。

表 3—16　　　　　　　　1949—1978 年城乡人口和计划生育服务

代表性政策及主要内容

时间	代表性政策	主要内容
1970 年	财政部、卫生部《关于避孕药品实行免费供应的通知》	决定从 1970 年起，在全国实行避孕药品免费供应
1972 年	《计划生育宣传手册》	中国第一本《计划生育宣传手册》由人民卫生出版社出版，在全国发行 400 万册
1972 年	《国务院关于粮食问题的报告》	指出在城乡人民中，要大力宣传和提倡计划生育，少数民族地区除外
1973 年	国务院全国计划工作会	在全国计划工作会议上，第一次把人口增长指标纳入国民经济发展计划。国务院批准成立计划生育领导小组及其办公室
1973 年	计划生育工作会汇报会	会议提出了"晚、稀、少"的生育政策
1976 年	全国计划生育汇报会	该会议上批判了"四人帮"对计划生育工作的干扰
1978 年	《中华人民共和国宪法》	第五十三条规定：国家提倡和推行计划生育。第一次把计划生育写进宪法
1978 年	计划生育科研专业组	全国科学大会将计划生育科研规划列入全国科技长远发展规划，成立了计划生育科研专业组
1978 年	《关于计划生育领导小组第一次会议的报告》的通知	有关农村口粮分配、城市住房分配等社会经济政策和其他一些规定，要有利于计划生育工作的开展；对在群众中影响很坏的，要开展批评和自我批评，情节特别恶劣的，要给予纪律处分
1978 年	《关于国务院计划生育领导小组第一次全体会议的报告》	提倡一对夫妇生育子女数最好一个，最多两个；生育间隔三年以上

资料来源：本研究整理所得。

从上述政策体系，我们可以看出，由于特殊的历史原因，这一阶段的人口和计划生育服务没有系统的设计，人口和计划生育服务在城乡之间也就不存在特殊的差异性安排。

2. 1979—2001 年城乡人口和计划生育服务主要政策及其内容

20 世纪 70 年代,我国开始实行实行计划生育政策。1980 年 9 月,国务院宣布调整计划生育政策,除人口稀少的少数民族地区以外,在全国不分城乡地推行独生子女政策,希望在 20 世纪末全国总人口不超过 12 亿。人口发展的转型,对我国的计生服务体系提出了新的需求及目标。这一时期的人口和计划生育服务政策体系见表 3—17。

表 3—17　　　　　　1979—2001 年城乡人口和计划生育服务
代表性政策及主要内容

时间	代表性政策	主要内容
1979 年	无	经中央批准,成立国务院人口小组
1979 年	《政府工作报告》	首次提出,要制定切实可行的办法,奖励只生育一个孩子的夫妇
1979 年	全国计划生育办公室主任会议	会议提出"晚婚、晚育、少生、优生"的要求
1980 年	无	经国务院批准,中国人口情报资料中心在北京成立,中国计划生育协会在京成立
1980 年	《妇幼卫生工作条例》	对农村(包括农、林、牧、副、渔等)、厂矿、企业、事业单位妇女的劳动环境和劳动条件进行卫生学调查,提出劳动保护的建议,并监督实施;做好计划生育技术指导,宣传生殖生理及节育科学知识,贯彻避孕为主的方针;严格执行节育手术常规,确保受术者的安全与健康
1980 年	《关于控制我国人口增长问题致全体共产党员、共青团员的公开信》	为控制人口增长、党和政府决定实施一系列具体政策,在入托、入学、就医、招工、招生、城市住房和农村住宅基地分配等方面,要照顾独生子女及其家庭
1981 年	《第五届全国人民代表大会常委会关于设立国家计划生育委员会的决议》	为了加强对计划生育工作的领导,设立国家计划生育委员会

续表

时间	代表性政策	主要内容
1982 年	《关于进一步做好计划生育工作的指示》	计划生育工作应以思想政治教育和鼓励为主；除继续实施已有的奖励照顾政策外，对农村社员年老丧失劳动能力、独生子女不在身边的，应按照当地的有关规定，与无子女老人一样给予照顾，农村地区应积极举办敬老院等养老事业。对于不按照计划生育的，要给予适当的经济限制。国家干部和职工，城镇居民，计划外生第二胎的，要取消其按合理生育所享受的医药、福利等待遇，还可视情况扣发一定比例的工资，或不得享受困难补助、托幼补助。对农村社员超生的子女不得划给责任田、自留地
1988 年	《女职工劳动保护规定》	女职工在怀孕期间，所在单位不得安排其从事国家规定的第三级体力劳动强度的劳动和孕期禁忌从事的劳动，不得在正常劳动日外延长劳动时间。怀孕 7 个月以上（含 7 个月）的女职工，一般不得安排其从事夜班劳动，在劳动时间内应当安排一定的休息时间。怀孕的女职工，在劳动时间内进行产前检查，应当算作劳动时间。并给予女职工充裕的产假和产前假。女职工在哺乳期内，所在单位不得安排其从事国家规定的第三级体力劳动强度的劳动和孕期禁忌从事的劳动，不得延长其劳动时间，一般不得安排其从事夜班劳动
1991 年	《中华人民共和国国民经济和社会发展十年规划和第八个五年计划纲要》	提出争取今后十年平均年人口自然增长率控制在千分之十二点五以内

续表

时间	代表性政策	主要内容
1991 年	《中共中央、国务院关于加强计划生育工作严格控制人口增长的决定》	提倡晚婚晚育,少生优生;提倡一对夫妇只生育一个孩子。国家干部和职工、城镇居民除有特殊情况经过批准可以生第二个孩子外,一对夫妇只生育一个孩子。农村也要提倡一对夫妇只生育一个孩子,某些群众确有实际困难,经过批准可以间隔几年以后生育第二个孩子
1992 年	《关于加强婚育管理制止早婚早育的意见》	对早婚早育者,按照当地计划生育法规给予处罚;对自愿实行晚婚晚育的青年可视情况给予一定的奖励
1994 年	《母婴保健法》	国家发展母婴保健事业,提供必要条件和物质帮助,使母亲和婴儿获得医疗保健服务
2002 年	《社会抚养费征收管理办法》	不符合计划生育法规定生育的公民,应当根据本办法的规定缴纳社会抚养费。同时也提出了征收社会抚养费的标准
1997 年	《高举邓小平理论伟大旗帜,把建设有中国特色社会主义事业全面推向 21 世纪》	把加强"服务"作为改革的目标
2000 年	《中共中央、国务院关于加强人口与计划生育工作稳定低生育水平的决定》	稳定现行的生育政策。国家鼓励晚婚晚育,提倡一对夫妻生育一个子女,依照法律法规合理安排生育第二个子女。少数民族也要实行计划生育。采取法律、教育、经济、行政等措施综合治理人口问题
2001 年	《人口与计划生育法》	利用超声技术和其他技术手段为他人进行非医学需要的胎儿性别鉴定或者选择性别的人工终止妊娠的,需要承担法律责任
2001 年	《母婴保健法实施办法》	规定严禁采用技术手段对胎儿性别进行性别鉴定
2001 年	全国人大常委会《中华人民共和国人口与计划生育法》	人口与计划生育实施方案应当规定控制人口数量,加强母婴保健,提高人口素质的措施

资料来源:本研究整理所得。

这一阶段，由于"二元经济"结构无法得到合理解决，城乡人口和计划生育服务差距逐渐加大。供给与需求不对称的现象在全国普遍存在。

3. 2002—2015 年城乡人口和计划生育服务主要政策及其内容

这一阶段，由于卫生与计划生育服务体系资源分散、重复建设的问题日益突出，国家开始整合卫生与计划生育服务体系。同时，作为公共管理与公共服务的公益性人口计生事业，其"公益性"不够的问题，引起了诸多社会议论。一些地方在具体工作中，采取了"部门效益"优先做法，损害了社会效率，有损社会公平，也有损公益性产品的本质。近些年来，相关部门在采取措施努力使城乡人口和计划生育服务回归"公益"，同时促进"均等化"。以"流动人口"为重点的人口和计划生育服务均等化提上了日程。这一时期的人口和计划生育服务主要政策及其内容见表3—18。

表3—18　2002—2015 年城乡人口和计划生育服务主要政策及其内容

时间	代表性政策	主要内容
2002 年	《社会抚养费征收管理办法》	不符合计划生育法规定生育的公民，应当根据本办法的规定缴纳社会抚养费；提出了征收社会抚养费的标准
2002 年	《中华人民共和国人口与计划生育法》	对人口与计划生育服务做出全面规定
2002 年	《关于禁止非医学需要的胎儿性别鉴定和选择性别的人工终止妊娠的规定》	禁止非医学需要的胎儿性别鉴定和选择性别的人工终止妊娠
2002 年	《产前诊断技术管理办法》	规定开展产前诊断技术的医疗保健机构不得擅自进行胎儿的性别鉴定
2002 年	党的十六大报告《全面建设小康社会，开创中国特色社会主义事业新局面》	建立适应新形势要求的卫生服务体系和医疗保健体系，着力改善农村医疗卫生状况，提高城乡居民的医疗保健水平
2003 年	《中共中央关于完善社会主义市场经济体制若干问题的决定》	首次提出"五个统筹"，即统筹城乡、区域、经济社会、人与自然和谐、国内发展和对外开放发展，其中统筹城乡发展位居"五统筹"之首

续表

时间	代表性政策	主要内容
2004 年	《关于开展对农村部分计划生育家庭奖励扶助制度试点工作意见的通知》	对农村只生一个子女或两个女孩的计划生育家庭,夫妇年满 60 岁以后,按人年均不低于 600 元的标准发放奖励扶助金,直至亡故为止
2004 年	《基层人口计生专干特困家庭救助专项资金管理办法(暂行)》	建立以基层人口计生专干特困家庭为救助对象的专项资金。该项资金设在中国人口福利基金会,由人口计生系统有关人员组成资金管理委员会作为专责管理机构,资金管理委员会办公室设在中国人口福利基金会
2004 年	《中共中央关于加强关于加强党的执政能力建设的决定》	提出了"两个趋向"重要论断,指出"在工业化初期,农业支持工业,是一个普遍趋向;在工业达到相当程度后,工业反哺农业,城市支持农业,也是一个趋向"。同时指出我国已进入"以工补农、以城带乡的阶段"
2004 年	《关于"关爱女孩行动"试点工作指导意见》	制定落实针对计划生育女孩户的优惠政策;优先救助贫困计划生育女孩户
2005 年	《中共中央关于制定国民经济和社会发展第十一个五年规划的建议》	第一次指出,根据公共服务均等化原则,大力支持贫困地区,稳步加速贫困地区社会经济发展
2006 年	《关于全面加强人口和计划生育工作统筹解决人口问题的决定》	贯彻落实科学发展观,促进我国由人口大国向人力资本强国转变,强调人口和计划生育工作的重点、难点在农村,将农村人口和计划生育工作纳入建设社会主义新农村的总体部署
2007 年	《高举中国特色社会主义伟大旗帜,为夺取全面建设小康社会新胜利而奋斗》	进一步要求全国上下要以改善民生为重点,加快社会建设,努力扩大公共服务,基本公共服务要实现人人均等。努力使全体人民学有所教、劳有所得、病有所医、老有所养、住有所居,推动建设和谐社会,加快推进以改善民生为重点的社会建设
2007 年	《关于开展清理规范更新人口计生宣传标语口号的通知》	进一步规范人口和计划生育标语口号,提高标语口号的宣传质量。人口计生工作由"管理型"向"服务型"转变

续表

时间	代表性政策	主要内容
2007 年	《全国独生子女伤残死亡家庭扶助制度试点方案》	对 1993 年 1 月 1 日以后出生的失独家庭或子女被依法鉴定为残疾的、子女年满 4 岁的对象发放独生子女伤残死亡家庭扶助金
2008 年	《中共中央关于农村改革发展的若干重大问题的决定》	到 2020 年，城乡基本公共服务均等化明显推进，农村文化进一步繁荣，农民基本文化权益得到更好落实，农村人人享有接受良好教育的权利，农村基本生活保障、基本医疗卫生制度更加健全，农村社会管理体系进一步完善
2009 年	《优生优育促进工程实施方案》	全面组织实施"优生促进工程
2009 年	《流动计划生育工作条例》	县级以上地方人民政府领导本行政区域内流动人口计划生育工作，将流动人口计划生育工作纳入本地经济社会发展规划，并提供必要的保障；建立健全流动人口计划生育工作协调机制，组织协调有关部门对流动人口计划生育工作实行综合管理；实行目标管理责任制，对有关部门承担的流动人口计划生育工作进行考核、监督
2009 年	《关于做好新型农村社会养老保险制度与人口和计划生育政策衔接的通知》	明确提出关于农村独生子女和双方父母参加新农保、农村计划生育家庭养老保险融入新农保之中、新农保制度与农村部分计划生育家庭奖励扶助制度的衔接等政策措施要求
2009 年	《中华人民共和国母婴保健法》2009 年修订	法律中明显不适应社会主义市场经济和社会发展要求的规定做出修改
2010 年	《关于创新流动人口服务管理体制推进流动人口计划生育基本公共服务均等化试点工作的指导意见》	在部分城市开展创新流动人口服务管理体制、推进流动人口计划生育基本公共服务均等化试点工作提出指导意见
2011 年	修订的《刑法》第三百六十条第二款	规定非法节育手术罪和终止妊娠手术或者摘取宫内节育器罪，主体限定为"未取得医生职业资格的人"

时间	代表性政策	主要内容
2011 年	《中华人民共和国国民经济和社会发展第十二个五年规划纲要》	以居民需求为导向，整合人口、就业、社保、民政、卫生、文化以及综治、维稳、信访等管理职能和服务资源，加快社区综合管理和服务平台。国家建立人口和计划生育基本服务制度，为城乡居民提供计划生育、优生优育、生殖健康以及人口和计划生育信息等服务。坚持计划生育基本国策，以计划生育服务和计划生育利益导向为重点，完善人口和计划生育服务体系，保障城乡育龄人群身心健康，促进人口长期均衡发展。实施人口和计划生育服务体系建设工程。改造部分市（地）级、县级和乡（镇）中心站基础设施，更新、增配必要的计划生育流动服务车和相关设备，提高信息化水平，使每个县和中心乡镇都有一个符合国家标准的人口和计划生育服务机构。开展人口和计划生育队伍职业化、专业化建设
2012 年	《坚定不移沿着中国特色社会主义道路前进 为全面建成小康社会而奋斗》	在谈到人口计生工作时明确提出"逐步完善政策"的要求，计划生育政策调整的时机已经基本成熟
2013 年	《关于印发中国反对拐卖人口行动计划（2013—2020）》	加强医疗卫生机构管理，严禁为被拐卖儿童出具虚假出生证明，明确医护人员发现疑似拐卖情况及时报告的义务。开展维护妇女权益、促进性别平等的村规民约修订和培训，消除男尊女卑、传宗接代等落后观念，提高女孩受教育水平，确保女性在农村平等享有土地承包、宅基地分配、土地征收补偿分配和集体收益分配的权利
2013 年	《流动人口卫生和计划生育基本公共服务均等化试点工作方案》	根据关于加强流动人口卫生计生工作的总体部署
2013 年	《关于调整完善生育政策的决议》	同意启动实施一方是独生子女的夫妇可生育两个孩子的政策

续表

时间	代表性政策	主要内容
2015 年	《中国共产党第十八届中央委员会第五次全体会议公报》	促进人口均衡发展。坚持计划生育的基本国策，完善人口发展战略。全面实施一对夫妇可生育两个孩子政策。提高生殖健康、妇幼保健、托幼等公共服务水平
2015 年	《中华人民共和国人口与计划生育法》	国家提倡一对夫妻生育两个子女。符合法律、法规规定条件的，可以要求安排再生育子女
2016 年	《关于实施全面两孩政策改革完善计划生育服务管理的决定》	突出了实施全面两孩政策和改革完善计划生育服务管理两大任务。人口和计划生育工作的"三个转变"，即由控制人口数量为主向调控总量、提升素质和优化结构并举转变，由管理为主向更加注重服务家庭转变，由主要依靠政府力量向政府、社会和公民多元共治转变

资料来源：本研究整理所得。

这一时期，在促进城乡人口与计划生育基本公共服务均等化方面主要措施有：一是以省级或区域大中城市为单元，建立定向乡村和社区的人口计生生殖健康服务岗位能力培训基地。二是建立城乡统一的提供优质人口公共服务的绩效考核与激励机制。三是严格加强基层政府依法履行人口公共管理与公共服务。四是根据城镇化的进程，在城市合理增加生殖健康服务中心。其中，强调流动人口计划生育基本公共服务均等化是政策中心之一。

（七）城乡基本住房保障服务均等化的政策演变

住房保障政策是为社会中低收入人群和住房困难人群提供住房，以满足社会成员基本居住条件的社会福利政策。完善的住房保障政策有利于促进社会公平，构建和谐社会。对新中国成立以来住房保障政策的文本进行了分析，依据公平和效率的关系，基本可以将我国住房保障政策的模式划分为三个阶段：绝对公平主导的社会民主福利模式、以效率为主导的合作主义福利模式、以公平为主导的合作主义福利模式。按照社会福利政策缝隙框架模型，每个阶段政策模式可以从政策分配基础、政策分配类型、政策分配渠道、政策资金来源这四个维度视角审视。

1.1949—1978 年城乡基本住房保障服务主要政策及其内容

新中国成立后,我国以生产资料公有制为核心的计划经济体制,相应的在住房领域中实行福利分配机制。基于此背景,当时国家的各项政策只能是为社会主义公有制服务,房屋被纳入公有财产的范畴,由国家统一筹建与分配。[①] 因此,在这一阶段,我国的住房保障政策是以绝对公平为目标,居民的住房基本全部依靠国家提供,政策模式选择了以绝对公平为主导的社会民主福利模式。这一阶段,基本社会服务政策的制度框架见表3—19。

表3—19   1949—1978 年住房保障代表性政策及主要内容

时间	代表性政策	主要内容
1949 年	《公房公产统一管理的决定》	明确了房屋公有的性质,规定所有房屋有国家进行统一管理
1950 年	《中华人民共和国土地改革法》	开始了土地改革运动,国家和政府接收了大批旧政府房产和列强在国内的房产,并对资本家的私房进行了改造,确立了我国公有住房的模式
1951 年	《关于进一步整理城市地方财政的决定》	规定要在原则上收取公房房租,以通过房租来建设新的房屋,尽快解决国内出现的房荒问题
1958 年	《关于目前城市私有房产基本情况及进行社会主义改造的意见》	专门规定对老、弱、病、残以及其他无劳动力的房主可暂缓改造;对房主欠公家债务,确实无力偿还的,实行债务减免

资料来源:本研究整理所得。

第一,政策分配基础。新中国成立后,基于计划经济体制的背景,我国出台了《公房公产统一管理决定》,推行实物分配的福利性住房制度。这一阶段的住房保障是面向全国人民的,其政策分配的基础具有绝对普遍性的特征。

———————

① 艾其茂:《新中国六十年城镇居民住房保障制度变迁的历史考察》,《社会工作》2013 年第6 期。

第二，政策分配类型。在这一阶段，我国明确提出了住房实物分配制度，全体人民的住房均由政府和企业建设，并直接提以实物福利的形式供给。因此，新中国成立后，住房保障政策的分配类型只有一种——实物分配。所以，这一阶段住房保障政策的分配类型呈现绝对单一性的特征。

第三，政策分配渠道。在计划经济时期，我国的住房是由国家统一供给的，其供给的渠道呈现自上而下分配的特点，即国家—单位—个人。通过这种单一的、自上而下的渠道，国家将房屋分配到人民的手上。

第四，政策资金来源。长期的计划经济体制导致了我国市场活力较低，公共政策的资金来源基本主要依靠国家的投资，住房保障政策也不例外。不过，在1951年出台的《关于进一步整理城市地方财政的决定》中，提出要通过收取公房房租来建设住房，这在很长一段时间也为我国住房福利政策的资金提供了来源。

2. 1979—2006 年城乡基本住房保障服务主要政策及其内容

1978 年党的十一届三中全会召开之后，形成了以经济建设为中心，全面实行改革开放的总体方针。伴随着经济体制的转变，房地产市场的逐步建立，商品化住房开始逐渐成为住房供应的主体。这个时期，住房改革的主要目的就是解决当时的住房问题，政府的住房保障融入对低收入群体住房的重视和照顾的房改措施中。[1] 政策的重心主要放在了住房的市场化过程中。住房保障政策模式选择了以效率为主导的合作主义福利模式。这一阶段，基本社会服务政策的制度框架见表 3—20。

表 3—20　　　　　　　1979—2006 年住房保障代表性政策及内容

时间	代表性政策	主要内容
1978 年	中央召开城市住宅建设会议	提出了解决住房问题路子要宽一些
1980 年	《关于建筑业和住宅问题的谈话》	邓小平谈话指出城镇居民可以自主购房、盖房，新房、旧房可以出售。基本明确了国家住房政策要走上商品化、市场化的道路

---

[1]　朱亚鹏：《中国住房保障政策：回顾与前瞻》，《中国社会保障制度建设 30 年：回顾与前瞻学术研讨会文集》，2008 年。

续表

时间	代表性政策	主要内容
1980 年	《全国基本建设工作会议报告提纲》	准许私人建房、买房,并确立了私人住房的拥有权
1991 年	《关于全面推进城镇住房制度改革的意见》	要求"从改革公房低租金制度着手,将现行公房的实物福利分配制度逐步转变为货币工资分配制度。"
1993 年	《中共中央关于建立社会主义市场经济体制若干问题的决定》	明确了我国住房政策调整的方向,即要充分发挥市场机制在住房资源配置中的基础性作用,由住房的供求关系决定住房资源配置的基本方向
1994 年	《关于深化城镇住房制度改革的决定》	强调"建立以中低收入家庭为对象、具有社会保障性质的经济适用住房供应体系和以高收入家庭为对象的商品房供应体系"。我国住房保障工程正式开始
1998 年	《国务院关于进一步深化城镇住房制度改革加快住房建设的通知》	进一步明确了"建立和完善以经济适用住房为主的住房供应体系"。提出"对不同收入家庭实行不同的住房供应政策"。这项政策被视为福利住房制度完全废除的标志性文件
2003 年	《关于促进房地产市场持续健康发展的通知》	提出"各地根据城镇住房制度改革进程、居民住房状况和收入水平的变化,完善住房供应政策,调整住房供应结构,逐步实现多数家庭购买或者承租普通商品住房"
2006 年	《关于调整住房供应结构稳定住房价格的意见》即"国六条"	规定:凡新审批、新开工的商品住房,套型90平方米以下住房(含经济适用住房)面积所占比重,必须达到开发建设总面积的70%以上;二手房转手征营业税时间延长到5年;个人住房贷款首付提至30%
2006 年	《国务院关于解决农民工问题的若干意见》	国家层面首次将农民工住房保障问题提上议事日程

资料来源:本研究整理所得。

第一，政策分配基础。这个阶段的政策分配基础其实是一个变化的动态过程，在改革开放之初，我国逐渐开始尝试住房商品化的道路，住房保障政策的享受人群范围在逐步地缩小，国家开始倡导市场供给的方式来达到住房的分配，因此，我国的住房保障政策从以前的面向全民供给逐步演变到面向城镇居民中的中低收入人群。特别是在 1998 年出台了《国务院关于进一步深化城镇住房制度改革加快住房建设的通知》，彻底废除了新中国成立初期制定的福利住房保障政策。住房保障政策中享受福利的人群逐步减少直接反映出来我国的住房保障政策开始偏向于效率主导。但是需要注意，我国在 2006 年前后开始关注到农民工的住房保障问题，这是一个政策分配基础扩大化的趋势，反映出了国家已经发现效率主导型住房保障政策模式所带来的问题，并开始探索其解决的途径了。

第二，政策分配类型。随着住房政策的商品化，我国住房实物分配体制逐步解体，市场为绝大多数人提供了符合自己经济水平的住房，但是随着房地产市场的高速发展，工资房价比拉大，很多城镇居民无法在市场上购买到住房。基于此背景，国家从 1994 年开始逐步建立起一套针对城镇中低收入人群的住房保障体系，而这种差异化的住房供给也使得我国住房保障政策的分配类型从单一化逐步向多样化转变。1994 年到 2006 年，国家先后出台了《建立住房公积金制度的暂行规定》《城镇经济适用住房建设管理办法》《城镇廉租住房管理办法》等一系列住房保障政策，基本形成了以"经济适用房、年租房和住房公积金"为核心的住房保障体系，逐步建立起了以实物分配和货币补贴为基础的多元政策分配类型。分配政策的多元化发展从侧面反映出了我国在住房政策上更加重视效率：国家需要多样化住房福利分配类型来解决效率主导下的不公。

第三，政策分配渠道。随着市场经济的高速发展，住房市场不断升温，企业在住房保障政策的福利分配中扮演了愈加重要的角色。在这一阶段，我国住房保障政策的分配渠道由原来的"国家—单位—家庭"逐步转变为"政府—企业—家庭"。针对这一阶段选择性的住房保障福利分配特征，"政府—企业—家庭"的分配渠道更加具有多领域、多层次的优势，可以在针对具体的人群进行住房保障的福利供给。但是，由于保障性住房的建设和供给具有较强的福利性，导致了其利润较低，很多企业不愿意进入到这一领域，针对这一问题，很多地方政府采取了捆绑式的项目审批方式,将保障性住房的项目与商品化住房的建造权放在一起,以此来推动保障性住房的建设。住房保障政策中的福利供给渠道完全依赖于商品化住房的建设,效率主导的模式特征显露无遗。

第四,政策资金来源。这一阶段,我国住房保障政策的资金来源仍然主要依靠政府的财政投资,但是已经开始出现其他资金渠道。伴随房地产市场的发展,一些企业、社会组织也开始为住房保障政策注入资金,同时地方政府通过土地买卖所得到的收入也有一部分用到了住房保障政策中去,但是企业的资金注入还是为了能够拿到更多商品化住房的建造权,并没有针对住房保障政策本身进行投资,而地方政府的土地买卖收入所得也缺乏完善的监督,导致对住房政策的资金支持不力。不过,在效率为主导的福利供给模式下,企业和地方政策的土地买卖收入还是为住房保障政策的资金来源提供了一定的帮助。

3. 2007—2016 年城乡基本住房保障服务主要政策及其内容

随着市场经济高速发展,在改革开放后的近三十年时间里,以效率为主导的住房保障政策开始出现了大量的问题:城镇工资住房比急剧拉大、城镇居民住房困难群体不断扩大、城镇农民工住房问题、城乡住房质量差异化,等等。从 2007 年起,政府开始重视这些遗留问题,政策的价值取向开始由效率主导逐步转向公平主导。这一阶段,住房保障政策模式逐步走上了以公平为主导的合作主义福利模式。这一阶段,基本社会服务政策的制度框架见表3—21。

表3—21　　　　　2007—2016 年住房保障代表性政策及内容

时间	代表性政策	主要内容
2007 年	《国务院关于解决城市低收入家庭住房困难的若干意见》	要求各级政府把解决城市低收入家庭住房困难作为维护群众利益的重要工作,作为住房制度改革的重要内容
2007 年	《中华人民共和国城乡规划法》	加强城乡规划管理,协调城乡空间布局,改善人居环境,促进城乡经济社会全面协调可持续发展
2008 年	十一届全国人大一次会议上作的《政府工作报告》	指出要更加注重社会建设,着力保障和改善民生,抓紧建立住房保障体系

续表

时间	代表性政策	主要内容
2008 年	《中共中央关于推进农村改革发展若干重大问题的决定》	提出"依法保障农户宅基地用益物权"
2010 年	《国务院办公厅关于促进房地产市场平稳健康发展的通知》	明确提出要加大保障性住房建设力度，加快推进保障性安居工程建设
2010 年	《关于 2010 年深化经济体制改革重点工作的意见》	深化土地管理，户籍制度改革，建立城乡统一的建设用地市场和人力资源市场
2010 年	《关于进一步完善农村宅基地管理制度切实维护农民权益》	标志着农村住房制度创新的开始
2012 年	《国家基本公共服务体系"十二五"规划》	该《规划》把住房保障均等化与其他各项基本公共服务一同进行了讨论
2015 年	《国务院关于进一步做好城镇棚户区和城乡危房改造及配套基础设施建设有关工作的意见》	将"统筹保障性安居工程建设"作为住房政策的核心内容之一
2015 年	《关于加大改革创新力度加快农业现代化建设的若干意见》（一号文件）	探索农民工享受城镇保障性住房的具体办法。加快户籍制度改革，建立居住证制度，分类推进农业转移人口在城镇落户并享有与当地居民同等待遇

资料来源：本研究整理所得。

第一，政策分配基础。政府从 2007 年开始，着手解决住房市场高速发展所带来的问题，开始加大力度解决住房保障问题。政策分配基础也从改革开放后的一个缩小化的过程转变为扩大化的趋势。在这一阶段，住房保障政策的福利享受人群逐步由城镇的中低收入人群扩大至城乡住房困难人群。2009 年，《政府工作报告》又提出把农民工住房保障纳入民生问题考虑，这样大胆的创新尝试也加快了对城镇住房的整改，我国目前运行的城镇农民工住房保障供给模式也开始多元化发展。[①] 2015 年，《关于加大改革创新力度加快农业现代化建设的若干意见》明确指出要开始探索农民工享受城镇保障性住房的具体办法。在农村层面，国家于

① 严浩铭：《公共服务均等化视角下农民工住房保障供给模式研究》，《智富时代》2015 年第 3 期。

2010 年出台《关于进一步完善农村宅基地管理制度切实维护农民权益》，开始探索农村的住房制度创新。成都于 2011 年开始在全国首先建立起包括农村范围内的住房保障体系。在 2015 年国土部和住建部联合发文，表示要将"统筹保障性安居工程建设"作为住房政策的核心内容之一。总之，我国住房保障政策的分配基础开始逐渐考虑到城乡两个方面，也标志着住房政策的模式开始更加重视公平的问题。

第二，政策分配类型。这一阶段的政策分配类型仍然是以货币和物品为基础的多元分配类型，但是和以前不同的是，在抽象层面上，政策的分配类型则更加的多样化。例如在保障性住房的服务层面，很多的年租房、经济适用房都配备了幼儿园、老年活动中心等，这些服务都是一种间接的政策分配类型。这种抽象层面的分配类型是对政策提供福利的质量的一种提升，也表明了政府在这个阶段开始真正重视起住房保障工程，逐渐从效率主导模式转变为以公平为核心的住房保障政策模式。

第三，政策分配渠道。住房保障政策的分配基础逐步扩大，其政策的分配渠道也慢慢趋于更多层次、多领域。根据其特征基本可以将其总结为"政府—企业—社区—家庭"的分配渠道，在这个福利分配方式中，政府仍然占据主导地位，而企业则承担着建设的工作，与以前不同的是，社区这一福利输送渠道的融入。社区层面的福利输送属于准入架构的一部分，主要体现在证明、入户调查和公示。如需要街道开具书面申请的属实证明；对申请家庭进行入户调查，确认收入水平和居住条件；在所居住的社区进行公示。①

第四，政策资金来源。住房保障政策的资金来源一直主要依靠政府的财政投资，虽然企业的介入和地方政府的土地买卖收入为财政投资分担了压力，但是对于庞大的保障性住房工程仍然是杯水车薪。不过，在这一阶段，政府积极鼓励企业建设保障性住房，通过贷款政策、财政补助等方式，使得企业在住房保障建设中承担了更多的社会责任。

---

① 孙晓煜：《我国城镇廉租住房制度分析——基于 Gilbert 的福利分析框架》，《智富时代》2015 年第 8 期。

（八）城乡公共文化服务均等化的政策演变

公共文化服务是公共服务体系的重要组成部分之一。从均等化的角度来看，公共文化服务体系不健全、发展不均衡、结构不协调的问题比较突出。在不同的时期，城乡基本文化服务不均等的问题又体现出不同的程度。

1. 1949—1978 年城乡公共文化服务主要政策及其内容

我国的文化管理体制改革是与文化体制改革相伴相随的。实际上，1978 年之前，我国对文化实行的管理模式是一种由政府全面调控的文化管理模式，主要是在计划经济体制下的国有和国办文化。这一阶段，城乡公共文化服务的制度框架见表 3—22。

表 3—22　　　1949—1978 年城乡公共文化服务主要政策及其内容

时间	代表性政策	主要内容
1949 年	《中国人民政治协商会议共同纲领》	中华人民共和国的文化教育为新民主主义的，即民族的、科学的、大众的文化教育。人民政府的文化教育工作，应以提高人民文化水平、培养国家建设人才、肃清封建的、买办的、法西斯主义的思想、发展为人民服务的思想为主要任务；提倡文学艺术为人民服务，启发人民的政治觉悟，鼓励人民的劳动热情；奖励优秀的文学艺术作品。发展人民的戏剧电影事业
1954 年	《中华人民共和国宪法》	地方各级人民代表大会在本行政区域内，保证法律、法令的遵守和执行，规划地方的经济建设、文化建议和公共事业
1975 年	《中华人民共和国宪法》	无产阶级必须在上层建筑其中包括各个文化领域对资产阶级实行全面的专政；文化教育、文学艺术、体育卫生、科学研究都必须为无产阶级政治服务，为工农兵服务，与生产劳动相结合
1956 年	《在中国共产党第八次全国代表大会上的政治报告》	党中央提出了"百花齐放，百家争鸣"的方针

续表

时间	代表性政策	主要内容
1969 年	党的九大报告	在上层建筑包括各个文化领域实行全面的无产阶级专政,必须全心全意地依靠工人阶级,把文化教育阵地牢固地占领下来
1973 年	党的十大报告	要继续搞好文艺革命、教育卫生革命,做好上山下乡知识青年的工作,办好五七干校,支持社会主义的新生事物
1977 年	党的十一大报告	必须继续进行上层建筑领域的革命,巩固和加强无产阶级在上层建筑其中包括在各个文化领域的专政,以适应社会主义经济基础
1955 年	《中华人民共和国发展国民经济的第一个五年计划》	开展文化艺术领域中反对资产阶级思想的斗争,深入现实生活,遵循社会主义的现实主义的道路,创作具有正确的思想内容和一定的艺术水平的作品
1956 年	《关于发展国民经济的第二个五年计划的建议的报告》	开展群众的文化教育工作,必须充分地依靠群众的力量,采取群众路线的工作方法
1965 年	《关于第三个五年计划安排情况的汇报提纲》	文化方面投资一亿五千万元。此外地方投资九千万元
1954 年	《政府工作报告》	为了使文化艺术活动能够适应人民群众的广泛需要,政府必须大大加强对文化事业的领导
1955 年	《关于发展国民经济的第一个五年计划的报告》	出版、广播、文学艺术、电影、社会文化等方面,有不同程度的比较快的发展;政府加强了文化工作的相关措施,人民文化生活随之活跃起来
1956 年	《关于1955 年国家决算和1956 年国家预算的报告》	根据1955 年第一届全国人民代表大会第二次会议关于降低文化娱乐税税率的提案,国家已经在本年修订公布了文化娱乐税条例
1957 年	《政府工作报告》	在"百花齐放、推陈出新"的方针下更加充分地发挥文化艺术工作者和广大人民群众的创造性和积极性;国家只能集中地举办少数的示范性的文艺和体育事业,并且引导他们走向自给

续表

时间	代表性政策	主要内容
1958 年	《关于一九五八年度国民经济计划（草案）的报告》	在文化教育方面，必须继续加强政治思想领导，适应社会主义建设的高潮，进一步地提高各项文化教育工作的质量；在国家的辅导下，积极开展群众性的文化活动
1959 年	《政府工作报告》	经过整风运动和反右派斗争以后，在文化教育事业的各个部门、各个单位中间，确立和加强了无产阶级的领导地位，使文化教育的高涨获得了政治的保证；文教工作者提高了自己的社会主义积极性，加强了同工农群众和生产劳动的联系，在文化的普及和文化的提高方面积极地发挥了作用
1960 年	《关于一九六〇年度国民经济计划（草案）的报告》	在文化事业方面，实行"全面规划，积极发展，重点建设，提高质量"的方针，以保证文化事业更好地配合和促进工农业生产的"大跃进"，为技术革命和文化革命服务，掀起建设社会主义文化的高潮
1964 年	《政府工作报告》	在社会主义时期，思想文化战线上还有反帝反封建的任务，但是最主要的任务是彻底反对资本主义，兴无产阶级思想，灭资产阶级思想；社会主义的文化要为无产阶级政治服务，为工农兵服务，为社会主义经济基础服务
1975 年	《政府工作报告》	通过批林批孔，进一步推动文艺革命；坚持党的基本路线和政策，巩固和发展无产阶级"文化大革命"的胜利成果
1951 年	《关于开展春节群众宣传工作和文艺工作的指示》	号召文艺团体开展宣传文艺活动，丰富群众春节期间的文化生活
1952 年	《关于一九五二年春节群众文艺工作的指示》	首次明确了文化馆的性质和工作任务，指出国家文化馆、站应集行政管理、业务开展于一身，以识字教育、政治宣传、文艺活动及普及科学知识为主要职能

续表

时间	代表性政策	主要内容
1953 年	《整顿和加强文化馆、站工作的指示》	明确了文化馆、站的性质、方针和任务,规范了管理工作。
1956 年	《关于群众艺术馆的任务和工作的通知》	在各省市、自治区、直辖市普遍建立群众艺术馆。

资料来源:本研究整理所得。

在这一阶段,政府管理文化单位,对他们给予财政和管理的支持。文化活动都是由政府进行组织的,同时,任何一项文化活动的开展都需要政府相关部门进行规划和审批。在我国当时的社会主义经济体制下,我国的文化事业管理也形成了高度集权的中央管理模式。但是,随着这样的高度集权的中央管理模式不断的推进,其存在的问题也随着经济体制改革的进行而不断暴露。这些问题主要包括文化机构的重复设置带来的资源浪费、分配制度造成的平均主义以及人力资源管理方面的问题。

2. 1979—2001 年城乡公共文化服务主要政策及其内容

改革开放之后,伴随着中国的经济发展步入市场的轨道,我国的计划经济体制的弊端已经逐渐暴露,这直接促使了我国在 1984 年开始了文化体制改革。在历经了 20 余年的改革后,我国的文化体制较之前有了明显的变化,形成由计划经济向市场经济过渡时期的管理模式。这一阶段,城乡公共文化服务的制度框架见表 3—23。

表 3—23   1979—2001 年城乡公共文化服务主要政策及其内容

时间	代表性政策	主要内容
1978 年	《中华人民共和国宪法》	逐步改善人民的物质生活和文化生活;国家坚持马克思主义、列宁主义、毛泽东思想在各个思想文化领域的领导地位;各项文化事业都必须为工农兵服务,为社会主义服务;国家实行"百花齐放、百家争鸣"的方针,以促进艺术发展和科学进步,促进社会主义文化繁荣

续表

时间	代表性政策	主要内容
1978 年	《政府工作报告》	坚持以伟大的阶级斗争为纲，把社会主义文化建设推向新的高潮；认真落实毛主席关于调整党内文艺政策的指示，整顿文艺工作，扩大文艺节目，丰富文化生活，坚持文艺为工农兵服务的方向，积极发展文化馆站、电影放映队，开展多种形式的群众业余文艺活动
1979 年	《政府工作报告》	新闻、广播、电视、出版、图书馆、博物馆、文艺、卫生、体育等各项事业，都要适应形势的需要和根据国家财力物力的可能，统筹安排，有一个新的发展
1980 年	《关于 1980、1981 年国民经济计划安排的报告》	在基本建设投资总额中，提高了科学文教等方面的投资比重；文化、艺术、广播、电视、新闻、出版等各项事业都取得了新的成绩
1980 年	《认真学习贯彻第四次全国文代会精神的通知》	在文化艺术事业中，文艺出版社、电影制片厂和演出单位等，带有企业的性质。这些单位不但要按照艺术规律为繁荣文艺做出贡献，而且要按照经济规律办事，尽量减少国家的负担，增加国家的收入。出版、电影、戏剧体制，应切实加以改革。各艺术单位都应根据精简节约、提高效率和质量的原则，力求减少不适合需要的非业务人员
1981 年	《当前的经济形势和今后经济建设的方针》	文化事业的费用支出增长，有计划有步骤地发展农村文化教育，规划发展城乡人民迫切需要的文化保健用品等产业，确保教育、文化等事业的发展规模和发展水平，加强社会主义精神文明建设
1982 年	《关于第六个五年计划的报告》	文学艺术、电影、电视、广播、新闻、出版、图书馆、博物馆、文化馆等各项文化事业都有相应的发展；基本上做到市市有博物馆，县县有图书馆和文化馆，乡乡有文化站；切实改善少数民族地区和边疆地区的文化设施

续表

时间	代表性政策	主要内容
1982 年	《中华人民共和国宪法》	逐步改善人民的物质生活和文化生活，国家对于从事教育、科学、技术、文学、艺术和其他文化事业的公民的有益于人民的创造性工作，给以鼓励和帮助
1982 年	党的十二大报告《全面开创社会主义现代化建设的新局面》	文化建设指的是教育、科学、文学艺术、新闻出版、广播电视、卫生体育、图书馆、博物馆等各项文化事业的发展和人民群众知识水平的提高，它既是建设物质文明的重要条件，也是提高人民群众思想觉悟和道德水平的重要条件。文化建设也应当包括健康、愉快、生动活泼、丰富多彩的群众性娱乐活动，使人民在紧张劳动后的休息中，得到有高尚趣味的精神上的享受；一切文化建设当然也要在共产主义思想指导之下发展
1982 年	《中华人民共和国国民经济和社会发展第六个五年计划》	广播电视事业要有适当的发展，不断提高服务质量，努力完善服务手段，重点是加强节目传送特别是电视节目传送手段，扩大覆盖面；充实、提高现有博物馆；目前尚无博物馆的市，要逐步建立博物馆；加强公共图书馆的建设；认真抓好北京图书馆建设工程；目前尚无公共图书馆的省、市、县，要逐步地建立起来；在大中城市要建立儿童图书馆；积极开展群众文化活动，加强群众性文化设施的建设
1982 年	《文化部关于省（自治区、市）图书馆工作条例》	省馆应坚持为人民服务、为社会主义服务的方向，贯彻百花齐放、百家争鸣，利用书刊资料，为社会主义的物质文明和精神文明建设服务；规范图书馆的六大主要任务

续表

时间	代表性政策	主要内容
1983 年	《政府工作报告》	要大力加强广播电视电影、出版印刷发行、图书馆、科技馆、博物馆、档案馆、文化馆、青少年宫、体育场所等的建设，以满足广大群众特别是青少年学习和娱乐的需要
1984 年	《政府工作报告》	文学艺术、新闻出版、广播电视、社会科学研究等部门，为加强社会主义精神文明建设，丰富人民的文化生活，做了大量工作
1985 年	《政府工作报告》	文教卫生等方面的建设投资，比上年有所增加
1986 年	《关于第七个五年计划的报告》	文学艺术、新闻出版、广播电影电视等各项文化事业有了新发展；文化工作要坚持把社会效益放在首位，联系群众，深入生活，勇于开拓创新
1986 年	《中华人民共和国国民经济和社会发展第七个五年计划》	各项文化事业的发展，必须坚持为人民服务、为社会主义服务的方向，正确处理经济效益和社会效益的关系，把社会效益放在首位
1987 年	党的十三大报告《沿着有中国特色的社会主义道路前进》	建立和发展充满活力的社会主义文化体制；按照"有理想、有道德、有文化、有纪律"的要求，提高整个民族的思想道德素质和科学文化素质
1987 年	《政府工作报告》	各级政府都要重视图书馆、文化馆、文化站、博物馆、展览馆、影院剧场等群众性文化事业的建设，把它们纳入经济和社会发展的总体规划，并有计划、有步骤地加以实施
1987 年	《文化事业单位开展有偿服务和经营活动的暂行办法》	正确处理好社会效益与经济效益的关系，把社会效益放在首位；加强管理有偿服务和经营活动的规范管理
1988 年	《政府工作报告》	各种文化事业应当积极改善经营管理，提高经济效益，但是一定要使经济效益和社会效益统一起来，坚持把社会效益放在首位

时间	代表性政策	主要内容
1988 年	《关于加强文化市场管理工作的通知》	要求繁荣城乡文化市场，加强文化市场监管，构建统一开放竞争有序的现代文化市场体系，推进文化市场综合执法改革，努力做到依法管理、科学管理、有效管理
1989 年	《政府工作报告》	制定和实施文化方面的经济政策，加强文化市场的整顿、管理和建设，保证和促进文化艺术的健康发展
1990 年	《政府工作报告》	丰富和活跃人民群众的思想文化生活，不断满足社会多方面、多层次、多样化的需求，为稳定大局创造良好的舆论和文化环境
1991 年	《关于国民经济和社会发展十年规划和第八个五年计划纲要的报告》	加强思想政治工作，促进城乡社会主义精神文明建设；要坚持"百花齐放，百家争鸣"的方针，在发展科技教育的同时，加强社会科学研究，进一步繁荣新闻出版、广播影视、文学艺术等各项文化事业
1992 年	党的十四大报告《加快改革开放和现代化建设步伐，夺取有中国特色社会主义事业的更大胜利》	坚持"为人民服务、为社会主义服务"的方向和"百花齐放、百家争鸣"的方针；积极推进文化体制改革，完善文化事业的有关经济政策，繁荣社会主义文化；要重视社会效益，鼓励创作内容健康向上特别是讴歌改革开放和现代化建设的具有艺术魅力的精神产品；加强新闻、出版、广播、电视和文学艺术等方面的工作
1992 年	《群众艺术馆文化馆管理办法》	增加两馆为社会主义两个文明建设服务的活力
1994 年	《关于继续对宣传文化单位实行财税优惠政策的规定》	对宣传文化单位实行财税优惠政策

续表

时间	代表性政策	主要内容
1997 年	党的十五大报告《高举邓小平理论伟大旗帜，把建设有中国特色社会主义事业全面推向二十一世纪》	就是以马克思主义为指导，以培育有理想、有道德、有文化、有纪律的公民为目标，发展面向现代化、面向世界、面向未来的，民族的科学的大众的社会主义文化；这就要坚持用邓小平理论武装全党，教育人民；努力提高全民族的思想道德素质和教育科学文化水平；坚持为人民服务、为社会主义服务的方向和百花齐放、百家争鸣的方针，重在建设，繁荣学术和文艺
2001 年	《中华人民共和国国民经济和社会发展第十个五年计划》	建立科学合理、灵活高效的管理体制和文化产品生产经营机制；继续实行支持文化事业发展的有关政策，增加对重要新闻媒体和公益文化事业的投入
1992 年	《政府工作报告》	进一步加强文化市场管理和文化设施建设，积极促进各项文化事业的繁荣兴旺；新闻出版、广播影视要努力反映社会主义现代化建设的新成就新面貌，发挥团结、鼓舞和教育人民的作用
1993 年	《政府工作报告》	深化文化管理体制改革，鼓励社会办文化，培育和发展健康的文化市场；对需要扶持的文化艺术门类，国家要给予必要资助。制定文化发展政策，既要适应市场经济发展的要求，又要根据精神产品的特点注重社会效益，正确处理经济效益和社会效益的关系
1994 年	《政府工作报告》	完善文化经济政策，正确处理精神产品社会效益与经济效益的关系，把社会效益放在首位
1995 年	《政府工作报告》	加强社区文化、企业文化特别是农村文化建设，开展丰富多彩的群众性文化活动

时间	代表性政策	主要内容
1996 年	《关于国民经济和社会发展"九五"计划和 2010 年远景目标纲要的报告》	要坚持"为人民服务、为社会主义服务"的方向，坚持"百花齐放，百家争鸣"的方针，弘扬主旋律，提倡多样化，促进文化事业全面发展；新闻宣传要坚持正确的舆论导向；要完善文化经济政策，加强文化市场管理。搞好图书馆、文化馆、档案馆、科技馆和博物馆等文化设施建设
1996 年	《中华人民共和国国民经济和社会发展"九五"计划和二〇一〇远景目标纲要》	坚持把社会效益放在首位、社会效益和经济效益相统一的原则，促进文化事业与经济发展相协调
1997 年	《政府工作报告》	在文化工作方面，要积极发展文学艺术、广播影视、新闻出版和哲学社会科学研究等各项事业；加强基层文化建设，发展健康文明向上的村镇文化等，丰富城乡群众的文化生活；重视文化馆、图书馆、博物馆、科技馆、档案馆等公共文化设施的建设
1998 年	《政府工作报告》	加强文化基础设施建设，进一步解决边远和民族地区看电视、听广播的问题；改革文化管理体制，加强文化市场管理
1998 年	《文化部关于进一步加强农村文化建设的意见》	提高认识，明确指导思想，努力实现农村文化建设的目标；加强文化设施建设，巩固农村文化阵地；积极开展文化活动，丰富农民文化生活；繁荣农村文艺创作，为农民提供优秀的文艺作品；搞好重点文化建设活动，推动农村文化事业发展；稳定和提高农村文化队伍；深化文化体制改革，增强农村文化事业活力
1999 年	《关于加强老年文化工作的意见》	加快老年文化场所、设施的开辟与建设步伐。要进一步建立健全群众文化三级网络，充分发挥文化馆、图书馆、博物馆等现有的公益性群众文化单位在老年文化活动中的主导作用

续表

时间	代表性政策	主要内容
1999 年	《政府工作报告》	坚持"二为"方向，贯彻"双百"方针，促进社会主义文化建设；要坚持正确的舆论导向，加强舆论监督；深化文化管理体制改革。整顿和规范文化市场
2000 年	《政府工作报告》	深入扎实地开展群众性精神文明创建活动；繁荣文学艺术、新闻出版、广播影视等事业，坚持正确的舆论导向，多出思想性和艺术性相统一的优秀精神产品；加强文化设施建设；加强文化市场管理；开展丰富多彩的群众性文化活动
2000 年	《关于实施西部大开发战略 加强西部文化建设的意见》	加快西部地区文化设施建设，巩固社会主义文化阵地；推进西部地区公共图书馆网络体系和数字图书馆建设，实现文献信息资源共建共享
2001 年	《政府工作报告》	鼓励多渠道融资，促进文化、卫生、广播影视、新闻出版等各项事业发展。进一步提高广播电视覆盖率；加强文化设施的建设
2001 年	《关于贯彻落实"三个代表"重要思想，进一步加强农村文化工作的通知》	积极参加"三个代表"重要思想学习教育活动，宣传落实"三个代表"重要思想，抓住机遇，促进农村文化建设；加强文化设施建设，为广大农民提供基本的文化活动场所；加强农村文化设施管理，充分发挥文化设施的功能作用；丰富文化活动内容，增强农村文化工作的影响力和渗透力；加强领导，狠抓落实，努力开创农村文化工作新局面
2001 年	《关于"十五"期间加强基层公共文化设施建设的通知》	公共文化设施的建设要提高认识，明确目标；合理规划，增加投入；加强领导和强化管理
2001 年	《文化部关于"十五"期间文化建设的若干意见》	必须大力加强文化建设，以满足人民群众日益增长的多方面的文化需求，全面提高国民素质，培养有理想、有道德、有文化、有纪律的公民为目标，全面推进文化事业的发展

资料来源：本研究整理所得。

　　这一阶段，公共文化服务制度改革开始提出并初步实践。1978 年中国共产党召开十一届三中全会后，文化体制改革逐渐被关注，这是建立在我党工作中心转移的形式下和拨乱反正成功的基础上的。我国的文化体制改革主要是为了使文化体制更加适合我国新的发展力水平，实现以"阶级斗争为纲"的文化范式向以"经济建设为中心"新范式的转向。这一阶段，我国在文化体制改革方面的理论也有所突破，在文化的产业属性和意识形态属性方面研究都有较大进展。在改革中，为了做到实事求是，我们更应该对不同地区进行分情况指导，才能实事求是地指导我国文化事业的发展。在这个阶段，文化产业的概念被提出，文化产业政策也被制定出来。邓小平同志在 1992 年视察南方后发表了重要的讲话，此后我国逐步加快了改革，扩大了开放，这为发展我国社会主义经济的基础上的文化发展做了充分的准备。

　　为了解决高度集权的中央管理模式下所造成的问题，在模仿我国经济体制改革的经验的基础上，文化体制改革是主要通过承包责任制来推动的。20 世纪 80 年代左右，为了弥补国家对文化方面的经费补助的不足，我国某些地区的基层文化馆（站）通过自主筹集资金的方法开展文化设施的建设，通过有偿的服务，将所提供的服务的收入利润基础再利用到员工的文化生活改善上，从而达到"以文补文"的目的。可以看到，这期间，文化管理部门职能逐步在转变、工作效率在逐步提高，管理模式有了较为明显的升级，国家从更加系统和宏观的角度来管理文化事业。

　　实行"双轨制"改革。在 1988 年和 1989 年的政策文件中指出要"一轨"为国家扶持的少数全民所有制院团，"另一轨"为多种所有制的艺术团体。

　　承认文化市场的发展和地位，开始建立全国文化市场管理体系。随着文化活动的被认可和"文化市场"概念的提出，我国的文化市场逐渐被认可，而文化市场管理局的建立也标志着我国文化市场监管体系的建立。同时，在这个阶段，社会主义文化市场也培育了各种丰富的文化内容，充实了我国的文化市场体系。

　　文化事业单位企业化。我国在 20 世纪 80 年代中期就对新闻单位全面实施了事业单位的企业化管理模式，在此之后，媒体行业开始了多种经营。我国的部分文化事业单位在 80 年代末在政策的指导下向文化公司转变。同时，关于文化方面的法律、法规也在不断地完善。

3. 2002—2016 年城乡公共文化服务主要政策及其内容

"从我国改革开放自身的发展逻辑来看，今天强调公共文化服务问题有着不可回避的必然性和不可忽视的重要性。"在 2002 年党的十六大之后，随着我国文化体制改革的进程加快，改革的理论和实践方面都取得了重大的突破。这一阶段，城乡公共文化服务的制度框架见表 3—24。

表 3—24　　　2002—2016 年城乡公共文化服务主要政策及其内容

时间	代表性政策	主要内容
2001 年	《中华人民共和国国民经济和社会发展第十二个五年规划纲要》	增强公共文化产品和服务供给；公共博物馆、图书馆、文化馆、纪念馆、美术馆等公共文化设施免费向社会开放；鼓励扶持少数民族文化产品创作生产；注重满足残疾人等特殊人群的公共文化服务需求；建立健全公共文化服务体系。以农村基层和中西部地区为重点，继续实施文化惠民工程。改善农村文化基础设施，支持老少边穷地区建设和改造文化服务网络；完善城市社区文化设施，促进基层文化资源整合和综合利用；广泛开展群众性文化活动
2002 年	《政府工作报告》	加大新闻出版、广播影视业改革的力度；加强图书馆、博物馆、文化馆、科技馆、档案馆等公共文化和体育设施建设
2002 年	《关于进一步加强基层文化建设的指导意见》	加快推进基层文化设施建设
2002 年	《文化部关于进一步活跃基层群众文化生活的通知》	建立并形成基本的文化活动方式；深入开展文化下乡活动；开展各民族传统文化艺术形式的活动；积极组织开展广场文化活动；广泛开展群众性歌咏活动；充分调动社会各方面的积极性
2002 年	党的十六大报告	扶持老少边穷地区和中西部地区的文化发展；加强文化基础设施建设，发展各类群众文化

续表

时间	代表性政策	主要内容
2002 年	《文化部、财政部关于实施全国文化信息资源共享工程的通知》	采用先进的科学技术手段，向广大人民群众传送丰富的文化信息，进一步巩固基层文化阵地
2003 年	《关于实施"百县千乡宣传文化工程"志愿服务行动的通知》	开展多种形式的农村精神文明创建活动和科技知识普及宣传活动
2004 年	《政府工作报告》	加强农村、社区和企业等基层文化建设，加大对公益性文化事业扶持力度，完善文化产业政策，发挥市场机制作用，促进文化事业和文化产业共同发展
2004 年	《文化部关于高度重视农民工文化生活 切实保障农民工文化权益的通知》	丰富农民工文化生活，切实保障农民工文化权益
2004 年	《关于公益性文化设施向未成年人免费开放的实施意见》	要充分发挥各公益性文化设施提供精神文化服务、丰富群众文化生活、加强未成年人思想道德建设的重要作用
2004 年	《关于公共文化设施向未成年人等社会群体免费开放的通知》	公共文化设施在向未成年人等社会群体免费开放的同时，要坚持把社会效益放在首位
2005 年	《政府工作报告》	推动文化体制改革和机制创新，加快文化事业和文化产业发展；加快农村基层文化建设，提高广播电视"村村通"水平；深入开展群众性精神文明创建活动
2005 年	《中华人民共和国国民经济和社会发展第十一个五年规划纲要》	首次提出公共文化服务概念；加强文化自然遗产和民族民间文化保护
2005 年	关于进一步加强基层文化建设的指导意见	加快推进基层文化设施建设，把文化设施建设纳入城乡建设整体规划，把群艺馆、文化馆、图书馆、文化站作为重点列入建设规划
2006 年	《政府工作报告》	在文化方面，积极开展文化体制改革试点工作，公共文化基础设施建设进一步加强，文化信息资源共享工程顺利实施；深化文化体制改革，发展文化事业和文化产业；加强文化基础设施建设尤其是农村基层文化建设，完善公共文化服务体系

续表

时间	代表性政策	主要内容
2006 年	《国家"十一五"时期文化发展规划纲要》	完善公共文化服务网络。积极推进政府职能转变，实行政企分开、政事分开、政资分开和管办分离，切实把政府的职能由主要办文化转到社会管理和公共服务上来。要从现阶段经济社会发展水平出发，以实现和保障公民基本文化权益、满足广大人民群众基本文化需求为目标，坚持公共服务普遍均等原则，兼顾城乡之间、地区之间的协调发展，统筹规划，合理安排，形成实用、便捷、高效的公共文化服务网络
2007 年	《政府工作报告》	逐步建立覆盖全社会的公共文化服务体系
2007 年	《"十一五"全国乡镇综合文化站建设规划》	加强乡镇综合文化站设施建设
2007 年	《关于加强公共文化服务体系建设的若干意见》	加强公共文化服务体系建设，是深入贯彻落实科学发展观、从中国特色社会主义事业总体布局和全面建设小康社会全局出发提出的一项重要任务，是繁荣发展社会主义先进文化、建设和谐文化、构建社会主义和谐社会的必然要求
2007 年	党的十七大报告	重视城乡、区域文化协调发展，着力丰富农村、偏远地区、进城务工人员的精神文化生活
2008 年	《政府工作报告》	县乡两级公共文化服务体系初步形成，基本实现了县县有图书馆、文化馆；全国文化信息资源共享工程、广播电视村村通工程等基层文化设施建设扎实推进；
2008 年	《文化部关于进一步深化文化系统文化体制改革的意见》	坚持政府主导、社会参与的原则，构建结构合理、发展平衡、网络健全、运营有效、惠及全民的公共文化服务体系，保障人人享有基本公共文化服务，是文化体制改革的重要任务
2009 年	《政府工作报告》	积极发展公益性文化事业，加快完善公共文化服务体系，加强重点文化设施、城乡基层文化设施特别是广播电视"村村通"和乡镇综合文化站、农家书屋建设，努力推进文化惠民工程

时间	代表性政策	主要内容
2009 年	《乡镇综合文化站管理办法》	促进乡镇综合文化站的建设
2010 年	《政府工作报告》	政府要更好地履行发展公益性文化事业的责任，保障人民群众的基本需求和权益；文化基础设施建设和公共文化资源配置要向基层、特别是农村和中西部地区倾斜
2010 年	《文化部关于开展全国基层文化队伍培训工作的意见》	培养一支高素质的基层文化队伍
2011 年	《政府工作报告》	增强公共文化产品供给和服务能力，重点加强中西部地区和城乡基层的文化基础设施建设，继续实施文化惠民工程
2011 年	《文化部、财政部关于进一步加强公共数字文化建设的指导意见》	公共数字文化建设
2011 年	《公共图书馆服务规范》	制定服务规范以促进公共图书馆事业的发展
2012 年	《政府工作报告》	以农村和中西部地区为重点，加强基层文化设施建设；积极发展新闻出版、广播影视、文学艺术和档案事业；中央财政
2012 年	党的十八大报告	坚持面向基层、服务群众，加快推进重点文化惠民工程，加大对农村和欠发达地区文化建设的帮扶力度，继续推动公共文化服务设施向社会免费开放；加强重大公共文化工程和文化项目建设，完善公共文化服务体系，提高服务效能
2013 年	《政府工作报告》	大力加强文化建设。覆盖城乡的公共文化设施网络体系初步建成，博物馆、图书馆、文化馆（站）实现免费开放；扎实推进文化建设；把文化改革发展纳入经济社会发展总体规划，列入各级政府效能和领导干部政绩考核体系，推动文化事业全面繁荣、文化产业快速发展

续表

时间	代表性政策	主要内容
2013 年	《文化部"十二五"时期公共文化服务体系建设实施纲要》	公共文化服务应坚持政府主导、坚持公益，保障基本、促进公平，统筹城乡、突出基层，创新机制、强化服务的基本原则；到 2015 年，覆盖城乡、结构合理、功能健全、实用高效的公共文化服务体系初步建立
2013 年	《文化部关于印发〈全国公共图书馆事业发展"十二五"规划〉的通知》	科学制定公共图书馆事业发展"十二五"规划
2013 年	《全国文化信息资源共享工程"十二五"规划纲要》	在巩固完善文化共享工程基础设施建设基础上，丰富数字资源
2014 年	《政府工作报告》	扩大公益性文化设施向社会免费开放；深化文化体制改革，加强文化市场建设；继续深化文化体制改革，完善文化经济政策，增强文化整体实力和竞争力；促进基本公共文化服务标准化均等化
2014 年	《2014 年文化系统体制改革工作要点》	设立"国家公共文化服务体系建设协调组"，建立公共文化服务统筹协调机制，建立和完善长效经费保障机制，引入竞争机制
2015 年	《政府工作报告》	积极发展文化事业和文化产业，逐步推进基本公共文化服务标准化均等化，扩大公共文化设施免费开放范围，发挥基层综合性文化服务中心作用，促进传统媒体与新兴媒体融合发展
2015 年	《关于加快构建现代公共文化服务体系的意见》	统筹推进公共文化服务均衡发展，增强公共文化服务发展动力，加强公共文化产品和服务供给，推进公共文化服务与科技融合发展，创新公共文化管理体制和运行机制，加大公共文化服务保障力度
2015 年	《国家基本公共文化服务指导标准》	规定了公共文化服务的指导标准
2016 年	《关于做好政府向社会力量购买公共文化服务工作的意见》	政府向社会力量购买公共文化服务

资料来源：本研究整理所得。

这一阶段，文化体制改革的理论不断深化，为文化的长足发展奠定坚实的理论基础和政策依据。同时，2003 年开始的试点工作，也给全国的文化体制改革发展提供了至关重要的经验借鉴。除此之外，我国的文化体制改革在这个阶段在融资的方面也有了较大的突破，促使我国的文化产业不断发展。在文化产业不断发展和改革的过程中，暴露出了较大的城乡差距，为此在党的十七大以后，国家出台了一系列政策，推动城乡基本公共文化服务均等化。在党的十八大以后，城乡基本公共文化服务均等化水平进一步得到提高。

第二节　城乡基本公共服务均等化的制度绩效

关于制度绩效的主要理论流派，主要有新制度主义与马克思主义制度分析理论的分野。基于新制度主义内部各派别对制度的定义、所持方法论以及基本理论假设的差异，彼德·豪尔和罗斯玛丽·泰勒将新制度主义划分为历史制度主义、理性选择制度主义和社会学制度主义三大流派①，并获得学界认可。作为流行于世的理论范式，新制度主义关于制度绩效的理解也呈现不同的取向，但是总体上都认可美国政治学家利普赛特的解读："有效性指实际的政绩，即该制度在大多数人民及势力集团如大商业或军队眼中能够满足政府基本功能的程度。"② 综合马克思主义经典作家以及马克思主义中国化成果，运用马克思主义制度分析理论实施评价的制度绩效评价标准，是一个由低及高的层级划分，即由最基础层级的"效率"标准，发展至第二层级的"公平"标准，再上升为最高层级的"人的自由全面发展"标准。国内政治学者杨光斌以马克思主义制度分析理论为指导，对西方新制度主义进行本土化改造，阐释制度环境（Situation）、制度安排（System）与制度绩效（Performance）三者间关系，即制度环境如何决定和影响制度安排，而后者又将导致怎样的制度

---

① ［美］彼德·豪尔、罗斯玛丽·泰勒:《政治科学与三个新制度主义流派》，何俊志、任军锋、朱德米编译:《新制度主义政治学译文精选》，天津人民出版 2007 年版。

② ［美］利普赛特:《政治人》，刘钢敏等译，商务印书馆 1993 年。

绩效，以寻求分析中国政治经济变迁的新的研究路径。[①] 综合国内外的研究成果，我们可以将制度绩效理解为在某种制度环境之下，某一社会制度的实施效应、效果或功能，即"制度绩效就是社会制度的实施效果，即制度是否达到了预期设计目标"[②]。

当前，"中国特色社会主义进入新时代，我国社会主要矛盾已经转化为人民日益增长的美好生活需要和不平衡不充分的发展之间的矛盾"[③]。就需要通过社会制度安排，"在发展中补齐民生短板、促进社会公平正义，在幼有所育、学有所教、劳有所得、病有所医、老有所养、住有所居、弱有所扶上不断取得新进展，深入开展脱贫攻坚，保证全体人民在共建共享发展中有更多获得感"[④]。提升基本公共服务均等化的制度绩效，可以有效减小城乡差距、区域差距和贫富差距，缓解由此引发的社会矛盾，为经济健康发展创造和谐的社会环境，促进社会公平正义得以实现，进而使得民众有更多的获得感。从制度绩效的视角对我国城乡基本公共服务均等化进程进行评估与反思，有利于推动城乡基本公共服务均等化制度变迁，从而实现其战略目标。

一　城乡基本公共服务均等化制度绩效测量的方案设计

对城乡基本公共服务均等化制度绩效的评价，不如经济发展评价那样容易实现。只有立足于将城乡基本公共服务均等化制度绩效的基本内涵，诉诸全面、系统、可操作化的考量，才能了解和把握城乡基本公共服务均等化制度实际取得的效果，并对制度绩效做出正确评价。对城乡基本公共服务均等化制度绩效的测量，需要参照制度绩效分析的基本理论，同时结合城乡基本公共服务均等化的内在特征，使用客观评价的研究思路及相应的方法。

---

① 杨光斌：《制度范式：一种研究中国政治变迁的途径》，《中国人民大学学报》2003 年第 3 期。

② 饶旭鹏、刘海霞：《非正式制度与制度绩效——基于"地方性知识"的视角》，《西南大学学报（社会科学版）》2012 年第 2 期。

③ 习近平：《决胜全面建成小康社会 夺取新时代中国特色社会主义伟大胜利——在中国共产党第十九次全国代表大会上的报告》，《人民日报》2017 年 10 月 28 日第 1 版。

④ 郭正林：《如何评估农村治理的制度绩效》，《中国行政管理》2005 年第 4 期。

（一）城乡基本公共服务均等化制度绩效测量的基本取向

关于城乡基本公共服务制度绩效的研究有多种逻辑进路。采用何种逻辑进路诠释城乡基本公共服务制度绩效，取决于对"城乡基本公共服务制度绩效"本身的理解。当前关于这一概念的理解主要存在制度主义、行动主义与结果主义的差异。基于这种理解差异，国内对城乡基本公共服务均等化制度绩效测量有三种不同的研究取向。

第一种是"制度主义"取向的研究。制度分析理论通行的观点是：制度的重要性在于它能够直接作用于政治行为体的选择、行为实践特征等。[①] 范逢春在 2016 年采取内容分析法、时间序列分析法与批评话语分析，对新中国成立以来基本公共服务均等化的政策文本进行检视，提出我国城乡基本公共服务制度绩效呈现从城乡兼顾、城乡失衡到城乡统筹的发展轨迹。刘成奎、龚萍在 2014 年发表关于我国 26 个省份面板数据实证研究，认为财政分权制度客观上会强化地方政府的城市偏向，而后者不利于实现城乡基本公共服务均等化。王谦在 2008 年、江明融在 2006 年也关注到城乡公共服务非均等化受城市偏向型的公共服务供给制度影响的事实。

第二种是"行动主义"取向的研究。"行动主义"认为"制度关注的是形式和表象""却忽视了社会生活中的实质性内容"[②]，对城乡基本公共服务均等化制度绩效的测量需要从社会发展过程中去思考。蓝相洁、文旗在 2015 年分析财政支出、城镇化、居民收入三个因素与基本公共服务的内在关系，并运用 2006—2013 年的样本数据进行面板数据检验。王伟同 2009 年在考察影响政府公共服务水平供需两方面因素基础上，运用 2002—2006 年中国省级数据进行实证分析，认为中国的城市化进程显著影响了各地区公共服务的提供水平及规模。

第三种是"结果主义"取向的研究。国内学界普遍将制度绩效视为一种社会综合效应，即制度绩效体现的是特定政策或制度安排对政治、

① ［美］斯蒂芬·贝尔：《制度变迁的诠释路径：建构制度主义 V. S. 历史制度主义》，滕白莹、孙晨光编译，《国外理论动态》2016 年第 7 期。

② ［美］斯蒂芬·贝尔：《制度变迁的诠释路径：建构制度主义 V. S. 历史制度主义》，滕白莹、孙晨光编译，《国外理论动态》2016 年第 7 期。

经济、文化或环境的作用或影响。由此，国内现行的关于城乡基本公共服务均等化制度绩效的评估往往借助构建一套评估指标体系并应用于选取的特定研究对象的实证方式进行。①

很显然，城乡基本公共服务均等化制度绩效测量有多种思考逻辑。迄今为止学术界并没有发展出一套得到普遍认可、可直接测量制度绩效的理论工具和方法。奥斯特罗姆构建的有关制度绩效的分析框架，综合考虑了经济效率、通过财政平衡及再分配保证的公平、责任、适应性和间接绩效等因素②，既有制度也有行动，既有投入也有产出，既有效率也有公平，且这一框架构建于对发展中国家基础设施建设制度的研究，但在具体测量中仍难以有效应用。"基本公共服务均等化的目标是确保所有社会成员平等享有义务教育、公共卫生与基本医疗、基本社会保障、公共就业服务等基本公共服务的权利"③，基本公共服务均等化的实质是政府向全体社会成员提供在使用价值形态上水平大致相当的基本公共服务，以促进社会公平正义。"均等包含居民享受公共服务的机会均等和结果均等，相比之下，结果的均等更重要。"④ 本研究将城乡基本公共服务均等化制度绩效理解为城乡基本公共服务在多大程度上实现了结果的均等。

(二) 城乡基本公共服务均等化制度绩效测量的研究设计

对城乡基本公共服务均等化制度绩效进行测量，需要解决对象界定、变量选择、数据选择、数据处理、模型构建等问题。

第一，对象界定。2005 年 10 月 11 日，党的十六届五中全会通过《中共中央关于制定国民经济和社会发展第十一个五年规划的建议》，首次提出"按照公共服务均等化原则，加大对欠发达地区的支持力度，加快革命老区、民族地区、边疆地区和贫困地区经济社会发展"，这标

---

① 相关研究成果参见本书第一章第二节第二部分"国内文献综述"。

② ［美］埃莉诺·奥斯特罗姆、拉里·施罗德、苏珊·温：《制度激励与可持续发展》，上海三联书店 2000 年版。

③ 联合国开发计划署：《中国人类发展报告，惠及流动人口的基本公共服务》，中国对外翻译出版社 2008 年版。

④ 王绍光：《从经济政策到社会政策的历史性转变》，周建明、胡鞍钢、王绍光编：《和谐社会构建》，清华大学出版社 2007 年版。

志着"基本公共服务均等化"作为一大重要理论命题被提上国家议程。2006 年 3 月 14 日,第十届全国人民代表大会第四次会议批准的《中华人民共和国国民经济和社会发展第十一个五年规划纲要》首次提出要加快公共财政体系建设,"逐步推进基本公共服务均等化"。2006 年 10 月 11 日,党的十六届六中全会通过《中共中央关于构建社会主义和谐社会若干重大问题的决定》,提出逐步形成惠及全民的基本公共服务体系并强调"完善公共财政制度,逐步实现基本公共服务均等化"。2007 年 10 月 15 日,党的十七大报告进一步明确"围绕推进基本公共服务均等化和主体功能区建设,完善公共财政体系"。2008 年 10 月 12 日,党的十七届三中全会通过《中共中央关于推进农村改革发展若干重大问题的决定》,确定"破除城乡二元结构、形成城乡经济社会发展一体化新格局"的战略思想,将"统筹城乡经济社会发展"确定为推进农村改革发展五大原则之一,并提出相应措施和步骤。2012 年 7 月 11 日,中国基本公共服务领域首部国家级专项规划《国家基本公共服务体系"十二五"规划》出台,设计了"基本公共教育、劳动就业服务、社会保险、基本社会服务、基本医疗卫生、人口和计划生育、基本住房保障、公共文化体育、残疾人基本公共服务"九大基本公共服务的制度性安排并提出公共服务均等化的具体时间表,即到 2020 年"争取基本实现基本公共服务均等化"。2013 年 11 月 12 日,党的十八届三中全会《中共中央关于全面深化改革若干重大问题的决定》指出,"紧紧围绕更好保障和改善民生、促进社会公平正义深化社会体制改革,改革收入分配制度,促进共同富裕,推进社会领域制度创新,推进基本公共服务均等化",强调"必须健全体制机制,形成以工促农、以城带乡、工农互惠、城乡一体的新型工农城乡关系,让广大农民平等参与现代化进程、共同分享现代化成果"。2017 年 3 月 1 日,国务院印发《"十三五"推进基本公共服务均等化规划(2016—2020)》,明确"十三五"时期基本公共服务领域主要发展指标,规定国家基本公共服务制度框架,建立基本公共服务清单制、健全科学有效的基本公共服务实施机制。本研究主要针对 2006—2015 年 10 年间城乡基本公共服务制度绩效进行测量。

第二,变量选择。明确"基本公共服务"的内涵,是正确选取城乡基本公共服务制度绩效测量变量的首要条件。学界对"基本公共服务"研究有多个角度。安体富、丁元竹（2007）等从民生保障角度将基本公共服务定义为与民生密切相关的纯公共服务，包括义务教育、公共卫生和基本医疗、最低生活保障等；陈海威、迟福林（2007）等从保护人的基本权利的角度将基本公共服务定义为"为维持本国经济社会的稳定、基本的社会正义和凝聚力，保护个人最基本的生存权和发展权，为实现人的全面发展所需要的基本社会条件"，包括底线生存服务、公众发展服务、基本环境服务和公共安全服务四项内容。刘尚希（2007）从消费需求层次和消费需求同质性两大角度理解与低层次消费需要有直接关联的人们无差异消费需求属于基本公共服务。

　　第三，数据选择。市、县是地方政府的主体，采用市、县级数据能使研究具有更大说服力，但是由于数据可获取性的限制，只能采用省级面板数据。本书选取了除台湾省、香港特别行政区、澳门特别行政区、西藏自治区和青海省以外的 29 个省级行政区域作为研究对象，对 2006—2015 年城乡基本公共服务均等化制度绩效进行测量，对于个别缺失数据采用均值插补的方式进行处理。本书中指标数据均来源于全国性统计年鉴和各省份统计年鉴，其中基本公共教育指标数据来源于《中国社会统计年鉴》《中国教育经费统计年鉴》《中国教育统计年鉴》《中国人口和就业统计年鉴》；基本医疗卫生指标数据来源于《中国卫生和计划生育统计年鉴》《中国社会统计年鉴》；基本社会保障指标数据来源于《中国人口统计年鉴》《中国劳动统计年鉴》《中国卫生和计划生育统计年鉴》《中国民政统计年鉴》；基本公共设施指标数据来源于《中国固定资产投资年鉴》《中国城乡建设统计年鉴》《中国社会统计年鉴》。这些数据皆来自官方公布的统计年鉴，由此可确保数据来源的可靠性和研究结论的可重复性。

　　第四，数据处理。从"基本公共服务"的内涵出发，借鉴现有城乡基本公共服务均等化评估文献的指标体系成果，构建城乡基本公共服务均等化制度绩效评估指标体系。通过隶属度分析判定每项指标的重要程度，通过相关性分析剔除具有重复性的指标，通过信度检验（克朗巴哈 α 系数）和效度检验（CRV 内容效度比）对指标进行严格筛选，通过层次分析法（AHP）对各项指标进行赋权，构建一个包含 4 个准则层指标、

14 个指标层指标的城乡基本公共服务均等化制度绩效的评估指标体系，如表 3—25 所示。

表 3—25　　城乡基本公共服务均等化制度绩效的评估指标体系

目标层	准则层		指标层		
	指标内容	对目标层的权重 Wi	指标内容	指标性质	对准则层的权重 Wj
城乡基本公共服务均等化指数 A	基本公共教育 B1	0.337	C1 普通小学生均教育经费（元）	+	0.370
			C2 普通初中师生比	+	0.100
			C3 普通初中教师本科及以上文化比重（%）	+	0.185
			C4 文盲率（文盲占 15 岁及以上人口比重）（%）	−	0.345
	基本医疗卫生 B2	0.296	C5 每千人口医疗卫生机构床位数（个）	+	0.329
			C6 每千人口医疗卫生技术人员数（人）	+	0.407
			C7 孕产妇死亡率（1/10 万）	−	0.264
	基本社会保障 B3	0.226	C8 最低生活保障资金人均支出（元）	+	0.225
			C9 基本养老保险参保人数占总人口比重（%）	+	0.321
			C10 基本医疗保险覆盖率（%）	+	0.454
	基本公共设施 B4	0.101	C11 人均固定资产投资（元）	+	0.457
			C12 用水普及率（%）	+	0.202
			C13 燃气普及率（%）	+	0.120
			C14 人均拥有道路面积（平方米）	+	0.221

资料来源：本研究统计分析所得。

由于评估指标单位有所差异，因此不适宜直接加和，需要对各项指标进行标准化，再根据指标权重进行加权综合为同一量纲指标来进行计算①。本书以农村指标与城镇指标之比对指标做标准化处理。城乡基本

---

① 刘飞燕、张建方：《多指标回归综合评分》，《数理统计与管理》2014 年第 3 期。

公共服务均等化指标中有正指标和逆指标之分，其标准化处理有所差异。

对正指标采用的标准化公式为：

$$S_j = \begin{cases} \dfrac{R_j}{T_j} & R_j < T_j \\ 1 & R_j \geqslant T_j \end{cases}$$

对逆指标采用的标准化公式为：

$$S_j = \begin{cases} \dfrac{T_j}{R_j} & T_j < R_j \\ 1 & T_j \geqslant R_j \end{cases}$$

公式中，S_j 表示指标层指标标准化指数，R_j 表示农村第 j 类基本公共服务指数，T_j 表示城镇第 j 类基本公共服务指数。

第五，模型构建。本研究采用各项指标标准化指数与相应权重加权求和的方法计算城乡基本公共服务均等化制度绩效。城乡基本公共服务均等化制度绩效指数取值区间为0—1，若该指数为0，则意味着城乡基本公共服务均等化水平极低，即农村人口完全没有享受到基本公共服务；若该指数为1，则意味着城乡基本公共服务均等化水平极高，即农村人口和城镇人口享受无差别的基本公共服务，城乡基本公共服务实现均等化。设定城乡基本公共服务均等化指数的计算公式为：

$$E_j = \sum_{j=1}^{n} S_j W_j$$
$$E = \sum_{i=1}^{n} E_j W_i$$

公式中，E_j 表示各项基本公共服务均等化制度绩效指数，即城乡基本公共教育、城乡基本医疗卫生、城乡基本社会保障、城乡基本公共设施均等化水平；S_j 表示指标层指标标准化指数；W_j 表示指标层对准则层的权重；E 表示城乡基本公共服务均等化制度绩效指数，即城乡基本公共服务均等化水平；W_i 表示准则层对目标层的权重。

二　城乡基本公共服务均等化制度绩效测量的结果呈现

事实上，城乡基本公共服务均等化绩效处于动态变化之中，在不同层面、不同领域、不同时期有不同的发展水平。因此我们采取历时性和共时性双维度实施测量:在测量我国城乡基本公共服务均等化制度绩效整体情况时采用历时性的维度;在测量城乡基本公共服务均等化制度绩效省域情况时采用共时性的维度。

(一) 我国城乡基本公共服务均等化制度绩效整体情况

根据上述研究设计,测算出 2006—2015 年 10 年间我国城乡基本公共服务均等化制度绩效整体情况,具体如表 3—26 所示。

表 3—26   中国 2006—2015 年城乡基本公共
服务均等化的制度绩效情况

年份	城乡基本公共教育均等化水平	城乡基本医疗卫生均等化水平	城乡基本社会保障均等化水平	城乡基本公共设施均等化水平	城乡基本公共服务均等化水平
2006	0.359954	0.448141	0.627342	0.411543	0.437299
2007	0.381995	0.457719	0.617413	0.371657	0.441290
2008	0.393922	0.515029	0.631628	0.372597	0.465581
2009	0.413547	0.515702	0.656656	0.361097	0.476888
2010	0.447283	0.566962	0.715510	0.364297	0.517055
2011	0.449983	0.563023	0.874345	0.360853	0.552347
2012	0.457891	0.539981	0.872859	0.358549	0.547623
2013	0.464700	0.561706	0.873895	0.358922	0.556620
2014	0.459051	0.550522	0.876910	0.362903	0.552490
2015	0.456871	0.561982	0.879617	0.368613	0.556336

资料来源:本研究统计分析所得。

1. 城乡基本公共教育服务均等化制度绩效情况分析

10 年间我国在基本公共教育上的投入力度明显增大。2006 年城镇普通小学生均教育经费为 2121.18 元,农村普通小学生均教育经费为 1846.71 元,2015 年城镇普通小学生均教育经费增加至 10269.18 元,农村普通小学生均教育经费增加至 9630.84 元。10 年间国家在教育经费上的投入增加了近 4 倍,且城乡之间的投入差距缩小 8.23%。但城乡基本公共教育水平指数增长缓慢,仅从 0.359954 上升到 0.456871,说明仅在资金上加大投入、走"经济溢出型"路线并非性价比最高的解决办法，关键还在于如何创新体制机制，深入挖掘公共教育城乡差距背后的深层次原因。具体到师资方面的数据，虽然2006—2015年农村普通初中师生比均高于城镇普通初中师生比，农村教师数量较城镇充足，但质量上却远落后于城镇，2006年城镇和农村普通初中教师本科及以上文化程度所占比重分别为63.32%和29.97%，2015年该数据为100%和72.57%，仍然存在较大差距，同样说明想要从根本上实现城乡基本公共教育均等化，不但需要加大教育经费投入，更要通过制度创新将优秀教师资源引入农村、留在农村、建设农村。

2. 城乡基本医疗卫生服务均等化制度绩效情况分析

较之城乡基本公共教育均等化水平、城乡基本公共设施均等化水平，我国城乡基本医疗卫生均等化水平起点较高、基础较好，2006年该指数为0.448141，近10年来呈现平稳增长态势。这得益于我国历来重视基本医疗卫生事业发展、将其视为重大民生问题的政策偏向。通过持续性和针对性出台系列政策大力推行"新医改"，使城乡基本医疗卫生服务差距不断缩小。在投入均等化的角度，2006年我国城镇人均卫生费用为1248.3元，农村人均卫生费用为361.9元，至2014年，我国农村人均卫生费用（3558.3元）首次超过城镇人均卫生费用（2581.6元）。在结果均等化的角度，2005年我国城镇孕产妇死亡率为10万分之24.80，乡村孕产妇死亡率为10万分之45.50，后者是前者的近2倍；至2015年，我国乡村孕产妇死亡率与城镇孕产妇死亡率基本持平，分别为10万分之20.20和10万分之19.80，均大幅降低。城乡基本医疗卫生均等化水平的上升趋势可期。

3. 城乡基本社会保障服务制度绩效情况分析

在4个准则层指标中，城乡基本社会保障均等化水平增速最快，增幅最大。2006年该指数为0.627342，2010年达到0.715510，2015年上升至0.879617，10年间上升了25个百分点。城乡基本社会保障服务制度绩效主要得益于新型农村合作医疗、新型养老保险两大制度。基本医疗保险方面，改革开放以来，随着合作社解散和家庭联产承包责任制的实施，以合作社为责任主体的农村合作医疗制度随之瓦解，1986年全国实行健康保障制度的行政村比重跌至 4.8%①，农村合作医疗名存实亡，农村公共医疗机制基本呈现真空状态，"自给自足"的自费医疗成为乡村基本医疗保险模式。与此同时，城镇实行城镇职工基本医疗保险，进一步拉大城乡基本医疗保险供给差距。2002 年 10 月，《中共中央、国务院关于进一步加强农村卫生工作的决定》中提出建立"由政府组织、引导、支持，农民自愿参加，个人、集体和社会多方筹资，以大病统筹为主的新型农村合作医疗制度"。从 2003 年起，全国部分县（市）因地制宜开展了新型农村合作医疗制度试点工作。2006 年我国新农合参合率达 80.70%，2015 年更是达到 98.80%，甚至高于同年城镇居民医疗保险和城镇职工医疗保险 86.34% 的覆盖率。至此，我国农村基本实现新型农村合作医疗制度全覆盖。2016 年 1 月 12 日，国务院发布《关于整合城乡居民基本医疗保险制度的意见》，统一的城乡居民医疗保险制度正在全国范围逐步建立。基本养老保险方面，2009 年以前我国基本养老保险主要由城镇职工基本养老保险和农村社会养老保险组成。2006 年，前者参保人数占城镇人口比重为 24.49%，后者参保人数占农村人口的 7.29%，两者相差 17.2%。2009 年和 2011 年，新型农村社会养老保险和城镇居民社会养老保险试点分别启动，并于 2012 年年底实现全覆盖，2014 年合并实施，由此建立起统一的城乡居民基本养老保险制度。《中国社会保险发展年度报告 2014》数据显示，城镇职工和城乡居民基本养老保险参保人数截至 2014 年末合计已达 8.42 亿人，覆盖率为 80% 左右，一定程度上反映我国城乡基本社会养老保险均等化的较高水平。城乡居民基本医疗保险制度和城乡居民基本养老保险制度的确立标志着城乡基本社会保障均等化从起点均等走向结果均等。

4. 城乡基本公共设施服务制度绩效情况分析

与其他 3 项准则层指标相反，我国城乡基本公共设施均等化水平呈现逐年下滑趋势。2006 年我国城乡基本公共设施服务均等化水平仍可达到 0.411543，至 2015 年下降到 0.368613。具体到指标层指标，2006 年农村用水普及率为 63.40%，城镇为 86.67%，二者相差 23.27%；2015 年

---

① 周寿祺、顾杏元、朱敖荣：《中国农村健康保障制度的研究进展》，《中国农村卫生事业管理理》1994 年第 9 期。

农村用水普及率为70.37%，城镇为98.07%，二者差距扩大到27.7%。2006年农村燃气普及率为17.00%，城镇为79.11%，二者相差65.11%；2015年农村燃气普及率达到21.38%，城镇为95.30%，农村与城市差距扩大到73.92%。2005年城镇人均道路面积小于农村人均道路面积，分别为11.04平方米、14.70平方米，但次年城镇即反超农村，分别为11.43平方米、10.60平方米，至2015年差距进一步拉大，分别为15.60平方米、13.11平方米。导致这一下滑趋势的主要原因，是农村基本设施服务建设投入之于城镇的长期不足。从"人均固定资产投资"指标来看，2006年城镇人均固定资产投资为16180.20元，农村仅为601.58元，差距巨大，且其后这一差距并未缩小，反而逐步扩大。至2015年，城镇人均固定资产投资提高了6倍，达到71527.31元，而农村人均固定资产投资为1725.02元，仅达到2006年城镇人均固定资产投资的水平。

（二）分省的城乡基本公共服务均等化制度绩效情况

我国29个省份2006—2015年城乡基本公共服务均等化制度绩效均值情况的测量结果（表3—27），直观反映省际城乡基本公共服务均等化制度绩效空间分布特征。我国城乡基本公共服务均等化制度绩效发展水平存在省际差异。

表3—27　中国29省份城乡基本公共服务均等化制度绩效均值情况

省份	城乡基本公共教育均等化水平	城乡基本医疗卫生均等化水平	城乡基本社会保障均等化水平	城乡基本公共设施均等化水平	城乡基本公共服务均等化水平
北京	0.549127	0.535977	0.869121	0.461852	0.586773
上海	0.458903	0.704414	0.760995	0.480506	0.583672
重庆	0.490327	0.649625	0.784925	0.423764	0.577722
浙江	0.474178	0.616547	0.820222	0.422672	0.570356
天津	0.393015	0.682066	0.816228	0.444116	0.563661
广西	0.511764	0.565638	0.753543	0.434415	0.554070
山东	0.410419	0.632851	0.838557	0.378044	0.553331
江苏	0.414265	0.564748	0.865792	0.456850	0.548584
海南	0.426196	0.602448	0.783695	0.476640	0.547208
陕西	0.452762	0.591531	0.771905	0.329945	0.535449

省份	城乡基本公共教育均等化水平	城乡基本医疗卫生均等化水平	城乡基本社会保障均等化水平	城乡基本公共设施均等化水平	城乡基本公共服务均等化水平
福建	0.445685	0.522370	0.803154	0.475255	0.534331
吉林	0.455014	0.609506	0.714512	0.364669	0.532065
四川	0.499298	0.530876	0.753337	0.345921	0.530595
云南	0.517558	0.466225	0.785648	0.377267	0.528080
江西	0.465899	0.537450	0.782610	0.345377	0.527846
甘肃	0.493875	0.530343	0.753430	0.330393	0.527062
湖北	0.408002	0.598930	0.758569	0.366263	0.523209
安徽	0.452690	0.560811	0.754502	0.317501	0.521142
黑龙江	0.422217	0.540967	0.763756	0.427551	0.518205
贵州	0.506030	0.478321	0.721224	0.419688	0.517500
辽宁	0.443177	0.541389	0.759518	0.337247	0.515315
山西	0.424959	0.485942	0.789833	0.413874	0.507354
湖南	0.464702	0.499049	0.754575	0.311826	0.506351
河南	0.413218	0.518398	0.763024	0.363676	0.501875
内蒙古	0.472588	0.472900	0.771807	0.261863	0.500117
宁夏	0.488649	0.434906	0.749727	0.343611	0.497550
河北	0.423661	0.481119	0.771384	0.313355	0.491167
新疆	0.390613	0.486155	0.730373	0.394426	0.480440
广东	0.359231	0.483528	0.727974	0.467120	0.475886

资料来源:本研究统计分析所得。

综合考察2006—2015年10年间我国29个省份城乡基本公共服务均等化平均水平,可依据其绩效均值将29个省份划分为三大梯度加以分析。

第一梯度省份的城乡基本公共服务均等化水平指数高于0.55,包括7个省份,即北京(0.586773)、上海(0.583672)、重庆(0.577722)、浙江(0.570356)、天津(0.563661)、广西(0.554070)、山东(0.553331)。该梯度省份城乡基本公共服务均等化程度较高,除重庆外均位于东部、沿海地区,经济发展水平较高。重庆虽为西南内陆城市,但作为中西部地区唯一的直辖市和全国统筹城乡综合配套改革试验区，近十年来始终将统筹城乡、促进城乡协调发展、促进城乡经济社会一体化发展作为城市建设发展的重心，诸多统筹城乡配套政策和专门制度的出台和落实，很大程度上确保了城乡基本公共服务均等化的较高水平。

第二梯度的城乡基本公共服务均等化水平指数介于 0.50 和 0.55 之间，共计 18 个省份，包括江苏、海南、陕西、福建、吉林、四川、云南、江西、甘肃、湖北、安徽、黑龙江、贵州、辽宁、山西、湖南、河南、内蒙古。第二梯度省份最多，是城乡基本公共服务均等化水平指数的主要组成部分。实际上，2006—2015 年，我国城乡基本公共服务均等化指数介于 0.437299—0.556336 的区间，与第二梯度各省指数基本重合。

第三梯度的城乡基本公共服务均等化水平指数低于 0.50，包括宁夏（0.497550）、河北（0.491167）、新疆（0.480440）、广东（0.475886）4 个省份。其中新疆、宁夏是经济发展水平较低的西部省份，而广东属于经济发展水平较高的东部省份。广东省虽然人均 GDP 位于全国前列，但拥有珠三角发达城市群的同时也涵盖粤北地区贫困农村，农村地区欠发达状态导致的"短板效应"客观上拉低了广东省城乡基本公共服务均等化水平。显见，"各省份内部的城乡基本公共服务均等化水平并不是唯一地关联于经济发展水平"[1]。对城乡基本公共服务均等化水平的考察，除经济因素影响外，还应考虑文化、环境、人口等因素的综合影响。

三　城乡基本公共服务均等化制度绩效测量的结果讨论

我国城乡基本公共服务均等化制度绩效的演进必然有其多重逻辑。作为一个动态优化过程，城乡基本公共服务均等化的变迁规则是一个十分具有挑战性的议题。同样，推动城乡基本公共服务均等化制度绩效的提升，也必须立足于中国国情，在价值理性与工具理性的均衡中，寻找发展的系统化思路。

实证研究结果显示，我国城乡基本公共服务均等化水平在 2006—2015 年 10 年间得到显著提升，从 0.437299 提升至 0.556336，提升了近

---

[1] 《中共中央国务院关于进一步加强农村卫生工作的决定》，《中国卫生质量管理》2003 年第 1 期。

12 个百分点。其中城乡基本社会保障均等化水平增幅最大、增速最快、水平最高，城乡基本教育均等化水平和基本医疗卫生均等化水平呈缓慢上升趋势，而城乡基本公共设施均等化水平却逐年下滑，这是非常值得警惕的一个异象。此外，本研究中 29 个省份城乡基本公共服务均等化水平差异较大，按照均等化水平指数高低可划分为三大梯度，最高水平（北京，0.586773）和最低水平（广东，0.475886）之间相差 0.110887，即 11 个百分点。总体而言，得益于城乡基本公共服务均等化政策国家层面到地方层面的大力推行，10 年来我国城乡基本公共服务均等化水平明显提高，供给差距大为缩小。在肯定我国城乡基本公共服务均等化制度绩效的同时，需要充分关注到我国城乡基本公共服务均等化水平仍然不高，2015 年均等化指数仅为 0.556336，距"基本实现基本公共服务均等化"的政策目标尚存在不小差距。

第四章

政策问题与体制反思

从第三章的分析可以看出，城乡基本公共服务均等化制度绩效不高，主要表现在农村公共服务产品供给无论在数量还是质量上与城市相比均明显不足，未能体现公平正义。农村基本公共服务是农村经济社会可持续发展的有力保障。目前学界关于城乡基本公共服务均等化问题的探讨、政府实施的改革，大多侧重于物质分配调度，对正式制度尤其是以权利保障为核心的正式制度建设却未予以足够重视。① 实现设计出城乡基本公共服务均等化的制度体系这一目标，对现行的城乡基本公共服务均等化的政策问题进行梳理，并对政策问题产生的原因进行反思是首要任务。

第一节　城乡基本公共服务均等化的政策问题

一些学术研究成果发现，在基本公共服务等领域，广大发展中国家的农村地区均落后于城市②，政府的"城市偏好"在不同国家均有不同程度的增加而不是削弱。这一现象在我国基本公共服务领域中同样存在。政府将经济增长置于优先地位，而对社会建设重视不够③，一些地方政府甚至为了追求经济增长而"容忍不平等的扩大"④。近年来为解决"三

---

① 侯雷：《民生与民主：基本公共服务均等化的困境与出路》，《社会科学战线》2014 年第 3 期。

② 王绍光：《从经济政策到社会政策的历史性转变》，周建明、胡鞍钢、王绍光编：《和谐社会构建》，清华大学出版社 2007 年版。

③ 刘成奎、王朝才：《城乡基本公共服务均等化指标体系研究》，《财政研究》2011 年第 8 期。

④ World Bank. *Rural Poverty Report.* World Bank，2003.

农"问题出台的一系列政策和措施,如"一免三补"、农产品产业结构调整等,大多数仍然是偏重于经济发展,而针对义务教育、医疗卫生、农村公共基础设施等公共服务的思考不够、投入不力。在城乡基本公共服务均等化政策问题上,存在"基础—设计—执行"三个层面的问题。

一　城乡基本公共服务均等化的政策基础问题

在我国,政府决策者对城乡基本公共服务重要性的认识及其主观判断,直接影响相关政策的出台及落实、具体措施的推进、供给效率的高低。可以说,城乡基本公共服务均等化政策的核心问题是"城乡二元"。长期以来基本公共服务供给中,长期沿袭了传统的"城乡二元"思路。"城乡二元"思路在党的十七大以后开始有了一些改变,党的十九大报告中提出"城乡融合"发展的思路。然而,在政策实践中,目前基本公共服务供给目前仍然遵循着"城乡二元"的基本框架。

(一) 城乡分割的二元结构体制

中国的城乡二元结构体制,是对户籍进行城乡分治,把全部居民分成农业户口和非农业户口。其中,居住在农村的居民属于农业户口,主要以务农为生,被称为农民;而居住在城镇的居民属于非农业户口,从事第二、第三产业,被称为城市居民。针对城市和农村居民各项政策有所差异,对此,学者概称为"城乡分治,一国两策"[①],这导致了四个方面的二元差别,分别是居住地的区域差别、户籍约束的身份差别、产业隔离的经济差别和基本公共服务供给差别。"我国城乡分割的二元结构既是城乡非协调发展的历史积累,又是二元户籍制度、非均衡的社会福利制度、差异化的教育制度等一系列制度安排的反映。"[②]

城乡基本公共服务供给差异的根源在于户籍制度的"二元性"。可以从广义和狭义两个角度来理解现行的户籍制度。1956年国务院发出《内务部和各级民政部门掌管的农村户口登记、统计工作和国籍工作移交公安部和各级公安部门接管》的通知,我国"户警一体"的管理体制正式

①　陆学艺:《走出"城乡分治 一国两策"的困境》,《读书》2000年第5期。
②　何立胜:《城乡二元结构模式转换与制度安排的公正性——我国城乡二元结构模式变迁的路径分析》,《河南师范大学学报(哲学社会科学版)》2010年第4期。

建立。这种管理体制正式建立，标志着国家借助国家机关的强力，全面强化户籍管理的约束性功能。1958 年《中华人民共和国户口登记条例》颁行，我国城乡二元户籍制度以行政和法律的方式全面建立起来。城乡二元户籍制度从形成、建立到确立的过程，是短缺经济背景下，在市场缺失、计划失灵情况下，一种政府主导的被动选择，通过历史回看，其中权力意志因素影响远大于制度理性因素的影响。

在很大程度上，城乡二元户籍制度的本质就是以行政手段强行建立起城乡隔离机制，从而最终形成"户警一体"的管理体制和城乡分治的管理模式。在城乡二元户籍制度建立以后，我国国民从此人为地分为"城市居民"和"农村居民"，中国城乡居民实行两种截然不同的权利体系，公共教育、劳动就业、社会福利、社会保障、医疗卫生等一系列公共产品供给都是按照城乡有别方式进行分配。

我国的城乡二元户籍制度形成于计划经济时代，这一制度符合当时的时代背景，但对现在却带来了消极的影响——形成了城乡二元结构，这一问题正深深地影响了我国经济社会发展，其负面作用不容忽视，其中之一就是城乡基本公共服务的严重不均等。当然，城乡二元户籍制度只是城乡基本公共服务不均等现象的一个外因，其内在的根本原因，在于"国家权力—公民权利"之间的严重失衡。从某种意义上来讲，城乡二元户籍制度本身也是这种"国家权力—公民权利"严重失衡的产物。从第三章的分析可知，我国城市居民享受的基本公共服务数量较多、质量较高，而农村居民享受的基本公共服务数量、质量存在明显差异。行政主导及非均衡供给的公共服务制度不仅给我国经济社会发展带来诸多消极影响，同时还深化了城乡二元分治的经济社会体制，加剧城乡经济社会发展失衡，形成了"路径依赖"。

（二）工业优先的非均衡发展战略

"经济转轨制国家的城乡二元结构演变的主线为制度变迁，辅线为经济发展。"① 1949 年后，党中央在对中国的国际环境、政治形势、经济状况、发展目标等诸多方面因素深入讨论和利弊得失的反复权衡之后，明确提出"重工业是我国建设的重点"，确立了优先发展重工业的指导方针。

① 蓝海涛：《我国城乡二元结构演变的制度分析》，《宏观经济管理》2005 年第 3 期。

"中国工业化路径定格：以苏联模式为蓝本、计划经济体制下重工业优先发展的社会主义工业化轨道。"① 国家根据当时的政治和经济实际情况，实施了全面支持工业、偏好重工业、调整农业的赶超型发展战略，相应的制度安排是对资源实行集中计划配置。在新中国成立初期，这种工业优先的非均衡发展战略曾经带来了中国工业化和城市发展初步呈现良性互动的局面。

但是，随着时间推移，我们长期坚持了城市偏向、工业优先的非均衡发展战略，而没有适时转移到城乡并重、工农并举的均衡战略。导致"三农"始终承担着繁重的资本原始积累任务。政府的基本分配格局呈现重城市、轻农村的特点，国家有限的财力资源主要支持了工业发展和城市建设，致使农村基本公共服务供给极为有限，农民所需的基本公共服务极度匮乏，城乡基本公共服务的非均衡化。

（三）重城轻乡的差异管理体制

国家以法令的方式自上而下推行城乡分割的二元管理体制，使生活资料供应、劳动就业、社会保障、财政投资等制度安排全面偏向城市，使农村基础设施、公共教育等方面的投入严重不足，造成农村与城市在经济、社会发展等各个方面的差距越来越突出。在城乡二元经济社会结构和"重城轻乡""重工轻农"的差异管理体制下，具有农业户口的公民在劳保、社保等诸多方面不能完全享受和城镇居民同等的待遇。重城轻乡的差异管理体制，对本应平等的身份进行分层划分，随着贫富差距的不断加深，对社会稳定和经济的可持续发展产生不利影响。生活消费品和生产资料供给、教育、就业、住房和其他社会福利的提供，都要以户口的属地原则和职业性质为依据来进行分配，导致了城乡基本公共服务差别化、不公平、歧视性的政策安排。

党的十八届三中全会通过的《中共中央关于全面深化改革若干重大问题的决定》指出：城乡二元结构是制约城乡一体化发展的主要障碍，必须健全机制体制，形成以工代农，以城带乡、工农互惠、城乡一体的新型城乡关系，让广大农民平等参与现代化进程，共同分享现代化成果，

---

① 周明长：《"一五"重工业优先发展战略与工业城市的发展》，《四川大学学报（哲学社会科学版）》2004 年（增刊）。

完善城镇化健康发展体制。① 该决定强调了城乡之间的利益一体化,以"利益"为核心,将重点放在农民、农村这一弱势群体上。党的十九大报告指出,要"让改革发展成果更多更公平惠及全体人民",要"坚持人人尽责、人人享有,坚守底线、突出重点,完善制度、引导预期,完善公共服务体系",也对公共服务体系完善提出了思路。

二 城乡基本公共服务均等化的政策设计问题

作为公共政策的基本公共服务均等化政策文本是我国政治系统的权威输出,一方面是对社会利益的分配;另一方面也反映了政府的价值判断。纵观不同时期的政策文本,可以清晰地发现我国基本公共服务均等化政策存在着价值理性与技术理性的双重缺失。下面以社会保障制度、公共教育制度、公共卫生制度为例,说明城乡基本公共服务均等化的政策设计问题。

(一) 城乡社会保障制度的"二元化"设计

我国的二元社会结构导致二元社会保障体系的形成。随着二元户籍制度的建立,城镇与农村二元的社会结构逐渐形成,对公民按农业和非农业人口进行划分促使政府制定出了城乡之间二元社会保障制度的公共政策。二者之间既缺乏整体考量,又没有合理的政策衔接。

第一,城乡之间社会保障缺乏整体考量。我国在制定各地的社会保障制度的过程中主要依据是民政部、人力资源部、社会保障部下发的相关文件,由于并没有专项的社会保障项目的法律法规,各地区的非制度化十分明显,存在着法律法规系统化、规范化、法制化水平严重不足,长期性和稳定性也难以保证的问题。在这种情况下,各平行部门之间、上下级部门之间容易缺乏沟通和协调,各个制度之间也难以保证平衡和衔接,社会保障资金筹措和监管水平都有待提高。目前,我国基本养老保险、医疗保险、失业保险、工伤保险、生育保险、最低社会保障等社会保障政策由不同的部门制定,在非制度化的政策制定过程中,各部门之间又缺乏必要的衔接和沟通,各项政策制度的出台往往是为了解决一时的问题,不具有长远性,这就导致政策冲突产生。政策冲突导致财政

---

① 《中共中央关于全面深化改革若干重大问题的决定》,《人民日报》2013 年 11 月 16 日第1—3 版。

上的重复投入和管理上的相互掣肘,同时也会产生重复建设、信息不兼容的问题,很大程度上引起城乡之间的不均等。

第二,城乡之间社会保障存在制度差异。我国一直以来以城市工业经济发展为重心的指导思想,使得我国城市社会保障得到了更多的资源分配和物质基础,较早建立起了较为完整、面向城镇居民的社会保障体系。但是农村的保障制度由于受到其土地所有制、生活方式、生产关系等方面的影响,并没有得到真正的建立。农村由于几乎没有国家财政资金支持,主要依靠集体补助,而集体补助又属于地方性的,随意性非常大,我国农村社会保障制度实质上成了完全的个人储蓄型模式。以养老保险为例,是否缴费以及缴费多少,完全取决于农民自身收入水平。城乡社会保障存在着明显的制度差异,具体请见表4—1。城乡社会保障的制度差异导致现实中"保富不保贫"的情况出现,农村社会保障覆盖率一直比较低。同时,当前劳动制度设计与户籍制度限制,使得城乡居民间在社会保障上没有办法进行"付费—收益"组合的自主选择,在这种情况下,农村人口很难自主在选择社会保障服务的过程中实现自由迁徙,政府建立的"以足投票"的政策也因此失效,农村人口最终并没有享受到社会提供的政策保障和福利。同时,由于农村生活结构和生存方式发生了重大变化,一些进城农民社会保障又呈现新的薄弱现状。

表4—1　　　　　　　　我国社会保障制度的城乡对比

项目		城市社会保障制度	农村社会保障制度
社会保险	养老保险	社会统筹与个人账户相结合的养老保险	实行以家庭保障为主的养老保险
	医疗保险	社会统筹与个人账户结合的医疗保险	农村合作医疗制度
	失业保险	保险费按职工工资总额一定比例筹缴	仅极少地区有所建立
	工伤保险	保险费按职工工资总额一定比例筹缴	仅极少地区有所建立
	生育保险	保险费按职工工资总额一定比例筹缴	仅极少地区有所建立

项目	城市社会保障制度	农村社会保障制度
社会救助	城市低保、专项救助、灾害救助等	农村低保、专项救助、救灾扶贫等
社会福利	城镇社区服务、敬老院、福利院等	农村敬老院、五保户供养等

资料来源：参考相关学者研究整理。

第三，城乡之间社会保障缺乏政策衔接。城乡之间社会保障缺乏政策衔接，主要表现在城乡养老保障方面。一方面，差异存在于城乡居民养老保险与城镇职工养老保险制度之间，城乡居民医疗保险是由基础养老金和个人账户构成的，而城镇职工养老保险来源于社会和个人两部分，有关政策之间的不一致、相关标准的不统一、管理资源的不集中，造成了基金水平和福利待遇之间的差别，使得社会的不公平问题更加严重；另一方面，政策衔接中的问题体现在城乡居民养老保险制度与城镇职工养老保险制度之间。由于我国城镇化趋势越来越明显，部分农村人口的户籍发生变化，或者一些农村劳动力到城市就业，这些人口在原来的城乡居民养老保险的基础上又参加了城镇职工养老保险，二者之间的衔接存在着一定的问题，目前，我国实行的是"统账结合"的基本养老保险制度，所谓"统账结合"即是养老保险金来源于单位和个人两部分，其中单位缴费中的30%和个人缴费的金额划入个人账户，其余部分为统筹基金，是否能享受相应的待遇则根据缴费时间而定。而目前我国对于农民工流出之后养老保险金如何转移存在着不合理的现象，"统账结合"的制度中规定了养老保险中只有个人账户部分可以转移，而统筹基金则不能转移，这样一来，流入地则要负担着转入农民工的养老金，迫于财政压力，流入地则不得不对农民工养老保险关系的转入加强限制。在各省份之间的养老保险制度不一致的情况下，进入城市的农民养老保险转移存在着问题。

（二）城乡公共教育制度的"二元化"设计

由于资源配置的"财政中立性"缺失，教育领域也在城市和农村存在着不公平，衍生出城乡二元教育结构；同时，经济发展水平在城乡之间的差异性使得城乡教育资源总量、结构、规模之间也存在巨大差异。

第一，城乡教育投入的制度性差异。国家财政主要负担城市义务教育，县级财政主要负担农村义务教育。中国公共教育的资源多提供给城市，使得农村和城市的义务教育在经费投入、办学条件、师资水平等方面存在着不均等。城市是由国家财政负担，投入比较有保证；地方财政普遍困难，农村义务教育投入不足就成了必然。

第二，城乡教育权利的二元化管理。一方面，城乡分离的户籍制度使得大量农村人口长期滞留于农村，部分农民家庭在承担子女教育费用方面有较大困难；另一方面，进入城市的农民因为缺少城市户籍难以得到与城市人口同等的受教育权利和福利待遇。农村人口子女入学的赞助费、借读费、建校费等各项费用对其家庭造成了巨大的经济负担，农村人口的子女仍然难以进入城市学习，更无法接受与城市儿童平等的义务教育，从而使农村儿童的发展从一开始就与城市儿童拉开了很大距离。

第三，城乡教育发展的非均衡治理。农村土地资源相对廉价转为非农用地，城市政府获取超额利润，不断提高城市教育质量；而农民、农民的利益流失越来越严重，教育质量无法保证。国家对城乡教育资源的配备标准截然不同，就连城乡教师的实际待遇也差距巨大，形成城乡二元教育结构。同时，城乡二元教育结构的形成，又进一步扩大城乡经济差距，形成了一个恶性循环。

（三）城乡公共卫生制度的"二元化"设计

我们以医疗保险为例，来讨论城乡公共卫生制度的"二元化"问题。我国城市社会医疗保险体制自新中国成立到1994年，经费一般由企业与国家提供，个人不缴费，城市的社会医疗保险具有极浓的福利色彩，从严格意义上说，是不完全具有社会保险性质的无偿供给的医疗保障制度。1994年12月，国务院对城市社会医疗保险体制进行了改革——"两江医改"（在江苏省镇江市和江西省九江市进行医疗保险制度的改革），医改的内容是取消原来按照身份的不同划分医疗保险的制度，将划分原则改为属地原则，同时扩大受保人范围，将三资企业、个体企业和自营职业者都纳入医疗保险的范围内。总体而言，城市公共卫生制度不断健全，医疗保险制度相对完善，医疗服务质量相对较好。

在农村，新中国成立后一段时间未实行社会医疗保险制度，农民保障方式主要靠家庭的自我保障。1958 年后，我国在绝大部分农村地区实行了合作医疗制度。20 世纪 80 年代初期，农村开始了家庭联产承包责任制，集体经济快速瓦解，在这一过程中，农村合作医疗制度迅速衰落。2001 年 5 月，国务院转发了《关于农村卫生改革与发展的指导意见》，意见指出："按照自愿量力、因地制宜、民办公助的原则，继续完善与发展合作医疗制度。合作医疗筹资以个人投入为主，集体扶持，政府适当支持有条件的地区。"2006 年 1 月，卫生部等 7 部委局联合下发《关于加快推进新型农村合作医疗试点工作的通知》，明确提出，"2006 年，使全国试点县（市、区）数量达到全国县（市、区）总数的 40% 左右；2007 年扩大到 60% 左右；2008 年在全国基本推行；2010 年实现新型农村合作医疗制度基本覆盖农村居民的目标"，进一步推进了新型农村合作医疗试点的进行。

在实践中，农村的合作医疗制度保障水平，远远不及城市职工医疗保险水平，难以满足农村人口的基本医疗需要。由于农村和城市实行两种不同的医疗保险制度，导致公共卫生制度的"二元"问题也逐渐凸显。

三 城乡基本公共服务均等化的政策执行问题

城乡基本公共服务均等化，还与我国公共服务政策执行过程有关。从制度绩效分析的结果来看，由于利益偏好的多样化以及发展水平的差异性，不同部门的均等化绩效水平发展差异很大，不同省份的均等化绩效水平发展差异也很大。在城乡基本公共服务供给中，"公共服务分布于各部门间，具有明显的分散性和不连贯性"①，"专业化—部门化—利益化—制度化"的发展过程直接导致城乡基本公共服务均等化制度绩效不能尽如人意。

我国许多地区在落实中央基本公共服务均等化的过程中存在着问题，一方面，对推行公共服务均等化并未引起足够重视，没有把实现公共服务均等化当成地区的发展目标；另一方面，未积极贯彻执行基本公共服务均等化的政策方针，存在着大量的"上有政策、下有对策""替代性执行"以及"有法不依、执法不严"的问题。

---

① 曾凡军：《由竞争治理迈向整体性治理》，《学术论坛》2009 年第 9 期。

（一）城乡基本公共服务的政策执行偏差

由于政府在制定政策的过程中对农民和农村存在着偏差，或者在政策执行层面出现了问题或存在偏差，从而导致城乡基本公共服务的不均等化。这样的现象如果得不到有效的控制和转变，将会使得农村持续得不到政府的政策倾斜和重视。这种长期以来的公共服务恶性差距将难以得到改善，便会出现严重的离心倾向。从城市的角度而言，其公共服务资源相对充裕，其利益刚性心理的持续时间越长，利益触动的难度就会越大，并且随着社会的持续发展，城市基本公共服务需求也不断增长。在这种情况下，城市拒不执行或者变相解释政府政策的可能性越来越大，不仅损害政策的权威性，而且使政策的效应大打折扣。这在社会保障与公共教育领域表现得尤其明显。

在推进基本公共服务均等化的过程中，不少地方政府存在替代执行的现象。如农村医疗保险，根据上级政府颁布的相关法律法规，一些农村地区开始全面推行新型农村合作医疗制度，在法律法规中，上级政府要求各市县在城市组建社区医疗合作社（室），在农村组建农村合作医疗社，专门为社区居民和农村居民问诊和治病。但其从事范围受到限制，合作医疗社的医生不能诊断严重疾病，不能从事高利润的医疗行为，严重疾病和高利润的医疗只能由市、县等大医院进行诊断和从事。城市合作医疗社的医生工资以及农村赤脚医生的工资均由当地卫生部门纳入财政预算，一般年薪工资在一万以内。但由于这些医生独立开诊所的收入比年薪工资高很多，所以该项改革并未得到这些医生的支持，改革之路举步维艰。在某些地方，到目前为止都没有实现真正的"医疗合作社"的改革目标，城市和农村的私人诊所依然没有得到整合，没有合理实现功能互补。

（二）城乡基本公共服务能力总体性不足

公共服务提供必须以政府公共服务能力为基础。"财政是庶政之母"，公共服务目标的实现，必须接受公共财政的制度保障和支持水平的直接制约。

首先，就我国财政支出结构而言，还没有完全体现出"民生财政"的要求，向公共服务领域倾斜不够。在财政资源投入有限的情况下，基于地方政府的城市偏向策略，城市和农村的公共产品和服务供给来源差别明显：前者基本由公共财政供给，而后者大部分靠农民自己，导致农村公共服务投入更加捉襟见肘。基本公共服务向城市倾斜，农村的公共服务资源自然较少，农村和城市之间的公共服务差距越来越大。

其次，政府间财政体制不科学，没有按照"财力与事权相配套"的原则进行财政分配。我国农村地区公共服务的任务重，但其经济发展的现状限制了其地方财政收入，政府有限的财力难以实现基本公共服务供给体制的完善。

最后，中央政府的转移支付制度有效性不够，转移支付结构不利于公共服务均衡发展。我国的转移支付制度不够完善主要表现在：现行的转移支付结构不够合理；地方政府相应的配套压力比较大，财政统筹能力较弱；一般性转移支付项目种类繁杂、目标不清晰，均等化功能逐渐弱化；转移支付资金的使用效率低；专项转移支付的资金涉及领域过于宽并且分配使用不够科学；转移支付信息不够公开透明；省以下转移支付制度不尽完善。同时，在立法方面还缺少相应的法律法规来增强它的透明度。

（三）城乡基本公共服务法规执行不力

即使已有法规也严重缺乏执法力度。例如，实践中，小微企业、私营企业、劳动密集型企业的社会保障覆盖不全面，这些企业的保障主要集中于技术人员和核心管理人员，而普通职工的参保问题却并没有完全得到解决。另外，一些流动性较大的职业，如年轻的农民工、个体工商户、灵活就业人员等，也会因为收入水平低、参保意识薄弱等原因也不愿主动参与社会保障，甚至为了收入高一些，主动要求工作单位将五险一金的费用转为工资发给自己。

不少地方政府还存在基本公共服务法制的"象征执行"现象。一个普遍现象是地方政府对于上级政府下达的各项基本公共服务法规政策总是积极宣传，而实际上政策执行浮于表面。在贯彻落实上级政策的过程中存在着较大的不彻底性，很多地方政府只是象征性地执行上级基本公共服务法制和政策。

第二节　城乡基本公共服务均等化政策的体制反思

公平正义是公共服务体系的精神内核,公平正义精神的缺失正是城乡基本公共服务不均等根源之所在。从深层次上看,城乡二元的基本公共服务体制安排受制于中国的城乡二元经济结构,城乡二元的基本公共服务体制也体制性地固化和加剧中国城乡二元结构。以制度形式明确城乡公民权利差异化的法律存在,本身就不符合现代治理理念。我国到目前为止尚未出台城乡统一的《基本公共服务法》,目前依赖于一些部门的行政规章进行约束。城乡区别对待的供给导向型服务模式,对于实际公共服务需求的反应并不明显。之所以当前城乡基本公共服务发展不均衡,重要的原因之一就是农村居民对基本公共服务的需求偏好没有通过民主机制纳入政府决策函数。

一　城乡基本公共服务均等化政策的法治化反思

推动城乡基本公共服务均等化,始终不能脱离法治的保障与约束。我国当前城乡基本公共服务不均等的现实状况,正是法治理念、法律体系、执法机制与法律问责等方面还不够完善的后果。将城乡基本公共服务均等化置于法治化框架下思考,可以发现目前还存在以下问题。

（一）城乡基本公共服务均等化缺少法治理念引导

法治是人类社会经历长期历史发展过程总结出来的社会治理规律。我国社会主义法治与公共服务的核心理念在本质上具有高度契合性。社会主义法治理念中保证"宪法与法律的至上性"的法治形式要求与公共服务的"服务于人民"原则十分契合。我国经长期社会治理实践提出的"依法治国"方略,与公共服务的"保障人权,为人民利益服务"的核心理念十分印合。

1. 城乡基本公共服务政治过程中"权力规制"理念不足

在法治国家的建设当中,推动我国公共服务发展,不仅需要公共服务法律制度本身是"良法",而且还需要保障这些法律制度得到良好的执行。保障我国公共服务建设便要对权力进行规制,公共服务法律制度在实施过程当中需要建立有效监督机制。政府在进行社会服务时必须严格置于法律约束下，在相关法律的规定范围之内行使权力，必须保证"程序公正"，不得自我授权，不得滥用权力，更不能怠于职守。与此同时，司法机关必须保证司法独立性；作为个体的公民要积极守法，培养法律意识。目前，在地方政府公共服务过程中，还存在一些权力约束不到位的地方。

2. 城乡基本公共服务资源分配中"权利保障"理念不足

依法治国是社会主义制度的优越性之一。法治不仅应该通过保障经济、社会、文化等条件以保证个人的合法期望以及尊严实现，而且还应该通过各种有效的手段保障公民能够自由合法地维护自身权利。保障人权在公共服务理论体系中处于基础地位。保障公众权利是公共服务提供的逻辑起点，其不仅关系到公共服务的逻辑结构、顺序，而且关系到公共服务的制度结构、目标模式。为整个社会的发展提供制度安排，抑或为个体公民生存提供实物保障的根本目的都是为了保障权利。我国在基本公共服务资源配置中，总体上坚持了"权利保障"的要求。但是，在实践运行中，权利保障还存在一些不到位的地方，尤其是在欠发达的农村地区。

3. 城乡基本公共服务体系设计中"公平正义"理念不足

公正正义是公共服务的核心理念，要求公共服务法治实现实质和形式的公平正义，在立法上，要求公共服务法律制度是能够体现出法治基本价值的良法，从而保障社会从实质到形式上的公平正义的实现。在政府实际提供公共服务的领域上，要求要达成公平正义的目标，不仅需要政府加强自身自律，自觉维护社会的利益平衡，而且需要清晰界定政府权力边界，规范政府行政权力。还需要充分发挥市场、社会调节、整合资源的功能，共同实现公平正义的价值追求。城乡基本公共服务作为社会资源分配形式，其核心价值是公平正义。公共服务的法治以实现公平正义为宗旨，要求公共服务立法严格以公平正义为价值追求及价值指引。如果缺少法治理念引导，必然会导致基本公共服务资源分配在城乡之间的巨大落差。我国基本医疗保险、基本养老保险、义务教育、就业与再就业等基本公共服务已不再是传统的以单位为载体的供给方式，而是被纳入到基本公共服务制度框架之内。但是由于目前基本公共服务的法制设计存在缺陷，导致了公共服务供给并未突破城乡二元分割的制度惯性，导致在城乡之间存在"公平性"不够的问题。

（二）城乡基本公共服务均等化缺少法律体系保障

学术界对"均等化"进行的较多政策性的研讨至今尚未上升到法律制度层面。我国基本公共服务法律体系仍然不健全，整体层次处于较低水平。我国基本公共服务均等化往往是以文件、规章的形式推动的，有鲜明的"政策性"。例如，为提高农民生活水平、推动农业发展、建设社会主义新农村，党中央、国务院先后出台了多个"一号文件"。这些政策性的文件多将注意力集中于基本公共服务具体资源的分配与单一矛盾的协调，忽视了以权利保障为核心的正式制度构建问题。通过对政策文本的分类统计可以发现，虽然目前我国以宪法为核心和基础的中国特色社会主义法律体系已初步形成，政治、经济、社会生活及其发展均有法可依，但与基本公共服务发展的客观要求相比，我国公共服务法制建设还比较滞后，诸多公共服务领域存在立法空白，一些公共服务法规也存在不少的缺陷与漏洞。以农民工基本公共服务权益法律保护为例，除《中华人民共和国宪法》《中华人民共和国劳动合同法》《中华人民共和国就业促进法》等几部面向全社会颁布的法律之外，主要是依靠部门规章、地方性法规，尚未制定全国性的农民工权益保护法规；既有的规章制度中的规定也大多是原则性的，缺乏具体的法律保障措施和实施办法。在西方发达国家，基本公共服务均等化进程无一例外均以立法为先导，通过建立多层次的公共服务法律体系，实现公共服务的"有法可依"，公共服务法治化特征非常明显。德国历时近20年完成的《社会法典》于1983年公布，其内容涵盖了社会保障的方方面面；日本2006年颁布的《公共服务改革法》和澳大利亚1999年修订的《公共服务法》都是以国家统一立法的形式对公共服务改革加以调整。在我国基本公共服务均等化的推进过程中，明显地体现了法治阙如的特征。[①]

总体而言，我国公共服务法律供给状况与公共服务实践的广泛需求之间存在较大差距，基本公共服务的法律法规无法很好地实现指导基本公共服务均等化改革实践的目的。下面从公共服务组织法律制度、公共服务运行法律制度、公共服务程序法律制度、公共服务救济法律制度四

---

① 范逢春：《建国以来基本公共服务均等化政策的回顾与反思：基于文本分析的视角》，《上海行政学院学报》2016年第1期。

个维度，来分别剖析我国公共服务法律制度建设状况。

1. 城乡基本公共服务均等化组织法律制度不全面

在全球变革的大环境下，为了达成提升公共服务、提高政权合法性的目的，中西方国家都必须深入思索公共服务组织法律制度的完善问题。公共服务组织是公共服务活动的载体，直接影响着公共服务事业的发展。政府、社会组织在内的公共部门构成了我国公共服务组织主体，欲规范其公共服务提供行为，必须要推进公共服务组织的法治化。目前，我国政府公共服务职责界定不明，缺少明确的法律规定。我国是一个央地政府实为一个整体的中央集权型国家，二者在几乎所有社会事务中都存在交错的复杂关系。然而，我国现行公共服务法律对政府社会管理职权的划分却缺乏科学的认识，缺乏一部专门的法律法规对政府间职责进行划分。政府间职责划分的原则性规定散见于《宪法》《地方各级人民代表大会和地方各级人民政府组织法》《教育法》《农业法》等法律法规中，这就导致了对央地关系的调整的随意性和不规范性，不利于调动地方政府提供公共服务的积极性。同时，基本公共服务均等化组织法律制度不健全，导致政府在公共服务领域中存在"越位""缺位"的现象。"越位"加重了政府负担，降低了公共服务效率。"缺位"导致了政府未采取有效的措施应对新的公共服务矛盾和问题，致其进一步恶化。

2. 城乡基本公共服务均等化运行法律制度不完善

保障公民基本权利的实现，防止公共服务运行偏离维护公共利益的轨道，行之有效的方法是建立一套规范公共服务运行的法律制度体系。然而当前我国公共服务运行的法律制度体系却不完善。首先，在公共服务实践中缺乏具可操作性的法律规定。法律规定中原则性的、号召性的语言居多，部分规定形式大于了内容。其次，公共服务竞争法律制度亟待完善。竞争直接关系到公民基本权利的保护，对于公共服务质量、公共服务效率的提高具有关键性的作用。如何实现基本竞争规则的保护与特殊公共服务领域"竞争豁免"之间的平衡是完善我国公共服务的焦点问题所在。改革开放以来，我国相继颁布了法律规范确认在公共服务领域中的公平竞争原则，例如《反不正当竞争法》《消费者权益保护法》《政府采购法》等法律，尤其是 2008 年 8 月 1 日正式实施的《反垄断法》标志了我国公共服务竞争法从整体上趋于完整，但仍存在许多不足。例如,《反垄断法》在一些条款上扩大"竞争豁免"的范围反而会放纵行政垄断。[①] 最后,公共服务绩效评估缺乏法律制度依据。改革开放以来,为了提升服务质量,政府不断探索公共服务绩效管理的议题,但这些公共服务绩效管理活动多处于自发或半自发状态,主要是以政策指导的形式进行,缺乏稳定的法律规范统一规划,没有真正达到通过管理提高公共服务效率的目的。因此,必须制定公共服务绩效管理法以推进公共服务绩效管理法治化。

3. 城乡基本公共服务均等化程序法律制度不规范

更好地保障公民的基本权利是公共服务的核心目标,规范公共服务的程序法律制度,才能尽可能防止公民基本权利因公权力滥用而受到侵犯的情况发生。我国1989年颁布的《行政程序法》是在公共服务法发展道路上具里程碑意义的一款法律,此后颁布的《行政复议法》《行政监察法》《公务员法》等法律、法规、规章中都对程序规范做出了规定。1996年实施的《行政处罚法》、2004年实施的《行政许可法》明确规定了现代行政程序基本原则,在我国公共服务程序法的发展史上具有突破性的历史意义。但我国公共服务程序法的发展毕竟起步晚,发展尚不健全,重实体、轻程序的思想仍然存在,相关法律规范仅局限在高权行政程序方面,缺乏对非权力性公共服务程序的规范。

4. 城乡基本公共服务均等化救济法律制度不健全

公共服务法律制度不健全,首先表现为公共服务的赔偿范围和补偿的力度仍有欠缺。我国《国家赔偿法》《行政诉讼法》对公共服务赔偿做出了规范,但对于公共服务的不作为侵权、非强制性公共服务侵权等赔偿问题的规定仍有欠缺,规定的赔偿力度也明显不够。[②] 公共服务法律制度不健全,其次表现为司法审查对行政自由裁量权的控制力度不够。行政机关的自由裁量权过大造成了在公共服务供给过程中,滥用职权的现象易于发生,侵害了公民的合法权益。公共服务法律制度不健全,最后表现为公共服务的救济途径有限。虽然我国目前公共服务的救济途径数量较多,有行政复议、行政诉讼、申请国家赔偿、信访、向国家立法机

---

① 史际春:《反垄断法理解与运用》,中国法制出版社2007年版,第34页。

② 曹剑光:《公共服务的制度基础》,社会科学文献出版社2010年版,第280页。

关申诉控告等，但实际上这些途径发挥的作用却十分有限。例如，行政复议、行政诉讼、申请国家赔偿需要耗费大量的时间、金钱，导致不能提供及时有效的救济；"信访制度是一个行政权自我约束制度和非正规的救济制度，信访机构是同一行政组织中的机构，缺少行使职权的独立性，缺乏公正、中立的程序保障，缺乏相应的责任机制。"[1] 向国家立法机关提出申诉控告等途径运行程序尚不成熟，也难以成为一个有效途径。因此，完善我国公共服务救济法律制度，寻求真正为公众提供便捷、高效的公共服务救济途径意义重大。

（三）城乡基本公共服务均等化缺少法律问责控制

我国至今仍未建立起基本公共服务的绩效问责制度，难以实现"违法必究"这一社会主义法制建设的根本保障，这也成了基本公共服务非均等化的又一重要诱因。我国于 2003 年的"非典"期间正式启动了行政问责制，随后党和国家陆续出台了一系列行政责任追究制度，为我国推行行政问责制奠定了坚实的法律依据，例如《关于特大安全事故行政责任追究的规定》《关于实行党风廉政建设责任制的规定》《行政监察法实施条例》。但是，行政问责的实践与法律规定之间却存在较大差距。当地方政府领导人因"行政失当"导致重大事故与损失时往往才会启动行政问责，而对于不良绩效的政府行为，包括基本公共服务均等化的履行绩效基本不作为问责对象。由于问责主体不合理、问责程序不统一、问责标准不明确的基本公共服务绩效问责的法制障碍存在，我国尚未构建起考察、甄别基本公共服务"产出效果"的绩效问责法制，导致基本公共服务均等化仅停留在"直接投入"层面，进一步拉大了基本公共服务非均等化。

1. 城乡基本公共服务均等化绩效问责主体不合理

公务员的权力来源于人民授权，享有的权力与承担的职责呈正比，他们理应对人民负责并受其监督，这是"代议制"的重要精神所在。确保均等化供给的重要保障便是辨别公共部门提供基本公共服务的绩效，进而进行问责。然而，我国基本公共服务绩效问责主体方面存在许多不合理设置。首先，"同体"问责难以实现，我国政府系统内部主要实行

---

[1]　石启佑：《论公共行政与行政法学范式转换》，北京大学出版社 2003 年版，第 228 页。

"上问下责",实际上,上级部门可以责令行政失职或行政不当的下级政府官员解职或辞职,而上级领导一般不承担连带责任,级别越高越明显;其次,"异体问责"主体的乏力。在政治实践中,立法机关并未依照宪法赋予的权力积极地扮演问责主体的角色。民主党派由于受限于问责能力或问责手段,问责力度大为削弱。新闻媒体、人民大众也囿于诸多因素未能有效行使法定的问责权利。

2. 城乡基本公共服务均等化绩效问责标准不明确

绩效问责标准不明确会阻碍基本公共服务绩效问责的顺利推行。为了落实均等化,澳大利亚就采用了"标准预算、财务标准、政策标准"三重保障。而我国至今尚未建立一套全国统一的基本公共服务供给标准来针对性地实现均等化这一目标,因而无法对全国各级政府实施均等化的绩效进行客观、科学的考评,无从实施问责。这无疑加剧了不同地区基本公共服务均等化程度的差异性。

3. 城乡基本公共服务均等化绩效问责程序不统一

"当前我国问责的依据是行政性的而不是根据法律来决定是否问责",而这种行政性问责存在较大的弊端,即透明性、公开性弱。首先,基本公共服务问责启动程序不健全。由于缺乏明确的绩效问责启动程序,导致了问责主体对在"什么时候、什么条件下"启动问责程序缺乏统一认识。其次,基本公共服务绩效问责运行过程中的程序不明确。我国具体问责进程中的相关程序步骤相当模糊。立法机关行使调查、质询、撤职、罢免等特殊权力,人大代表享有监督权、问责权是宪法赋予的权力,但对于这些权力的实行,即实际问责的实施环节和步骤却缺乏明确规定,招致问责行为自身异化的可能性加大。

二 城乡基本公共服务均等化政策的民主化反思

如约瑟夫·E. 施蒂格利兹所说:"从摇篮到坟墓,我们的生活无不受政府活动的影响。"[①] 在现实的政治过程中,政府承担着提供公共产品满足社会公众需求的基本责任,政府制定基本公共服务政策文本本身无

---

① [美] 约瑟夫·E. 施蒂格利兹:《政府经济学》,曾强、何志雄译,春秋出版社1988 年版。

可厚非，但并不意味着政府在政策文本的制定与出台过程中可以忽略公民参与。我国基本公共服务均等化政策文本制定主体呈现明显的"强精英性"与"弱参与性"。从我国的政党体制来考察，中国共产党作为唯一的执政党，是韦伯所说的意识形态性质的政党①，根本目标是实现一种政治理想，对国家大政方针实际承担完全责任。我国的一切大政方针都是建立在这一政治体制基础之上的，基本公共服务均等化政策文本也是"政治理想推动的精英决策"的结果。我国公共服务政策都是源于高层领导对现实的把握和推动，本质上是政治精英主导政策过程的结果。在现实中，社会公众对某些公共服务需求不能自动地将社会需求输入政治过程，需要通过"精英政治"进行选择与设计。我国基本公共服务政策的出台往往不是多元主体间的社会互动，而是由政府精英进行利益综合，再在权力精英之间进行政治折中。这种"内输入"彰显出我国基本公共服务均等化政策制定主体"强精英性"的特点。

我国基本公共服务政策文本输出作为一种精英主导、行政支配、自上而下的福利赋予行为，缺少社会公众的有效参与。在当前我国基本公共服务均等化的推进过程中，社会公众只是公共服务的被动接受者，利益诉求的渠道明显缺乏，利益表达的权利保障不足。在这种情况下，基本公共服务供给及其均等化的推进主要取决于政府决策者的主观意愿以及认知程度。阿玛蒂亚·森认为："人们可以成功实现什么受到经济机会、政治自由、社会权利、促进良好健康的条件、基本教育以及对开创性行为鼓励和培养等等因素的影响，提供这些机会的制度性安排，又取决于人们对其自由的实施，即人们是否运用其自由来参与社会选择、参与促进这些机会发展的公共政策。"② 很显然，基本公共服务均等化的有序推进需要公众参与。在基本公共服务领域中，没有有效的公众参与，

---

① 马克斯·韦伯在讨论官僚统治和政治领导权时提出一个现代国家政党组织原则的"二分"理想类型，即谋求职位庇护权组织（organizations for job patronage）和意识形态性质（ideological）的组织；前者的政党成员设法把他们的领袖推到最高位置，以便于其能向追随者分配国家官职；后者的目标则是实现根本性的政治理想（substantive political ideals）。参见［德］马克斯·韦伯《经济与社会》（第2卷），阎克文译，上海人民出版社2010年版。

② ［印度］阿玛蒂亚·森：《以自由看发展》，任赜、于真译，中国人民大学出版社2002年版。

政府自利性取向下的短视行为、政府垄断供给中的效率不高、公共服务质量低下以及各种"寻租"腐败问题的"政府失灵"问题必然大量存在。

"任一民主国家的稳定不仅取决于经济发展,也取决于它的政治制度的合法性与有效性。"① 民主化治理作为现代民主政治的一种实现形式,其实质是落实社会成员的知情权、表达权、参与权以及监督权。城乡基本公共服务民主化治理,是将民主机制引入城乡基本公共服务治理实践中的决策制定、决策执行以及决策反馈各个阶段,追求公共服务的公平、效率的一种制度安排。民主化治理与城乡基本公共服务均等化的内在价值存在高度的一致性与契合性。城乡基本公共服务民主化的精神实质在于整合社会多元利益诉求,充分尊重和反映社会成员的利益追求与意志指向,确保城乡基本公共服务实践沿着提高公共利益最大化的理性化轨道发展。在此意义上,民主化治理是城乡基本公共服务均等化的题中应有之义,民主化治理是实现城乡基本公共服务均等化的基本方法,更是保障城乡基本公共服务均等化的必然且有效举措。

(一) 基本公共服务供给决策缺少农民参与

基本公共服务供给决策是指基本公共服务供给决策主体就供给问题进行协商并做出决策的动态行为过程。只有将民主理念、民主机制以及民主方法引进到基本公共服务供给决策中,才能保证基本公共服务供给在全体成员中达到平衡状态,推进基本公共服务供给均等化的实现。当前,我国基本公共服务供给决策中严重缺少农民参与。

1. 基本公共服务供给决策中农民代表数量不足

为了保证最终公共服务政策产生于利益边缘,形成于民主框架中,公共服务决策应以多元利益主体之间的自由竞争为前提来应对政治冲突,而且在相互博弈的过程中没有哪一股独立力量能够对政府施加过分的影响。此外,公共服务供给决策主体"不应当仅仅局限于政治代表、专家和其他精英的范围内,而应当扩展到整个社会"②。

根据马克斯·韦伯的科层制理论,假定大多数政府官员最大理性便

---

① [德] 哈贝马斯:《交往与社会进化》,重庆出版社 1989 年版。
② 陈剩勇、何包钢:《协商民主的发展——以自由看发展》,中国社会科学出版社 2006 年版,第 3 页。

是职位升迁。我国政绩"唯 GDP"指标及自上而下的政府官员考核体系导致拥有决策权的基层政府官员缺乏合理供给农村基本公共服务的利益驱动，又由于农民话语权的缺失，我国基层形成了"强权"式的农村基本公共服务供给决策机制。随着民主化进程不断推进，公共服务供给决策主体向多元化发展，农民开始参与到公共服务供给决策中来，但是农民代表性不足的情况仍然非常严重。就以人大代表的构成为例，长期以来，学术界一直对我国选举法规定了我国人大代表的城乡比例①存在批评，认为立法上的不平等有违"法律面前人人平等"的原则。2010 年选举法修改，规定"城乡按相同人口比例选举人大代表"。全国人大和地方人大代表的构成比例进行了调整，但仍没有与实际农民代表的人数间存在正比例关系。但是现实中"官员主导与代表的精英化"两个问题并没有得到解决。"官员主导与代表的精英化"本身不是问题，问题在于一些人大代表和农村居民之间没有直接的利益关联，这实际上就决定了在公共资源分配上农民缺少代表性。

2. 基本公共服务供给决策中农民参与能力不足

参与式民主理论家佩特曼指出，"参与的主要功能是教育功能，最广义上的教育功能，包括心理方面和民主技能、程序的获得。通过参与过程的教育功能，可以发展和培育这一制度所需的品质，个人的参与越是深入，他们就越具有参与能力，参与制度就可以持续下去"②。基本公共服务供给决策的公平性有赖于农民的政治参与能力，主要包括基本的认知能力、有效利用文化资源的能力以及供给决策参与主体在决策过程中表达真实偏好的能力③等。实践中，我国农村居民由于自身教育程度的限制，导致政治参与能力严重不足。

基本公共服务供给决策中农民代表的责任感、代表意识不强。一些

---

①　1953 年选举法明确规定，选举全国人大代表，农村每一代表所代表的人口数是城市每一代表所代表的人口数的 8 倍，即 8∶1。1982 年的修改将县级人大代表名额由 4∶1 改为可小于 4∶1 直至 1∶1。

②　［美］卡罗尔·佩特曼：《参与和民主理论》，陈尧译，上海人民出版社 2006 年版，第 9 页。

③　［美］詹姆斯·博曼、威廉·雷吉主编：《协商民主：论理性与政治》，陈家刚等译，中央编译出版社 2006 年版，第 227—228 页。

代表对自身的作用、地位缺乏清晰的界定,对代表工作缺乏足够的认识,认为当代表仅是一个称号,参加会议只是流于形式,实质上职权皆无。基于此认识,这些农民代表的代表意识相对淡漠,责任感体现得不够充分。

基本公共服务供给决策中农民综合素质不高,与履职所需能力有一定差距。作为人大代表除了需要具有一定政治素质以外,还要综合掌握经济、文化、法律、科技等方面的知识,而我国农村人口整体文化程度相对较低,个别代表的文化程度难以达到预期目的,这就造成部分代表在会议期间提不出建议、议案。

3. 基本公共服务供给决策中农民参与程度低

由于认知等政治上相关能力的劣势,农民很难与其他决策主体交换公共理性并对各方观点进行理性审视,难以真实表达偏好,引致对公共服务供给决策的影响力偏弱。我国公共政策的决策主体以政府为主,决策机关对公民反馈的意见重视程度不高使得公众参与决策的意愿受到打击,直至淡漠。并且,较其他决策主体而言,农民在很多方面处于较低地位,导致了在与其他决策主体进行协商、决策时的平等性受到一定程度的削弱。使得农民参与整体水平不高,组织化程度较低。

第一,公民参与供给决策的组织化程度不高。根据公共服务理论,为了达到基本公共服务供给数量、结构上的最优,基本公共服务的决策应遵循"以手投票"的公共选择机制,或是蒂布特模型所展现的"以脚投票"的制度安排,农民对农村基本公共服务的需求意愿应该得到真实的表达、尊重。但是,不少农村干部对农民合理的民主要求和自主的参与意识回应不够及时,在体察民情民意、拓宽农民的政治参与渠道方面还需要继续提高。[1]

第二,公民参与供给决策的深入性程度不高。"公民越是关心和参与政治,就越会认同于政治系统。"亨廷顿认为,"发展中国家公民政治参与的要求会随着利益的分化而增长,如果其政治体系无法给个人或团体的政治参与提供渠道,个人和社会群体的政治行为就有可能冲破社会秩

---

[1] 裴斌:《关于当前我国农民政治参与滞后的思考》,《云南行政学院学报》2004 年第4 期。

序，给社会带来不稳定"。理查德·C. 博克斯（Richard. C. Box）在《公民治理：引领21世纪的美国社区》一书中，设计和建构了21世纪美国社区的新型治理模式，即"公民治理"。"公民治理"理论虽发端于西方国家，但因与"人民主权理论"有很好的耦合，对我国基层的村（居）民自治具有良好参考价值。公民治理的核心机制便是公民参与。20世纪60年代，美国学者谢尔·阿斯汀（Sherry Arstein）用"公民参与阶梯"理论描述了公民参与形式和手段的阶梯上升状态[1]，他把公民参与分为"操纵、治疗、告知、咨询、展示、合作、权力转移、公民控制"八种形式，并将这八个形式从低到高总结为"公民无参与""象征型参与""完全型参与"三个阶段[2]。综合来看，目前我国公民参与仍处于"低梯度的公民参与"，未来需要继续提升参与的深入性。目前我国公民参与形式主要有公民会议、公民调查、公众接触、专家咨询、恳谈会、听证会，但是我国公民参与仍存在诸多的问题。首先，我国基层民众由于长期缺少民主训练，实际参与能力偏弱。其次，公民参与的动力机制、利益表达机制、政府回应机制、信息公开机制、过程监督机制不完善，导致了公民参与的深度和广度受限；最后，传统行政体制带来的政府单中心决策使得行政官员"官腔官味"思想未能根本性转变。然而，当普通公民难以通过制度化的程序表达意愿，难以通过制度化的手段解决自己的利益困扰时，就易于通过非制度化参与以施加影响。

第三，公民参与供给决策的有效性程度不高。建设服务型政府，公民身份是服务对象，政府则是服务者。只有通过有效的公民参与，政府才能真正了解公民的公共需求，才能体现政府服务本质，才能通过政策满足最广大群体的利益。有效的公民参与不仅"能够有助于满足公民对其声音受关注以及其需要和利益得到满足和追求的期望"[3]。而且能够有助于公共决策的民主化，进而改善公共政策的质量。

第四，参与式公共服务是一种新型公共服务运行机制，其计划性的

---

① 孙柏瑛：《公民参与形式的类型及其适用性分析》，《中国人民大学学报》2005年第4期。

② Sherry Arstein. *A ladder of citizen participation*. Journal of American Institute of Planners，1969.

③ ［美］珍妮特·V. 登哈特·罗伯特·B. 登哈特：《新公共服务：服务，而不是掌舵》，方兴、丁煌译，中国人民大学出版社2004年版，第93页。

政府干预机制、充分发挥竞争性的市场调节机制以及自治性的农民有序参与机制的制度优势，有助于实现政府引导、市场介入、农民参与之间的良性互动①。现实中，在我国公共服务决策、执行与监督过程中，缺少民主化的机制，尤其是农村公民对公共服务的民主参与缺少，无法实现自身的公共服务权利，从而造成了城乡基本公共服务不均等。有效的公民参与以公民需求为导向，以改善公共政策质量，提高政府行政效率为目的。在有效的公民参与下，政府对于公共服务的供给垄断逐渐被打破，政府由公共服务的直接提供者转为"掌舵者""合作者"，部分公共服务职能由非政府组织、公民社团、私营部门提供，新型合作关系得以产生，公共服务供给实现多元化，参与降低了服务成本，缓解了政府的财政压力，同时也改善了服务质量，提高了行政效率。

（二）基本公共服务提供过程缺少民主管理

公民参与，"不仅是指公民的政治参与，即由公民直接或间接选举公共权力机构及其领导人的过程，还包括所有关于公共利益、公共事务管理等方面的参与"②。"在新公共服务理论中，公民参与并不局限于确定优先考虑的事项，而应当增进和鼓励公民参与政策制定和执行过程的各个方面和各个阶段。公民不只是要求政府满足他们的短期需要，而是自己参与治理，治理的途径便是'共同生产'③。

1. 基本公共服务需求缺少民主表达

在现阶段压力型行政体制下，政府官员为了博得上级政府好评，在一定程度上忽视需求主体的需求和偏好，而更多关注"政绩"等因素，根据上级政府的"考核指标"来进行农村公共服务供给决策，在公共服务供给决策过程中，往往将农民排除在外，使农民在供给决策中话语权丧失。

一方面，基本公共服务供给存在较大"限度"。决策者在确定基本公共服务财政投入时往往更多考虑政府的财政资源充裕状况。这种福利供给

---

① 应若平：《参与式公共服务的制度分析——以农民参与灌溉管理为例》，《求索》2006年第7期。

② 罗豪才：《健全公民参与机制，推动政治文明建设》，《人民日报》2003年9月9日理论版。

③ 邓念国：《新公共服务理论的民主意蕴及其实现路径》，《江海学刊》2008年第3期。

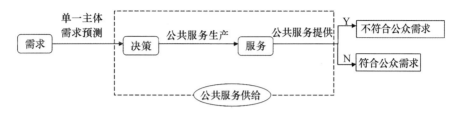

图4—1 传统模式下的公共物品与公共服务需求

资料来源：根据本书内容制订。

极易受到政府决策者主观意愿影响，必然是不稳定的且难以持续的。只有从根本上实现由福利赋予思维转换为公民"增权"思维，重视社会公众的真实参与和偏好表达，基本公共服务均等化的实现才能得到切实保障。

另一方面，基本公共服务均等化的推进在偏好表达与转换方面可能存在"虚假"。地方政府强制分配基本公共服务的行为可能主要源于提高"政绩"的考虑，却未真实改善社会公众特别是弱势群体的福利状况，缺乏顾客导向。公共服务中的顾客导向要求政府立足于顾客立场进行思考，针对顾客的真实需求生产和供给公共产品、公共服务，并以顾客满意为目标。顾客导向能提升公共服务的价值、激发公共组织的回应性和公众参与的积极性等民主意蕴。

2. 基本公共服务生产缺少民主管理

公众导向要求政府将公众视为最宝贵的资源，"站在公众立场思考"为公众创造利益和价值，通过直接与公众互动以了解其需求并针对性生产和供给公共产品和公共服务，政府的基本目标定位于公众满意，政府工作重点则在于达成公众的合理期待与愿望。不平等地分配权利和资源，使得占优势的参与者主导了协商与决策过程，引致农民在表达意愿时存在顾虑，无法坦率表达，又因为农民在有效利用现有资源能力上的匮乏，引致其很难利用现有体制中的各种机会发起公共商讨或辩论，这就导致基本公共服务生产过程缺少民主管理。

3. 基本公共服务供给缺少民主管理

政府能力存在内在有限性，想要实现对公民基本公共服务及时、高效、透明、多样化、差异性需求的供给，必须科学构建社会基本公共服务体系框架，并根据国家经济社会发展的实际状况确定提供基本公共服务的方式、具体内容和标准，推进"党的领导、政府负责、企业分担、社会参与的多元化公共服务供给主体"① 格局的形成。民主的基本要求包括制度化和程序化、公开和透明、多元和参与、保护权利、权力与责任、监督和制约等，由此而来的制约机制决定了以实现基本公共服务均等化目标的有效途径是：以民主维度推进基本公共服务均等化，有效制约政府权力，克服"政府本位"倾向。在目前的公共服务体系中，政府决策者的主观意愿以及认知程度在很大程度上决定了基本公共服务供给以及均等化的推进。在这种深受行政支配的行为之下社会公众缺乏表达个人偏好的权利与机会，扮演着服务被动接受者的角色。然而"政府失灵"问题同样存在于基本公共服务领域中，主要体现为政府垄断供给中的效率不高与质量低下、政府自利性取向下扩大公共服务供给的倾向、官员政绩追求下的短视现象以及"寻租"腐败问题等。

（三）基本公共服务消费过程缺少有效监督

基本公共服务消费过程的民主监督有利于基本公共服务均等化的推进，倡导不同主体在基本公共服务消费过程中具有同等的监督机会有助于民主监督目标的实现。然而，当前的现实情况是在农村公共服务消费过程中，监督主体、监督多样化、监督有效性等方面均存在明显不足。

1. 监督主体包容性不足

在现代民主国家，因为让所有公民都成为政治代表并同时参与公共事务决策不具备可行性，但如若突破代议制度的局限，换个视角在社会领域中却能找到更广阔的参与空间。美国学者登哈特夫妇认为，许多公民实际上把自己的时间花在了参与一种新型的称为"草根"活动的政治活动中，而非选举或政党政治上。② 基层的实践参与不仅可以容纳"远为多数的人们"，而且能够与国家层面的政治参与同样发挥教育功能。

随着社会利益主体的多元化程度加深，社会各阶层表现出日益强烈的参与政治过程、表达利益诉求的愿望。然而由于深受传统权力政治惯

---

① 俞可平：《中国治理变迁 30 年》，社会科学文献出版社 2008 年版，第 215 页。

② ［美］珍妮特·V. 登哈特、罗伯特·B. 登哈特：《新公共服务：服务，而不是掌舵》，方兴、丁煌译，中国人民大学出版社 2004 年版，第 32 页。

性的影响，农村公共服务供给决策监督的形式主要是党政内部监督，社会主体监督缺乏，这势必会对公共服务体系建设产生负面影响。社会主体主要指除政府之外包括居民、企业、民间社会组织等的其他主体。20世纪80年代以来，西方发达国家的普遍选择"政府组织、准政府组织、非营利组织、私人组织、个人等多元主体共同参与政策的制定的执行"①。在中国，民间社会力量得到不断成长、民众参与能力得到不断提高，公民参与已由选举、投票等政治参与扩大到了公共事务管理的民主行政参与。想要实现不同主体利益的整合，必须要用制度化的方式确立评议主体多元化，从而保障利益相关者参与表达和协商。

2. 监督手段多样化欠缺

基本公共服务消费过程的外部性监督方式包括民意调查、市民评政府、电视问政、人大和政协专项检查、第三方绩效评估；内部性监督包括上级的工作检查、财政支出项目绩效评估、行政问责等。

科学、完整、高效的公共服务监督体系包括监督主体、监督方式、监督内容和监督权威四大方面。遵循"平衡原则"，同步推进这四方面内容，多措并举才能真正完善公共服务监督体系，才能产生持续性、实质性的效果。我国公共服务体系建设尚处于起步、发展阶段，从监督主体存在缺位问题，部分监督者存在不作为乱作为、推诿扯皮的现象，导致了监督的随意性和不到位。从监督制度上看，行政监察、纪律监察较为完善，但公共服务监督机制，例如"预算恳谈""网络问政""微博问政"还游离于正式制度框架之外，总体而言无章可循、无据可依，不能真正将监督处罚落到实处。从监督方法上看，仍需提高公共服务绩效的科学性、合理性，公共服务绩效指标体系建设也仍处于摸索和探索之中。公共服务监督仍需要继续完善。

3. 监督效果有效性不佳

在科学的公共服务项目绩效指标体系的基础上，科学评估公共服务是否达到预设目标以及其经济性、效益性、效率性、效果性，才能确保公共服务预期效果的真正实现。目前来看，监督效果不佳，主要体现在三个方面：一是服务绩效监督不到位。服务绩效监督除了能够倒逼公共

---

① ［美］彼得斯：《政府未来的治理模式》，中国人民大学出版社2001年版，第82页。

服务决策和过程提高效益性、科学性之外，还能助益下一年度公共服务立项和资源分配实现科学性与合理性。如前所述，由于服务绩效评估存在问题，导致公共服务绩效监督不到位。二是服务公平监督不到位。服务公平监督主要是对公共服务过程中的公平、公正问题进行监督。然而，现有的制度内监督机制难以真正起到有效监督、反馈、控制和调节的作用。农村公共服务供给决策实质民主化的有效推进，依赖于供给决策主体的多元化，决策程序与决策监督的民主化，信息交流与偏好转换的理性化。三是服务责任监督不到位。绩效监督与主体责任存在紧密相连的关系，确保绩效评估结果得到切实应用，就要将权力与责任真正匹配起来，就要切实追究服务绩效未达到预期目标、未完成预先承诺的服务主体的责任。如此，监督行为才能真正发挥效用，监督体系才能正常运转。公共服务监督必须以公民为中心，终极标准必须是公民满意。要让公共服务监督真正反映社会意见，就要引导广大公众通过各种渠道、方式参与各种层次、内容个体访谈、相关者参与、公民投票、服务满意度调查，并将其作为公共服务质量和绩效监督的重要组成部分。目前来看，这些方面还有大量工作要进一步推进。

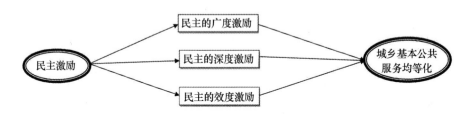

图4—2 农村公共服务中的民主激励结构模型

资料来源：根据本书内容制订。

三 城乡基本公共服务均等化政策的科学化反思

科学化治理是国家治理现代化的重要标志，科学化治理与国家治理现代化在内在价值上具有高度的契合性，是实现国家治理现代化的基本方法。城乡基本公共服务均等化要求公共服务制度必须坚持科学的原则。科学原则要求在公共服务领域内制度要贯彻科学原则，通过科学立法建立起完备的公共服务制度体系。现实中，我国城乡基本公共服务均等化制度的"科学性"缺失。如果从在技术理性层面思考，城乡基本公共服务均等化政策表现为科学性不够，政策文本的具体内容呈现"碎片化""畸形态"与"失衡状"。

（一）基本公共服务均等化政策的"碎片化"

从政策文本可以看出来，我国基本公共服务供给具有严重的"碎片化"特征。这种"碎片化"表现为制度分割型碎片化、资源缺乏型碎片化和府际博弈型碎片化。在新中国成立初期，由于户口管理体制的隔离，导致城乡基本公共服务供给的碎片化；改革开放之后，政府公共服务资源供给不足，而资源优先保证城市，严重忽略了农村的基本公共服务，导致城乡基本公共服务供给的"碎片化"；我国以专业分工、行政等级制和非人格化为特征的政府组织形式为基本公共服务分割管理模式的形成奠定了组织基础，1994 年分税制改革以及 21 世纪初的税费改革，导致中央与地方政府、不同地方政府之间均产生竞争博弈关系，过度竞争导致公共服务供给过程缺乏府际协作，加剧了城乡基本公共服务供给的碎片化。以医疗保障为例，"城镇职工基本医疗保险""城镇居民基本医疗保险"和"新型农村合作医疗"三项制度各自独立运行，其资金来源、缴费比例、供给主体投资能力各不相同，突出显现了我国基本公共服务均等化政策的"显碎片化"与"弱整体性"。

从 1949 年以来的基本公共服务政策文本可以看出，各个时期基本公共服务均等化政策的"碎片化"特征都比较明显。长期以来，我国的改革都是以渐进的、"摸着石头过河"的方式进行着，并以部门改革为先行和主导，呈现出碎片化的特点。这样的改革在相当长的时期内确实发挥了重大积极作用。但如今，随着大量非结构化社会问题的不断涌现，碎片化改革在解决这些问题时已经显得捉襟见肘。要有效解决这些问题，就必须突破"碎片化"治理的逻辑，通过国家治理体系与治理能力现代化将改革引向深入。

（二）基本公共服务均等化政策的"畸形态"

在"所有制决定论"的影响下，我国城乡基本公共服务供给具有较强的路径依赖性。虽然国家为解决这一问题也做了很多努力，比如分税制改革和农村基本公共服务成本分摊机制的建立，但这并未从根本上解决乡镇财政困难的问题。因为相对地方政府,中央政府一直拥有强势地位,这使得分税制改革最终演变成了"财权上交、事权下放"的非对称分权体制。乡镇财政困难的问题并未得到解决,却又要承担更多的行政性事务,这就造成农村基本公共服务供给权责的"畸形态"。中央政府、地方政府及政府职能部门作为我国公共服务提供的三类基本行政主体,在纵向治理结构中分别表现出不同的行为特征:中央政府由于缺乏对地方政府进行经济激励的动机,因而倾向于采用政治激励模式;地方政府在碎片化权威和能力约束等因素影响下,会对中央的政策进行选择性执行;职能部门在部门利益和政绩压力驱动下,会形成借上级压力实现权力扩张的行为模式。这种纵向治理模式的特点,决定了地方政府和政府部门具有强烈的动机去扭曲中央的政策目标,使得选择性执行成为他们的优势策略,使得城乡基本公共服务均等化的相关政策难以顺利落实。

我国中央与地方政府职责同构,形成了公共服务供给"中央出政策,地方出资金"的基本格局。这就意味着,各种有关公共服务提供的政策由中央制定,但政策执行中的主要甚至全部的支出责任却需要地方政府来承担。我国城乡、区域基本公共服务均等化面临的制度障碍首要表现为政府间纵向事权与财权的不对称和转移支付制度的低效并存。事权的履行需要财权的支撑与保障,财权的配置需要以事权划分为依据,二者合理有效的匹配才能保证政策目标的实现。实行分税制改革后,政府间纵向事权层层下放,财权层层上收,基层政府需要承担的基本公共服务任务越来越重,如医疗、教育、社会保障和福利救济等支出大都由基层财政负担,但基层政府财权却并没有相应扩大。综上,低效的转移支付制度和政府间事权与财权的不对称共同加剧了区域间财政供给能力的不平衡,致使我国区域间基本公共服务的非均等化越发严重。

(三) 基本公共服务供给结构的"失衡状"

当官员把追求自身政治和经济利益最大化作为行事标准,而现实中又缺乏对官员这种行为的有效监管和约束时,必然就会出现财政资金使用低效率的问题,导致财政支出结构不合理。这在农业支出方面表现为以下两点:一是我国财政资金用于农业行政事业单位的管理费用大大超出对农业生产部门的投入。这与我国行政机构的设置有关,部分行政机构膨胀、臃肿严重;二是财政支农资金使用不合理、效果差。我国财政支农资金用于农业科技三项费用的比例远低于基础设施建设的费用，农业急需资助项目投入比例小，且呈下降趋势。农业是农民谋生的根本，财政资金在农业方面不合理支出深刻体现了农村基本公共服务供给结构的失衡。

当前，我国的社会基本矛盾已经发生转变，农民也从对生存资料的根本需求转变为包含发展资料在内的多种需求，而且对发展性公共产品的需求越来越大。农村公共产品的提供决策程序是自上而下的，政府在供给中的主导地位难免会造成农村公共产品供给结构的失衡。由政府决定向农村提供何种公共产品，以何种方式提供，却忽略了农民的实际需求是什么，这也是当前政府各种"样板工程"频发的原因。除了造成资源的浪费，也加重了地方的债务负担，进一步导致农村基本公共服务供给结构的失衡。

第五章

总体战略与制度衔接

"任一民主国家的稳定不仅取决于经济发展，也取决于它的政治制度的合法性与有效性。"[①] 追求最佳绩效一直是城乡基本公共服务均等化制度变迁的终极目标。当前，在国家治理体系和治理能力现代化背景下，提升城乡基本公共服务均等化制度绩效，必须对城乡基本公共服务均等化的发展理念、制度体系、推进机制与支撑保障进行"系统性、整体性、协同性"的改革。

第一节 城乡基本公共服务均等化的总体战略

实现城乡基本公共服务均等化是一项系统的社会工程，其中涉及诸多层面的改革，需要进行全面规划：首先是界定基本公共服务内容与均等化标准两个核心问题；其次是进行阶段性划分目标安排；最后是目标实现过程与配套保障措施的设计。

一 城乡基本公共服务均等化的指导思想

党的十九大报告指出，要"履行好政府再分配调节职能，加快推进基本公共服务均等化""建立健全城乡融合发展体制机制和政策体系"，必须"保证全体人民在共建共享发展中有更多获得感"，这为新时代推进城乡基本公共服务均等化提供了指导思想。基本公共服务的全民共建共享共治既是效率性在公共行政过程的具体实践，也是社会性在政治运作

---

① ［德］哈贝马斯：《交往与社会进化》，张博树译，重庆出版社 1989 年版。

实践中的必然体现，更是公共性在社会治理活动中的应有之义。因此，应该在党的十九大报告精神指引下，落脚于"共建共治共享"的逻辑基点，加强公平正义取向的制度建设。

《"十三五"推进基本公共服务均等化规划》指出，要推进并彻底实现基本公共服务均等化，就必须全面贯彻新理念，推进"五位一体"总体布局与"四个全面"战略布局，从根本上推进社会的全面发展，解决人民群众最关注的利益问题，满足人民群众的基本需求，以普惠性、保基本、可持续为基本方向，健全我国公共服务体制机制，完善城乡基本公共服务项目，确定最基本的服务标准。此外，基于政府的视角上，要推进以人为本建设发展，就要推动公共服务的投资实施力度，努力提升人民群众的获得感、安全感与幸福感，打造"共建共治共享"的社会治理新格局，全面实现小康。在城乡基本公共服务均等化推进过程中，要以"法治化""民主化""科学化"推动"均等化"。

（一）以城乡基本公共服务"法治化"推动"均等化"

法治是推进城乡基本公共服务均等化的基础和灵魂。在法治国家的背景下，只有将"法治"要素融入公共服务均等化工作中，才能保证其合法性与正当性。切实保障城乡居民特别是农村居民的各项权利，必须建立健全基本公共服务法律体制与政策体系。要通过法律的手段进行城乡基本公共服务供给局面的结构性调整，并且按照法定的原则方法推进城乡基本公共服务的工作推进。做到政治、经济、社会领域统筹兼顾，将财税制度、分配制度、保障制度等纳入系统完整的制度体系，以实现城乡基本公共服务均等化目标。

1. 坚持法治理念引导城乡基本公共服务均等化

体系的制度化与能力的法治化是国家治理现代化的两个重要方面，体现为依照法律进行政策制定与执行。在实践中，需要推进法治国家、法治政府与法治社会一体化建设，让法治化治理的基本方法从根本上得到肯定。在推进城乡基本公共服务均等化的过程中，也必须坚持用法治理念引导。

第一，在城乡基本公共服务均等化的立法过程中要体现"公平正义"的价值理念。社会主义法治理念包含公平正义的价值理念。公平即囊括了中立性、平等性与客观性的三大原则，能够有效推进社会正义的发展；

此外，法律法规在进行颁布实施过程中势必涉及其合理性与合法性的价值综合。故而，在公平正义的价值导向之下，执法者要在执法的全过程中保持对所有个人与群体的公平性，反对任何形式的特权，还要保证法治实施过程的透明性，法治实施的全过程必须严格遵循程序正义。公平正义的价值诉求，最终是为保障人民权益、维护社会公正，这与基本公共服务均等化的理念不谋而合①。

第二，在立法过程中要体现"弱者利益倾斜保护"原则。公共服务领域中的弱者是指在资源的占有以及服务的享有等方面处于劣势的主体。而作为公共服务法治的价值目标之一，公平正义的实现首先应当解决当前由于体制造成的不公平问题。当前社会贫富差距过大，弱势群体的社会生存、基本权利获得是改善民生问题的核心要义。②在起点不公平的现实情况下，通过一定的制度倾斜从而保障弱势群体，是在"普惠均等"要求下，实现公平正义的必由之路。此外，基本公共服务均等化的关注点也应当由供给面转向需求面，优先考虑由于贫困、残疾、伤病以及各种意外因素所导致的基本生存与发展能力较弱的群体的基本需求。

第三，在城乡基本公共服务均等化中必须坚持"权力制约"的基本原则。法治要求政府及公共部门必须在法律所规定的权限范围内制定文件或是执行相关政策。在法治的框架下，公共服务需要法治三个方面的保护，即理念、方式与外在环境。首先，针对理念，法制主要是以以人为本、公平正义等作为指导核心理念，不断丰富着公共服务的意识形态与发展方向。其次，在方式方面，法治作为国家权威的有力保障，能够有机地调节社会结构与社会关系，在法治建设中，法律的强制性起着关键作用。另外，其权威性、规范性等特征共同决定了法律在社会关系的调整中发挥着不可磨灭的作用。最后，在环境方面，具备良好的法治环境能够从根本上保证公共服务提供与实施的畅通性与科学性。法律制度的稳定性、连续性、完备性等特征能够为公共服务的有效推进提供一个和谐有序的法治环境，从而以此为支撑，推动城乡基本公共服务均等化的发展。

---

① 贺林波、李燕凌：《公共服务视野下的公法精神》，人民出版社2013年版，第150—158页。

2. 完善法律体系保障城乡基本公共服务均等化

西方国家几乎在改革倡始之初就全面展开公共服务的立法活动，即便是以不成文的判例法为主要特征的英美法系国家也是如此。英国在梅杰政府时期，《公民宪章》的颁行使得公共服务在更广泛的领域实现了"有法可依"。在立法活动过程中，西方国家都尤为重视基本公共服务的立法，不遗余力地在社会保障、教育、医疗、就业以及公用事业服务等方面进行了长期、大量的立法工作。以德国为例，历时近 20 年，共有 16 编的《社会法典》于 1983 年公布，从其内容上看，几乎涵盖了当时社会保障的所有方面。总体上讲，西方国家有关公共服务的立法一般都具有分散性，即以领域为标准来制定不同层次的法律规范，典型的有法国、德国、美国和英国等，但不同国家差别较大，澳大利亚就制定了较为统一的法律规范。

第一，建立完备的公共服务法律制度体系，夯实公共服务法治化的基础。这是完善公共服务法治化的应有之义。现阶段，我国公共服务法律制度中存在的诸多问题成为公共服务法治化道路上的障碍，同时也违背了我国法治国家建设的基本方略。因此，当前我国应当针对其中的执法、守法以及司法等具体问题，完善相应的法律制度，完善公共服务法律体系，推动公共服务法治化的建设。党的十九大指出我国社会主要矛盾已经转化，根据广大人民群众的各方面需求，我们需要针对性的改善公共服务的立法工作。社会快速发展带来了多元的公共服务形式，而在新旧交替、转化的过程中，政府及公共部门应该及时地制定相关的法律法规，避免存在法律真空，切实做到有法可依。在保证有法的情况下，还必须保证法的质量，这决定了法治的有效性。

第二，制定统一的公共服务法律规范。这是一国公共服务法律制度成熟的标志。目前，宪法、法律、行政法规以及其他具有法律效力的规范性文件已经成为人民管理国家和社会事务的根本依据，综观世界，由国家立法强制推行所建立的公共服务法律制度已非常普遍。但就目前来看，我国的公共服务法律体系的完备程度与我国"依法治国"的治国方略还不相配。因此，需要针对性地进行公共服务的法律制度的完善与补充，加快公共服务的立法进程，从立法这个关键面入手保证公共服务的良好发展。重中之重应是加快建立一部《公共服务基本法》，对公共服务的基本原则、职责权限、责任分配等方面进行严格规定，从而对公共服务的运行与发展进行更好的规范。

第三，加强公共服务法律之间的相互衔接。在进行公共服务某一领域的立法活动时，应仔细考虑其具体内容与相适用的文件形式，还要注意与其他法律法规之间的关系与衔接。另外，从纵向层次上，要尽快对现有的各种法律文件进行整合，统一清理不必要的、重复的文件，将较为成熟的法规、政策，按规定的立法程序，统一上升为基本法律，从而保证现有法律文件的权威性、统一性。在横向层次，对公共服务提供主体、管理体制、资金来源等主要方面完成明确规定，提升公共服务的整体的规范性，明确各级政府应承担的具体责任，建立相关配套制度、责任追究机制，从而使公共服务法律体系环环相扣，以保证法律的良好运行与发展。

3. 加强法律执行促进城乡基本公共服务均等化

目前，我国公共服务部分法律缺乏可操作性，法律所规定的内容还没有规则化，只有一般的倡导性规定。那么应当如何提高法律的操作性？我们以 2010 年出台的《社会保险法》为例，首先，补充"《保险法》司法解释"，目的是将《保险法》中的诸多原则性规定进行具体化，增强其可操作性。法律必须通过解释才得以适用，司法解释能够弥补立法的疏漏与规则过于抽象的情况。其次，从数量上看，单一的《保险法》与完整的法律体系相去甚远，还需要下位单行立法、法规以及相关规章制度与其分工合作、相互配套。最后，需要考虑每一部分的合适性，例如就业权在我国法律当中已有明确规定，坚决不得存在性别上的歧视。但至今没有一部法律对就业歧视予以明确说明，使得法律在面对现实问题时缺乏可操作性。由此来看，我国可以借鉴西方国家相对成熟的法律制度的规定，对法律制度当中的就业权进行补充说明，对就业中性别歧视做一个明确的定义，维护女性在就业当中的合法权益，从而让法律能够在解决现实问题中起到更好的作用。

官僚体制的保密性，使得公众与行政机关的距离被拉开，而现代社会公共事务的复杂性、行政职能的专业性以及政府与公共组织的垄断性，扩大了公共部门与公众之间的距离感，并加剧两者在信息获取上的不对称。这将直接导致公众对社会事务参与淡漠，进而促成公务人员个人专断，提供腐败寻租机会。一般而言，市场竞争越充分越有利于消除信息的不对称。在公共服务需求导向下，政府主导已经转变为多元主体竞争的方式。尽管我国自然垄断行业和政策执行部门不宜引入市场竞争机制，但政府也会通过法律制度来督促供给主体公开信息。例如，英国梅杰政府在"公民宪章"中将信息公开确立为一项基本原则，要求有关公共服务的信息必须公开。此外，在公共产品价格规制中引入价格决策听证、信息审查机制等也成为信息公开的重要渠道。

（二）以城乡基本公共服务"民主化"推动"均等化"

公共民主的不断向前发展，是一个客观的必然趋势。就世界范围来看，20世纪70年代末以来，从新公共管理理论到新公共服务理论，诸多理论相继兴起。在这些理论的指导下，西方的公共管理改革与理论研究可谓方兴未艾，从倡导"以顾客为中心"再到对公民权利的强调，已经勾勒出西方国家公共民主发展的新趋势。

按照社会主义民主政治要求，切实落实"人民当家作主"，切实保障公民享有的各项基本公共服务权利。从制度绩效的测量结果来看，当前公民权利谱系中的公共教育、公共医疗、社会保障、公共设施等社会权利有所发展，但民主参与决策、监督等政治权利却被忽视。城乡基本公共服务均等化制度绩效的提升，有赖于在国家层面强化优化民主制度建设。在我国，改革开放与社会主义市场经济下的政府职能转变、服务型政府的建设以及党和政府为人民服务的宗旨意识有机结合，为公共民主的发展提供了良好的气候和土壤。另外，随着新时代的到来，与西方国家批判型公民相类似，我国公众在公平、民主、权利方面的意识日益增强，对于社会事务的参与积极性也逐步提升，同时，这种民主诉求也反过来成为民主发展的重要因素。公共民主发展是一个历史的潮流，而对民主推进于基本公共服务均等化的制度成效的提升有着十分密切的关系。

1. 以民主促基本公共服务均等化的决策机制

传统政府管理模式下的政府通常采用自上而下的决策模式，这种精英决策主要以政府意志为主，而很少将公民需求考虑在内，与集权管理体制相适应，但随着市场经济的不断发展，主体间的分化、组合而导致的利益分化不断强化着公众的权利意识，从而转化为对民主表达、利益诉求途径的需求。由于农村居民民主权利的欠缺，导致农村居民的利益得不到保障，严重影响到政府公信力。因此来看，传统的政府决策模式已经不再适应当前的经济社会发展情况，现阶段，政府还无法超越自身利益，完全代表公共利益，并且基于民意的弱了解之上进行的政治决策，往往会"好心办坏事"，适得其反。"以民主促民生"，首先要求政府位置的转变，政府所制定的政策必须、也只能是为了广大人民的利益，在此基础上，还要广泛吸纳人民群众的意见，建立"少数服从多数"的决策机制。

2. 以民主促基本公共服务均等化的执行机制

基本公共服务均等化在经历观念、技术、机制体制上进行变革与完善后，最终会落实到政府的具体行为和责任。过去，人们似乎存在对决策的认识误区，即决策的做出就代表了决策的顺利执行，而事实并非如此，好的决策自然能够顺利执行，但在提供公共服务这一执行过程中面临着多方向、多样化的问题。如形象工程、政绩工程，这样为了追求短期利益行为大有可见。另外，在政策执行中，当出现上级政府的意志与民众的利益存在矛盾时，体现出一种普遍的"唯上倾向"，而民众的公共需求则会被漠视。因此，推进民主的健康发展，建设服务型政府，关键还在于提高政府的执行力，建立健全公共服务的执行维护机制。

3. 以民主促基本公共服务均等化的评估机制

随着国家治理现代化的推进与服务型政府的建设，政府绩效评估正在经历一次新的转型：以政府为本到以社会为本的价值转向；内控到外部监督的评估目标的重新定位；工作导向到需求导向的评估内容转化；评估方式也开始不断走向自觉与规范。随着公众的自主意识增强，政府绩效评估需要更能够反映公众的真实利益诉求，正因如此，由政府单一确认评估方式、评估内容、评估主体的方式应当被打破，转而遵循一些更能够体现绩效评估价值的原则：首先，认同原则。公共服务的本质决定其民众导向性，公共服务内容和具体的服务方式应当以民众认同为准则，服务的过程和结果是否能够真正满足多数人。其次，满意原则。民生问题的衡量、民生工程的建设必须以人民群众的满意为标准，民生工程，即"民心"工程，顾名思义，是以群众满意为本，否则便会成为"失心"工程；最后，主体地位原则。为保障公共服务决策得到卓有成效的执行，基本公共服务均等化的制度绩效评估应强调社会公众的评估主体地位，通过建立民主监督机制来保障公众监督权，实现以人民利益为标准的治理评估。

（三）以城乡基本公共服务"科学化"推动"均等化"

国家非均衡发展在战略造成城乡差距越发显著，这也成为一种社会经历的"常态"，发达地区能够较为平稳地经过这个过程，在实现经济的快速增长与得到较多资本的积累后，通过向农村地区一定程度的公共服务倾斜，能够较好的冲破现有的城乡"二元"体制，那么城乡公共服务的发展差距也会回归到一个正常水平，而非任由城乡差距扩张，我国上海、浙江、广东等较为发达地区就是按照这个路径在走。但对正处于经济赶超的地区而言，特别是在经济发展方式与政绩考核评估机制相结合的情况下，地方政府必定会更偏向公共服务的城市安排，特别是民生类公共服务，而这样的做法将会使城乡差距呈现超常态的扩大，那么也必将导致落后地区的城乡公共服务进入"死胡同"。这样看来，在我国落后地区将会出现一种发展矛盾，即以城乡"二元"的巨大代价来进行经济水平的赶超，最终两方面都得不到兼顾。[①]

当前，我国经济正在转向高质量发展，对于落后地区来说，不仅会面临经济发展的压力，还需同时将"协调"和"共享"两种一直被强调的发展理念考虑在内，前者意味着公共服务将会更将偏向城市，而后者又要求缩小城乡公共服务差距，应当如何将这样的"矛盾"变为"相容"，解决经济发展赶超下的城乡"二元"困境，是新时代背景下需要解决的重要问题。

1. 挖掘农村比较优势，重视农村居民公共服务需求

关键是从提升公共服务支出带来经济效益的视角出发，关注农村居民的公共服务诉求。对农村地区而言，其产业承载力和空间均无法与城市相提并论，这包括土地、资源、环境等多种要素，而将产业向农村转移：一方面，从城市发展考虑，可以缓解发展带来的环境污染、人口密集、资源匮乏等诸多"城市病"压力；另一方面，从产业本身考虑，转移至农村后，原材料的获取性将会得到提高，从而降低交通成本及生产

---

① 缪小林、高跃光：《城乡公共服务：从均等化到一体化——兼论落后地区如何破除经济赶超下的城乡"二元"困局》，《财经研究》2016年第7期。

过程中的隐形外溢成本。更关键的是，在产业的城市向农村转移过程中必定会引起人口转移，随之地方政府对农村公共服务的关注成为必然。除上述两方面外，产业的转移还能为当地注入新鲜血液，从而为地区经济发展创造新的机遇。从我国总体上看，地区的老龄化趋势十分迅速，必将加快人口红利的消失，很多地区，特别是大中城市都经历着人力资本与劳动力的极度匮乏，但农村的劳动力资源依然比较充沛，而一些长时间存在劳动力滞留的农村落后地区更是如此，但是如果能为他们提供专业化培训，那么劳动力资源必然会得到开发，这些都与农村的公共服务提供密不可分，包括教育、文化、医疗、社会保障等。换而言之，只有在当前农村地区和农村居民身上挖掘到有利于地区经济社会发展的比较优势，才能促使地方政府重视农村地区的基本公共服务供给，缩小城乡"二元"差异。

2. 缩短城乡受益距离，保障城乡公共服务平等共享

缩短城乡公共服务的受益距离具体包括三个方面：一是缩短制度上的距离。现阶段存在城乡居民在享有一项公共服务时的权利差别，甚至很多时候被强加以"门槛"将农村居民排除在外，因此，彻底消除"歧视"必须从制度上着力，让城乡居民享受同样的公共服务，而非仅仅停留在人口的转移，而是真正实现城乡居民身份的一体化。近年来，我国不断推进户籍制度改革，包括进一步调整户口迁移政策，逐步取消城乡户口之分。二是缩短空间上的距离。制度改革的基础上，还需在服务的空间距离上进行弥补，尽可能降低农村居民享受公共服务的成本，这个成本主要体现在货币和时间两个层面，保障城乡居民的自由流动，更方便地获取公共服务收益。从空间距离角度看，交通是最重要的一方面，其中包括优化道路基础设施、开展道路详细规划以及提供充足的公共交通工具等，尤其是落后和偏远地区更应当如此，长期处于城乡"二元"结构下，面临成本与收益的季度不均衡，一些地区的农村居民只能对城市的公共服务望而生畏。三是缩短经济上的距离。这是作为除制度与空间距离之外的第三种影响因素，仍然可能引起将农村居民排斥在公共服务门外的情况，而其中最重要的原因来自收入和支付能力两个方面。实际上，在公共服务普遍推行之前，公共服务被称为准公共服务更确切，大多数服务都需要享受服务的民众个体进行一定的合理付费，而恰恰是

这种具有一定私人性质的付费模式就会使得许多收入水平较低的农村居民的公共服务享有权被剥夺。因此，作为实现城乡公共服务一体化的重要保障，必须大力缩减城乡居民间的经济距离，特别是最主要的收入差距，地方政府还应当对过渡阶段的低收入人群给予一定的政策补助，从而帮助他们顺利度过该阶段。综上所述，从制度、空间和经济三个层面上进行距离的缩短才能加快实现城乡居民公平均等的享有公共服务受益权利。

3. 统筹公共服务布局，实现经济利益与民众需求的兼顾发展

落后地区地方政府如何合理配置在城乡地区间的公共服务？既要维持地区发展利益，又要重视城乡居民需求，还需要从地区本身以及政府供给两个方面进行优势挖掘。就地区经济发展利益而言，一方面需要对地区经济进行考察，充分挖掘地区的经济发展比较优势，按照成本最小化原则，从产业布局和功能区规划两个方面降低生产成本，城乡公共服务供给只有在合理的产业发展功能规划之下才能得到保证；另一方面，从政府的公共服务供给来考虑，需要着力降低供给成本，主要通过公共服务资源的整合，对成本、效益等诸多因素进行统筹，以及对城乡公共服务的空间布局来实现。在"以人为中心"的核心价值下，城乡居民公共服务的偏好和需求应当成为城乡公共服务要素、资源配置的重点，以民众的最大满足为目标进行城乡公共服务的布局。"依靠人"和"为了人"是以人为核心的两个本质要求，其中："依靠人"是指在推动地区经济发展时要充分发挥人的作用，换言之，在兼顾经济发展利益中，围绕的是人的作用，在产业布局、服务配置等方面也是以人的作用为基础，特别是注意发挥农村地区居民的作用；"为了人"是回应以什么为导向，公共服务应当以广大群众为导向，充分了解服务对象的需求和偏好，以人民群众的发展为最终目标。

二　城乡基本公共服务均等化的目标任务

城乡基本公共服务均等化发展目标与绩效目标、建设目标均不相同，它不仅要展示农村公共服务发展的良好前景，还要凸显与城市之间的对接、并轨和融入。按照马克思、恩格斯的城乡融合理论，我国的城乡基本公共服务均等化绝不是指一种无差别的统一，而是充分考虑城乡之间在经济、文化等发展的差异基础上，进行公共服务的改革，首先需要达

到城乡基本公共服务供给均等化,随着城市化和现代化的不断发展,最终实现公共服务的城乡一体化,从而达到城乡居民共同富裕。

(一)城乡基本公共服务均等化的目标安排

依据我国的各项规划,城乡基本公共服务均等化发展目标在不同的阶段是不同的。这种发展目标可以分为三个层级,分别是第一层级"城乡对接"的基本目标、第二层级"城乡并轨"的扩展目标、第三层级"城乡融入"的理想目标(见图5—1)。城乡公共服务一体化的发展目标呈金字塔形,后阶段在继承前阶段目标的同时,又将其优化达到新的目标水平,城乡公共服务均等化程度正是在这种叠加效应下得到逐步提高。

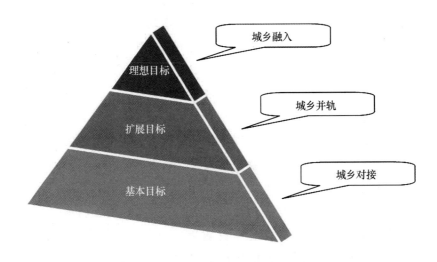

图5—1 城乡基本公共服务均等化的目标层级图

(二)短期重点:形成"城乡对接"的城乡基本公共服务体系

这一阶段的具体目标为:实现基本公共服务的有效供给,提高政府的投入;实现资源的合理分布,加快建立优质资源共享机制,要让各地区、城乡的基本公共服务能够得到均衡的发展,普遍提高农村和落后地区的服务水平;实现服务享受的可及性、便捷性,增强基层服务设施的标准化、服务具体方式的规范化以及服务人员的专业化;提高服务满意程度,这需要在城乡建立有效的基本公共服务需求表达机制,从需求层面进行入手，降低个人负担服务成本的比率，不断提高社会满意度。[①]

这一阶段的主要任务是公共服务供给体制改革，在各项城乡基本公共服务中，加大政府投入，在基本公共服务体系的建设上，不仅要实现农村居民的全覆盖，而且要保证其多层次发展。在政策设计上，要大量采取有利于弱势群体的倾斜性政策。当前社会贫富差距不断扩大，社会阶层分化严重，由此带来的是不同阶层、不同群体间利益表达与信息获取能力的极不平衡，因此，需要制定带有一定倾向性的政策来改善弱势群体的社会生活、政治生活状况。弱势群体在公共服务各领域的基础性利益改善是民生建设的重点，在现阶段，短期政策上的"不对等"能够为未来长期的"均等"奠定良好的基础，而并不会对基本公共服务均等化目标造成反作用。具体而言，地方政府的民生财政应当多投向贫困地区以及收入低于社会生活最低标准的家庭，另外还要针对不同地区、不同阶层、不同收入状况，积极运用税收、补贴等政策工具给予调节。经过"十二五"时期的努力，这一阶段的发展目标、任务基本已经实现。

（三）中期规划：形成"城乡并轨"的城乡基本公共服务体系

在经历了基本公共服务体系初期建设后，接下来应对其进行进一步的完善，让体制机制更加健全。在基本公共服务各项目上取得持续进展，稳步提高均等化水平。要保证城乡间的基本公共服务水平能够大体实现均衡，让落后地区、贫困地区的基本公共服务主要领域指标向全国平均水平靠拢；国家基本公共服务清单基本建立，各领域相关类别的标准基本完善并有效实施，并能够根据情况进行动态调整；保障机制更加健全，基层公共服务基础得到进一步夯实，服务人才与管理队伍不断壮大，基本形成可持续发展的长效机制；各项制度规范已基本成型，各领域制度规范衔接恰当，配套完备。总体上看，基本公共服务依法治理水平有明显提升。[②]

这一阶段，主要任务是基本建立城乡经济社会融合发展体制机制，

---

① 《国家基本公共服务体系"十二五"规划》，《光明日报》2012年7月20日第9版。

② 国务院：《"十三五"推进基本公共服务均等化规划》国发（〔2017〕9号），2017年3月1日。

要求农村地区必须达到公共服务的广覆盖，更加均衡的惠及农村居民，基本实现城乡公共服务一体化，并逐步形成服务要素间的平等交换关系。由于城乡统筹发展不断加强，提高了城乡公共服务资本、要素间的流动频率，城市居民与农村居民的接触更为深入、广泛——特别指大量的农村人口向城镇流动并定居在城镇，能够与城镇居民享受无差别的高水平公共服务，有利于减弱城乡居民在公共服务上的差距，从而解决长期存在我国城乡环境中的公共服务不公正问题。当前这项工作正在进行开展与实施，预计在 2020 年能基本实现。

（四）长远前景：形成"城乡融入"的城乡基本公共服务体系

从长远来看，我国城乡公共服务一体化、均等化水平与世界中等以上发达国家持平，除了城乡居民公共服务的享有权的平等，还必须消除性别、职业等方面存在的歧视，保障每个人都能真实地享有无差别的公共服务。

未来阶段的任务主要围绕健全城乡公共服务一体化体系，让均等化、无差别、立体式的公共服务能够普及城乡，并让城乡居民都能得到平等的国民待遇。在做大蛋糕的同时，还要注重蛋糕的公平分配，通过政治、经济、文化、社会等各领域改革，协调收入分配制度、基层民主制度、社会保障制度、决策论证与协商制度、社会合作制度等各种制度规则间的关系，进一步深化改革，驱除制度间的不和谐因素，从而构成一个完整的制度体系，利用制度来维护社会公平的实现，切实保障所有公民享有经济、社会、政治等权利。

三 城乡基本公共服务均等化的实现路径

历史经验表明，经济赶超驱动下的城乡"二元"困局都会长期存在于各地区的城乡公共服务均等化实践中。其原因很明显，城乡公共服务均等化的实现将是一个长期坚持的过程，在这一过程当中，地方政府表现出对均等的过分刻意强调，将农村和城市简单地进行分离，而改革开放 40 多年来，我国的财政分权体制一直较为特殊，落后地区政府对经济目标的一味追求与农村公共服务投入行为不相容，地方政府用传统路径实现经济增长的路径，无法降低服务的收敛性。因此，应当对城乡基本公共服务的实现路径进行再思考。

（一）从城乡基本公共服务"二元"均等化转向城乡"二元"一体化

城乡公共服务均等化的实质体现在公共服务的数量和质量上，即实现城乡地区的公共服务供给水平与质量趋于相等，而城乡公共服务一体化则是将城市与乡村与居民作为一个整体，实现公共服务的城乡普惠，保障城乡基本公共服务的共同享有。两者在原理上虽然相似，但目标侧重点不同，前者强调数量，主要看城乡公共服务受益数，而后者强调存在。另外，实现手段也大不相同，前者主要通过农村地区公共服务供给增量来实现；而后者更多是在此基础上，缩短城乡居民公共服务的制度、空间等"距离"实现，通过城乡公共服务的成本比较优势来重新进行区位布局。从经济学上理解，城乡公共服务均等化，要在理性的地方政府追求经济效益的目标下将公共服务投入到能够产生更高边际产出的地区；而城乡公共服务一体化路径是指在经济增长利益驱动下，理性的地方政府会选择寻找更高经济增长点的资源配置方式，从而实现城乡资源要素互补，推动城乡公共服务共享。在此思路下，城乡基本公共服务将会是一个协同共生、督促发展的关系，这也就是党的十九大报告提出的"城乡融合发展"。

（二）从农村基本公共服务发展的"被动扶持"转变为"主动支持"

在我国现行政治集权型体制和分权型财政体制下，尽管中央对地方政府的 GDP 政绩考核不断弱化，党的十九大报告也首次未提出 GDP 翻番，为的就是让发展继续提质增效，但对于我国落后地区而言，经济形势仍不容乐观，经济赶超依旧是地方政府的重要任务。根据上述分析，盲目要求经济落后地区进行公共服务的农村倾斜，只会陷入无穷困境，因为这种倾斜只是一种"被动扶持"，无法成为城乡公共服务均等化的长期策略。因此，在经济赶超的同时，还要兼顾"协调"和"共享"的发展理念，关键是要将"被动"转变为"主动"，最终才能够实现经济欠发达地区的经济发展与城乡公共服务需求满足相容的目标。

（三）从基本公共服务供给的"政府单一主导"转变为"社会多元参与"

如果对基本公共服务体系建设的长远前景进行展望，还存在许多值得地方政府思考的内容，特别是在多元治理背景下，政府单一主体已经不能完全实现主导作用，换之而来的是建立社会多元主体协同、全民共同参与的社会治理格局。之所以如此，一方面是由于政府自身的局限，而另一方面则是由基本公共服务的多样性和动态性决定的。当前的公共服务提供还仅仅停留在满足公众最低需求层次上，随着社会多元性的提升，城乡之间的界限将会被彻底打破，地方政府面临的将是共性需求的不断增长，个性化、差异性、高层次的公共服务也将被逐步纳入到范围当中。届时，仅凭政府这个单一主体很难精准定位不同群体的公共服务需求状况，需要吸纳并且依靠社会多元主体以及民众自身的共同参与，从而有效获得精准的偏好信息。同时，在参与过程中，还应当引入听证制度、决策咨询制度等保障公众能够真实表达自己的偏好和需要，并通过民主、科学、规范的决策程序将其落实为真实的决策产出。政府则会从资源垄断者与决策主导者转变成为程序的维护者、规则的保障者、多元参与的促成者以及利益冲突的协调者角色。

第二节　城乡基本公共服务均等化的具体方案

制度安排是由政府所提供公共服务，由于我国以往在推进城乡制度建设中，城乡实行的是两套不同的制度，因此出现了"城乡分治"局面。例如目前我国在城乡公共教育、劳动就业、社会保障、公共财政等制度存在较大差异。根据新制度经济学所阐述的基本理论，制度具有内生属性，对城乡经济社会的发展起着决定性作用。为了推进城乡经济社会各领域和谐共处，营造城乡齐头并进、共同发展的公平环境，坚持制度设计统一、协调、系统，进而实现城乡基本公共服务均等化目标提供强有力的制度保障。下面以公共教育、社会保障、医疗卫生为例，说明城乡基本公共服务均等化的制度衔接思路。

一　城乡公共教育服务均等化的制度衔接

推动我国城乡公共教育一体化体制设计，要坚持引入教育公平理念。各地方教育主管主体切实把握城乡教育存在的差异，依托深入调研方式，推进城乡教育服务"齐步走"。在财政投入方面，针对农村教育长期存在投入资金不足的问题，鼓励政府财政经费投入向农村教育倾斜，提高农村的教育资源投入，从而实现城乡教育资源投入力度的平衡。在价值观方面，将城乡教育置于平等地位的基础上，完成一体化设计方案，最终实现城镇与农村地区教育事业的同步发展。

2016 年 7 月国务院印发《关于统筹推进县域内城乡义务教育一体化改革发展的若干意见》，其中提出要按照国家全面建成小康社会的目标，加快缩小城乡教育的差距，促进教育公平发展，统筹推进县域内城乡义务教育一体化改革，并提出："坚持城乡并重和软硬件并重，科学推进城乡义务教育公办学校标准化建设。"加快推进县域内城乡义务教育学校建设标准统一、教师编制标准统一、生均公用经费基准定额统一、基本装备配置标准统一和"两免一补"政策城乡全覆盖，到 2020 年，实现城乡义务教育与城镇化发展步调能基本协调的目标，城乡二元结构壁垒能基本消除，这为城乡公共教育服务的制度衔接提供了基本思路与方法。

（一）全面推进城乡教育管理制度一体化

统筹推动城乡义务教育长效发展，要转变发展思路，强化教育标准、制度创新，避免以往过度依靠政府政策倾斜及项目支持。推进城乡教育管理，注重事权和财务结合、统一，加强城乡教育综合化制度体系的顶层建设，特别是各省级和市级要兼顾城乡一体化教育，鼓励省市级优秀教师投身农村教育，任教福利向基层倾斜，保证各地方教育资源有效整合、充分均享，平衡城乡教育制度性差异，促进教育公平性，避免"富县办富教育，穷县办穷教育"的情况再度出现。

（二）全面推进城乡教育投入制度一体化

地方教育主管机构应坚持教育经费省级统筹，加快推动城乡一体化教育改革进程，有序推进农村教育均衡发展，坚决落实省级教育事业事权与财权相统一。

各个地方政府要严格制定政府文件，各个立法机构应因地制宜制定、颁布法规，明确各级政府的投资主体职责，大力支持城乡教育制度一体化。各级地方政府制定本区域发展规划的同时，要优先保障基本教育服务的财政资金投入，加快实现城乡公共教育服务均等化的战略目标。

（三）全面推进教师资源配置制度一体化

教育体系中的核心资源是教师资源，各地区教育主管部门加快破除城乡教师编制差异，构建城乡教师一体化管理制度体系，统筹城乡师资配置，合理核定义务教育学校教职工编制，实行教职工编制城乡、区域统筹和动态管理。

首先，教育部门应坚持优质教师资源"留得住，流得动"的管理模式，切实推动城乡教师资源平衡。地方教育主管机构应大力鼓励优秀教师到农村支教，积极完善激励机制，通过实行精神激励和物质奖励结合的方式，促进农村地区优秀教师扎根基层，加大乡村教师编制倾斜力度，在保证教学质量的基础上，扩大乡镇教师事业编制名额。

其次，地方教育主管部门应鼓励各个学校教师在本教育区域自由流动，建立地方教师流动机制，实现城乡共享优秀教师资源。

最后，地方教育主管部门可以加强与财政部门的沟通，提升农村地区教师的薪酬福利，健全农村地区教育薪酬福利制度，帮助农村地区留住优秀教师。

（四）全面推进城乡教育资源空间分布一体化

优化教育资源的空间布局，加快城乡教育一体化进程。地方政府合理配置城乡教育资源，首先应先调整教育资源的空间分布，地方教育主管部门在加强建设新农村配套的教育基础设施的同时，还需要保证农村地区的学生就近就学的机会，并根据农村地区学生的身心发展情况来制定相应的学校布局方案。

（五）全面推进教育资源的网络化建设

在当前互联网发展迅速的时代，地方教育主管部门需要转变传统的教育理念，全力推进城乡教育资源网络化，加强城乡教育资源网络合作共用，共享优质教育资源。地方政府教育部门应结合本地区教育特点，本地区各校利益共同点，以此加快各校参与教育资源网络化进程，推动各地与各校在网络平台上，将自身优质的教育资源进行分享，进一步丰富网络教育资源。另外，教育主管部门可通过建立联席会议制度，通过共同商讨，制定出城乡教育一体化的网络教育技术标准，推进教育资源网络化进程，促进网络教育资源的共享共建。

二 城乡社会保障服务均等化的制度衔接

针对城乡养老保险、医疗保险制度的二元化制度差异问题，需要总结经验，建立全国统一、城乡一体的社会保障管理机构，建立全国一体的社会保障管理网络，对各地区的社会保障事宜进行统一管理与调控，提高管理效率与效益，保证提升制度的公平性。

（一）建立城乡统一的社会保障制度体系

建立完善城乡社保制度，完善《社会保障法》。一方面，社会保障的立法需要规定相关保障制度；另一方面，社会保障立法还需要规定对社会保障体系的监督路径，保证城乡社会保障制度的可操作性与可实施性。目前，我国已经制定并实施了《社会保险法》，在此基础之上，建立一部具有指导性作用的《社会保障法》更是迫在眉睫。需要注意的是，《社会保障法》是作为统筹城乡社保制度的母法，具有宏观性与抽象性的特点，我们还需根据现实中具体的事项，根据社会保障的具体范围来制定相应的子法，丰富相关的法律法规。

为实现社会保障制度的城乡一体化，需要缩小城乡医疗保险与基本养老等的城乡差距，有序完善意外伤害保险与失业保险的保障范围与措施，整合统筹城乡各层次社会保障制度，提高社会保障的整体水平。

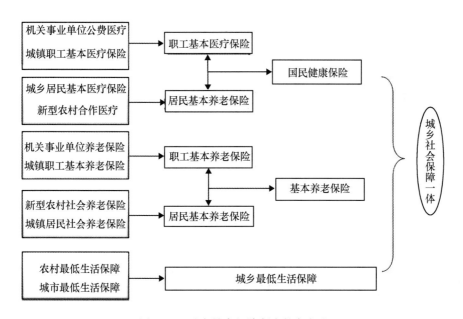

图5—2　城乡社会保障制度整合方式

资料来源：根据本书内容制订。

值得注意的是，因各地区的发展不平衡，城乡社会保障制度一体化进程是有可能存在一定差距，不是完全的水平式发展模式。社会保障制度改革中，需要控制与缩小不同群体、不同阶层的社会保障待遇差距，兼顾平衡各阶层的正当权益，寻找公平与效率的平衡点，防止矫枉过正，出现新的不公平现象。

（二）完善城乡社会保障项目的转移接续制度

我国社会保障制度广泛存在城乡分割、群体分立、区域分离及制度"碎片化"。要推进城乡公共服务均等化，需要进行城乡社会保障项目的转移接续制度。而城乡社会保障制度的衔接是打破城乡二元经济社会壁垒，统筹城乡发展的第一步。城乡社会保障制度的对接主要是针对城乡分治过程中，对城乡相同项目与制度的衔接。简单来说，就是指在同一统筹范围内，对于城市与农村分别实行的相同的社会保障制度，城乡在这个制度或是项目中的资金筹备、账户转移等管理方面的衔接直至统一的过程。

近年来，我国养老保险制度不断改革和完善，形成了覆盖城镇职工、机关事业单位和城乡居民的基本养老保险制度体系，基本上实现了养老保险制度全覆盖。但目前我国养老保险制度体系依然面临着一系列挑战，其中之一就是养老保险跨制度、跨统筹区的转移接续问题。我国的社会养老保险制度，经过多年的实践、探索与改革，我国的社会养老保险制度已初具模型。形成了以城镇企业职工基本养老保险制度（以下简称"城职保"）、国家机关公务员养老保险制度、城镇居民社会养老保险制度（以下简称"城居保"）、新型农村社会养老保险制度（以下简称"新农保"）、事业单位职工养老保险制度为核心的养老保险体系。2014年年初，国务院颁发了《关于建立统一的城乡居民基本养老保险制度的意见》，其中明确提出了将"新农保""城居保"两项制度进行合并，建立了全国统一的城乡居民基本养老保险制度（以下简称"城乡居保"）。这是全人类有史以来最大规模的一次福利制度并轨，也是我国社会保障事业的重大突破性发展。

"城居保"与"新农保"的并轨的实现与实践的成功，对于我国养老保障的城乡一体化进程来说，是一次重大突破性进展，较多地区机关事业单位职工都并入了城镇职工基本养老之中，相关养老保险改革已经完成。当前如何逐步缩小居民养老保险与职工养老保险的巨大差距，实现二者的并轨统一，是如今的改革的重点与方向。首先，对于最低生活保障制度而言，因目前我国城乡最低保障制度在对象的确立、日常的管理、退出的机制等方面都存在一定差异，所以当前最为关键的就是将城乡目前分别实施的最低生活保障制度进行整合，建立城乡统一的最低生活保障制度。实现城乡居民在最低社会保障救助的数量和质量获得方面基本相等。其次，对于医疗保险来说，医疗保险的城乡一体化就是要逐步实现居民医保和职工医保的整合，最终实现建立起统一的国民健康保险制度。目前，将生育保险纳入医疗保险之中的改革已经在逐步实施当中，并且将机关事业单位公费医疗制度并入职工医保是不可逆转的趋势。根据国务院的指导方针与部署来看，各地方对于整合居民医保与新农保的政策已经纷纷出台并实施，新农保与居民医保将实现"六统一"：定点医疗机构、覆盖范围、保障待遇、筹资政策、医保目录、基金管理。

与此同时，由于客观上，城乡经济社会发展确实存在一定差距，因此，城乡社会保障制度的统一与整合也是需要时间的沉淀，需要我们分步骤、有次序地一步步做好城乡社会保障制度与项目的衔接，先逐步缩小城乡社会保障待遇的差距，最终实现社会保障的城乡一体化。

面对区域发展不平衡的社会经济背景、"四二一"式的人口结构、碎片化的体制状况，必须按照党的十八届三中全会的决策、党的十九大报告、《社会保险法》的规章要求，坚持"全覆盖、保基本、多层次、可持续"的方针和"权利与义务相统一，保障程度与经济发展水平、地方财政收入、参保人员缴费能力相适应，法制化与公平性、便携性、唯一性相匹配"的原则，着力着眼全局、抓住关键、重点突破，统筹解决不同制度之间的转移和接续困难，真正促使养老保险制度从形式普惠走向实质公平，最终实现更可靠的社会养老保障。

在城乡社会保障项目衔接方面主要做好三个方面的工作：第一，政府应充分发挥其主体地位，统一社会保障政策，具体包括统一社会保险的缴费基数、缴费比例、缴费年限等，同时注意协调新政策与地方原有政策存在的不同。第二，要建立明晰的区域管理机制，打破对设立的社会保障经办机构的区域限制。第三，设置梯度推进的管理模式，首先推动养老保险、医疗保险保障项目，其他社会保障项目紧跟其后。

（三）实现城乡社保制度整合和统筹层次的提升

在城乡社会保障制度整合的同时，为进一步对更大范围内的社会风险进行分摊，体现社会保险的互济作用，也要完善城乡社会保险统筹水平的提高与统筹层次的提升，最终实现社会保险的全国统筹层次。一方面，在医疗保险方面，新农合和居民医保在整合之后需要达到地市级的统筹层次，然后逐渐向省级层次统筹。扩大基金规模和定点医疗机构规模，进一步优化基本医疗服务。另一方面，在养老保险方面，城镇职工基本养老保险在省级统筹层次的基础上，寻求向全国统筹的路径和方法，尽快提升至全国统筹，在资金管理上采用统一的缴费基数、缴费率和缴纳方式，分散地区间因为抚养比的差异而导致的缴费压力。

实现城乡社会保障一体化是一项长期的事情，不可能一蹴而就，需要各个部门的分工合作与各项制度的落实，而不仅仅是一个部门，一项制度的实施就能实现的。同时城乡社会保障制度一体化作为一项系统工作，还需要相关配套制度的改革，比如户籍制度、土地制度与公共财政体制的改革，收入分配更加注重公平等理念的落实。只有这样，才能真正推进社会保障城乡一体化进程。

三　城乡医疗卫生服务均等化的制度衔接

应该坚持基本医疗卫生服务的公益性质，把公平正义原则作为卫生政策的核心信念。即便在市场经济条件下，社会政策领域也有其完全不同于经济领域的特性，甚至可以说，"社会政策发挥作用的方向总是与社会分化的趋势和市场作用的方向相反"[1]。因为当今社会存在着普遍的社会分化和矛盾，医疗资源的城乡差异巨大，看病难、看病贵的问题迟迟未能解决，社会风险在不断累积，必须通过更加注重公平正义的卫生政策去调整。这意味着政府在制度设计、筹资、服务供给和监管等环节的责任都需要进一步强化。但同时，也需要在次要信念方面和政策工具选择上主动运用市场竞争机制，提高医疗卫生服务的效率和质量。

---

[1]　景天魁：《引致和谐的社会政策——中国社会政策的回顾与展望》，《探索与争鸣》2008年第10期。

（一）坚持整体推进、分步实施的制度衔接思路

结合我国当前经济社会发展实情，城乡医疗卫生服务供给均等化战略具体分为以下三个阶段：首先是"非均衡发展战略"，其内在要求为：构建立体式、多范围式、低水平式的医疗卫生服务体系，使每位群众都能够充分享受改革开放释放出的红利，不断扩大基本医疗卫生的服务对象范围；其次是"统筹发展战略"，其内在要求为：为促进统一的城乡居民基本医疗卫生保障制度全面实施，统筹城乡医疗卫生服务制度，摒除城乡户籍差别，将无职业人群纳入保障范围内；最后是"标准化发展战略"，其内在要求是：为了实现每位公民能享有平等医疗服务的目标，注重基本医疗卫生服务差距的消除，特别是重点消除群众在资源占有上存在差距，在医疗卫生服务设施和条件上存在差异，在服务能力上存在差别。注重整体推进、分步实施。

（二）依法确保城乡基本医疗卫生服务均等化发展的财政性投入

要严格遵守各级政府事权、财权不越级的规定，落实中央和地方的相关职责及负责区域范围，尤其是要确保县、乡、村的各级财权和事权统一；将城乡基本医疗财政投入纳入法律规范，明确指出城乡基本医疗财政性投入在 GDP 中所占比例，保证城乡医疗卫生公共服务财政性投入达到合理区间范围内。中央和地方在财政医疗费用预算时，要向农村地区倾斜，各级财政部门要大幅度提高基层医疗卫生支出，尤其重点照顾乡镇中心医院，给予特别费用支持，加强医院技术人员培训，扩充医疗设备，增加药品供应，提升乡村卫生院问诊能力、治疗效果，进一步缓解农民"看病难、看病贵"的压力，减轻城市大医院医疗资源使用拥挤的压力。

（三）依法落实基本医疗卫生服务均等化发展财政经费增长机制

要加快构建城乡基本医疗卫生财务会计制度，应充分考虑地方政府财务情况和经济发展程度、地方所辖区域特色、城乡基础医疗卫生服务均等化发展战略，针对城乡卫生事业采取集中支持和差别化调配资金的方式。提高转移支付总量，进一步使转移支付规范化，从而建成"主纵向、辅横向"的支付模式；各地政府提高转移支付投入力度，颁布相关法律条例，保证转移支付有效性；通过多级多措并举，完善中央财政转移支付制度和省及省以下财政转移支付制度。

第三节　城乡基本公共服务均等化的配套政策

"所有人类社会的制度安排必定是既不够完美又不甚完善的。因此，必不可少的制度安排应该能使人保持自由的领域，在那儿，人们可以自由地相互联系、进行批判性评价、考虑理解现存制度的缺点，思考用什么可以改变人类关系结构、改进社会生活条件。"① 实施城乡基本公共服务均等化，是贯彻落实党的十九大精神、推动城乡融合发展、实现乡村振兴战略、全面建成小康社会的必然要求，也是构建和形成全民惠及的基本公共服务体系，促进公共资源配置效率提升的重要举措。城乡基本公共服务制度衔接是一个系统工程。很多时候问题不在于制度本身的对接，而是相关体系的整体协调。

一　理顺城乡基本公共服务均等化的行政体制

行政体制改革是推动落实基本公共服务均等化的重要抓手。基本公共服务均等化的重要要求和内在本质就是改革行政管理体制。如果行政管理体制不科学、不合理、不规范，那么基本公共服务均等化就不可能充分达成。同理，城乡基本公共服务均等化也是一样。严格说来，行政体制从传统的"管理"向"服务"的转型是实现城乡基本公共服务均等化的重要保障。因为，"服务"导向的行政体制有利于真正的破解体制桎梏。而在中国特色的政治环境和逻辑背景下，行政体制的"特色"越发明显，城乡基本公共服务主管部门职能交叉、多头管理问题严重，"越位""错位"和"缺位"问题严重，这致使城乡基本公共服务"条块"分割，因此应从源头上再造行政体制。在城乡基本公共服务均等化推进工作中，行政体制改革的核心有三个，第一个是理顺央地职责，第二个是政府职能转变，第三个是"大部门体制改革"。

（一）明确央地政府公共服务职责分工

政府间事权与支出责任的划分是整个财税体制的"灯塔"和"路

---

① ［美］V. 奥斯特罗姆、D. 菲尼、H. 皮希特编：《制度分析与发展的反思》，商务印书馆1992 年版，第 348 页。

标"，具有"牵一发而动全身"的作用。理论与实践已清楚地表明，事权划分的问题不仅涉及央地职责范围，更直接关联财政收入的划分、地方税的建设、转移支付体系的数量与结构等一系列重大问题。在此意义上，央地责任关系改革是顺利推进基本公共服务城乡均等化的根基。以 2016 年 8 月 24 日出台的国发 49 号文《国务院关于推进中央与地方财政事权和支出责任划分改革的指导意见》为标志，随后一些省份相继出台了省一级的事权与支出责任改革方案等，这项改革算是启动了。国务院于 2018 年 1 月 27 日发布了《基本公共服务领域中央与地方共同财政事权和支出责任划分改革方案》，这是理顺城乡基本公共服务均等化央地权责的重要一步。

长期以来，央地政府都有"重农抑乡"的城乡二元观念，在城乡基本公共服务方面更是如此。因此，只有首先从理念上进行变革，抛弃传统基本公共服务城乡二元管理理念，央地政府才能真正从体制上推进基本公共服务的城乡一体化。基本公共服务城乡一体化中存在的条块分割、职责不清等问题，根源上在于利益的纠葛。因此，利益桎梏亟待破除，必须要根据情况变化不断调整央地政府的职责范围。

第一，由中央政府主要负责供给具有全国性公共产品特征的基本公共服务。要把"基本公共服务均等化"作为中央政策设计最基本的目标之一。中央财政应加快扩大"三农"支出所占份额。

中央拥有宏观决策权，执行决策权适当下放给地方政府。"在中国央地之间的上下层级关系中，作为上级的中央政府是主导性的、第一位的，作为下级的地方政府则是派生性的、第二位的。"[1] 基本公共服务领域共同财政事权范围、支出责任分担方式、国家基础标准由中央确定。

第二，由地方政府主要负责具有较强地方性公共产品特征的项目。基本公共服务领域中央与地方共同财政事权和支出责任划分是一个动态调整、不断完善的过程，既要加强顶层设计，明确改革路径和方式，又要加强与各领域管理体制改革的衔接，在管理体制和相关政策比较明确、支出责任分担机制相对稳定的民生领域首先实现突破。

基本公共服务大多由地方政府实现供给，但是目前地方政府尤其是

---

① 张璋：《基于央地关系分析大国治理的制度逻辑》，《中国人民大学学报》2017 年第 4 期。

县乡政府的财政困难已经成为制约基本公共服务均等化的主要障碍。因此，应该明确地方政府职责，充分发挥地方政府区域管理优势和积极性，保障政策顺利落实。另外，各级地方政府应努力深化改革，增强经济活力，确保地方财政收入稳步健康增长，以此来保障基本公共服务均等化的财政支持。

第三，匹配中央政府与地方政府间的财力与事权。从基本公共服务城乡一体化的现实运作逻辑看，现实情况通常是中央政府决策，地方政府执行，这使得这央地政府在财力与事权的匹配上呈现某种悖论：地方政府财力弱、权力小，却承担了大部分基本公共服务的落实任务。因此，亟须在基本公共服务城乡均等化的价值和政策导向下，匹配央地政府间的财力与事权，实现从"经济总量导向"向"基本公共服务均等化导向"的央地政府关系转变，对各级政府的财权和事权进行科学划分和分配，构建完善和财力、事权相协调的财税体制，优化配置有限的公共资源，从而推动实现经济可持续健康稳定增长，逐步缩小地区间基本公共服务的差距。

坚持差别化分担。我国各地区经济社会发展的实力和现状差异显著，因此应因地制宜地对各地区财政支出制度和扶持政策进行差异化制定。对于发展实力较为突出的东部地区，政府应将服务性领域作为政府财政支出的重点，从而更好地促进科学技术转化为实际生产力，完善各项社会保障和收入分配制度；市场则应更多地承担生产性投资，拓宽投融资渠道。而对于经济发展稍落后的中西部地区，政府则应继续推行积极的财政政策，大力加大基础设施建设力度，着力促进补齐经济社会发展的短板和促进经济发展方式转变。中央政府与地方政府的财政事权和支出责任划分见图5—3。

（二）以城乡基本公共服务均等化为导引加快政府职能转变

当前我国政府职能转变的目标与方向并不是西方自由主义视野中的"有限政府"，而是一个马克思主义视野下积极有为的"有效政府"①。政府"有效性"主要体现在其是否能够满足广大人民群众对公共产品与服务的需求。这就要求不断扩大公共服务职能，更好地落实发展为了人民、

---

① 刘雪华：《论服务型政府建设与政府职能转变》，《政治学研究》2008年第4期。

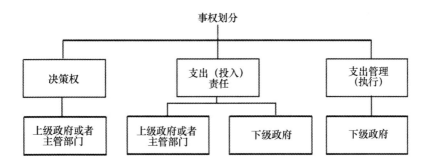

图5—3 中央政府与地方政府财政事权和支出责任示意图

资料来源：根据本书内容制订。

发展依靠人民、发展成果由人民共享的理念，最终形成惠及全民、公平公正、水平适度、可持续发展的公共服务体系。

第一，要坚持把"服务型政府"建设作为政府改革的基本目标。党的十七大提出的"进行行政管理体制改革，建设服务型政府"。党的十八大报告指出："建设职能科学、结构优化、廉洁高效、人民满意的服务型政府。深化行政审批制度改革，继续简政放权，推动政府职能向创造良好发展环境、提供优质公共服务、维护社会公平正义转变"[1]。党的十九大报告继续强调，要"建设人民满意的服务型政府"[2]。这些都为"服务型政府"建设提供了指导性意见，也为完善基本公共服务体系建设提供了实践方向。

第二，要把提供和改善公共服务作为地方政府最核心职能。在我国，中央政府负责宏观调控职责。在地方政府的四项职能中，公共服务应作为地方政府的核心职能。从根本上说，市场监管、社会治理与环境保护的最终落脚点也在于为市场、社会和公众提供服务。地方政府要从优先经济单一目标向优先社会整体目标转变，始终把"保障和改善民生"作为最为重要的任务。抓住人民最关心、最直接、最现实的基本公共服务

---

① 胡锦涛：《坚定不移沿着中国特色社会主义道路前进 为全面建成小康社会而奋斗——在中国共产党第十八次全国代表大会上的报告》，《人民日报》2012年11月18日第1版。

② 习近平：《决胜全面建成小康社会 夺取新时代中国特色社会主义伟大胜利——在中国共产党第十九次全国代表大会上的报告》，《人民日报》2017年10月28日第1版。

问题，不断完善公共服务体系，"使人民获得感、幸福感、安全感更加充实、更有保障、更可持续"①。

第三，要以城乡基本公共服务均等化为目标调整政府职能。政府职能具有历史性，其性质、内容、手段和方向都会随着社会的发展产生变化，但这就需要不断转变政府职能适应人民群众对公共服务的需求。目前，城乡二元结构仍然在深刻地影响着我国城乡基本公共服务均等化政策的落实，政府职能转变的速度无法满足公众日益增长的实际需求。因此，要进一步结合基本公共服务城乡均等化的议题，从职责和功能两个层面，调整政府职能配置，恰当设定政府部门的行政职责和行政功能。

（三）以"大部门体制"为取向深入推进行政机构改革

全面推进城乡基本公共服务均等化，亟待公共治理资源的优化整合和配置，以及政府供给公共服务综合能力的提高。这就内在地决定了"大部制"的结构设置应作为服务型政府的载体。党的十七大报告明确提出："加大机构整合力度，探索实行职能有机统一的大部门体制，健全部门间协调配合机制。"② 党的十八大报告明确提出，要"稳步推进大部门制改革"，党的十九大报告提出，要转变政府职能，"赋予省级及以下政府更多自主权。在省、市、县对职能相近的党政机关探索合并设立或合署办公"③。当前，要从以下几个方面落实"大部门体制"改革，从而更好地推进城乡基本公共服务均等化。

第一，整合职能相近的政府部门。改变目前公共服务体系的职能和部门导向的现状，遵循决策、执行和监督职能相互独立、相互制约的原则，建立公共服务的大部门决策机构，并成立专门的执行机构，承担政府中服务性职能，专司公共服务的执行工作。促进公共服务决策和执行的分离，使决策部门专司宏观把控和决策制定，减少日常微观事务，推动执行机构管理自主化发展，促进提升公共服务供给质量、效能和效率。

---

① 习近平：《决胜全面建成小康社会 夺取新时代中国特色社会主义伟大胜利——在中国共产党第十九次全国代表大会上的报告》，《人民日报》2017年10月28日第1版。

② 胡锦涛：《坚定不移沿着中国特色社会主义道路前进 为全面建成小康社会而奋斗——在中国共产党第十八次全国代表大会上的报告》，《人民日报》2012年11月18日第1版。

③ 习近平：《决胜全面建成小康社会 夺取新时代中国特色社会主义伟大胜利——在中国共产党第十九次全国代表大会上的报告》，《人民日报》2017年10月28日第1版。

第二，完善政府部门的运行机制。自党的十八大以来，"把权力关在制度的牢笼里""让权力在阳光下运行"等呼声日益高涨，制约政府权力成为当前深化改革、促进社会发展的一个重要任务，也是当前促进服务型政府转型的关键点。通过大部制改革推行政府部门实行责权统一的运作模式，在赋予其权力的同时，应该明确其应负的责任和应尽的义务。大部门体制的关键点在于机构的整合、职能的转变、权力的制约和协调、民主决策以及科学管理等多个方面，这对于通过"权力制约"实现"权利保障"，非常有意义。

第三，统筹各类机构的设置。党的十九届三中全会通过的《中共中央关于深化党和国家机构改革的决定》，将深化党和国家机构改革提升到国家治理体系和治理能力现代化的高度，体现了极高的政治定位和战略意义。结合中国的国情，机构改革不能仅仅局限于传统的政府机构改革，而且应该统筹思考党、人大、政协、司法、事业单位、群团、社会组织及跨军地等各个领域，同时还应该涉及军地之间机构和职能优化转移，系统安排机构改革与经济发展、服务社会之间关系。要解决人民群众呼声最强烈、职责交叉最严重的公共服务等领域问题，在政府职能整合协同方面取得新突破，从而建立适应"四个全面"战略布局和公共服务大系统供给的大部门体制。

二　完善城乡基本公共服务均等化的财政政策

建立合理的城乡基本公共服务均等化财政支持体制财政能力是实现城乡均等化的基本保障。我国城乡基本公共服务均等化中的财政体制弊端凸显，改革已是燃眉之急。2002 年以来，为建立基本公共服务均等化的财政保障体制，缩小城乡间、区域间公共服务差距，中国政府推动了"民生导向"的公共财政体制改革[①]，但是公共服务的供给仍然屈从于经济的增长，财政上的供给投入比例明显偏低，总体而言，公共服务的供给水平较低。当前，需要多管齐下，建立"民生财政"。

---

① 郁建兴：《中国的公共服务体系：发展历程、社会政策与体制机制》，《学术月刊》2011年第 3 期。

（一）完善财政转移支付体制

2015 年国务院印发的《关于改革和完善中央对地方转移支付制度的意见》提出，改革和完善转移支付制度，必须要将推进地区间基本公共服务均等化作为主要目标，将一般性转移支付①作为转移支付主要形式，促进一般性转移支付规模的稳定增长。同时，要着力整合和规范专项转移支付，增强地方财政的总体统筹能力。

作为政府间财政关系的重要组成部分，转移支付制度应发挥平衡地区间的财力差距，促进公共服务均等化的重要作用。但研究发现，由于转移支付结构不合理、管理弱化等原因，随着我国财政转移支付规模逐步扩大，其政策效果并没有得到有效发挥。因此，为完善转移支付以促进公共服务均等化，须多个方面对转移支付制度建设进行系统性的规划和设计。

1. 形成全国统一的财政转移支付制度

自我国分税制改革以来，财政转移支付的规模不断扩大，但在法律保障方面一直缺少一部完整的法律来规范财政转移支付制度。因此应着力于完善财政转移支付的法律制度。第一，修订《中华人民共和国预算法》，规定并且明确转移支付的法律地位，使得相关的财政预算制定等严格遵照法律规范；第二，制定《财政转移支付法》，必须通过法律规范和保障我国大规模的财政转移支付；第三，从司法和审计方面，着力建立和完善健全的监督和制约机制，确保多方面、全过程地有效监督政府转移支付，保障转移支付资金的合理有效利用。

2. 扩大均衡性转移支付规模

均衡性转移支付的作用在于促进地区间财力均衡和促进公共服务均等化，但由于其在政府预算中所占比例偏小，发挥的效果有限。因此，必须要进一步扩大中央对地方的均衡性转移支付规模，并加大其所占比

---

① 一般性转移支付是指中央政府对有财力缺口的地方政府按照规范的办法给予的资金补助，地方政府可以按照相关规定统筹安排和使用。专项转移支付是指中央政府对承担委托事务、共同事务的地方政府给予的指定用途的资金补助，以及对应由下级政府承担的事务给予的指定用途的奖励或补助。合理的转移支付制度包括一般性转移支付和专项转移支付两类，前者旨在弥补下级政府收支缺口、均衡地区间财力、促进基本公共服务均等化；后者侧重解决外部性问题和实现中央特定政策目标。

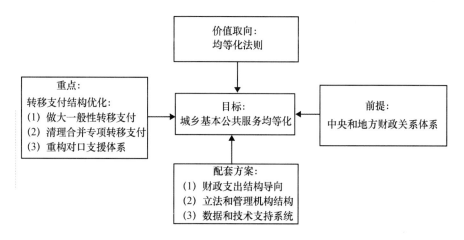

图5—4 完善政府间转移支付制度总体思路示意图

资料来源：根据本书内容制订。

重，以促进地区间公共服务均等化。因此，可通过渐进式的方式逐年减少甚至取消税收返还，将税收返还的其中一部分纳入均衡性转移支付的收入来源，以此来扩大均衡性转移支付的规模。另外，还应逐步取消原体制补助和年终结算补助，并将其纳入均衡性转移支付，以此来进一步规范和保障转移支付。此外，还应适当增加对民族地区的均衡性转移支付比重，以此体现对民族地区的财政扶持。从我国现实情况看，我国不同地区间的财政收入能力差距悬殊，而各地方政府提供相同数量和质量的公共服务的价格差异也很大。因此，财政收入能力与财政支出需求这两个方面都应该被考虑进我国的均衡性转移支付的公式化分配之中。

3. 规范现行专项转移支付

专项转移支付体现了上级政府的宏观政策目标。当前我国专项转移支付资金使用分散，应严格制定专项转移支付的项目准入标准，严格规范项目立项，衡量地方政府财政收入的能力和提供公共产品的成本差异等因素，公平分配资金，规范现行专项转移支付。应着力促进专项转移支付项目的规范工作，调节一般性转移支付，弥补中央出台增支政策形成的地方财力缺口，并不断减小专项转移支付的规模，进一步规范和完善一般性转移支付增长机制，从根本上促进财政支出对农村基本公共服务的支持，从而促进城乡基本公共服务均等化的目标的实现。同时，应将专项转移支付的重点更多地放在社会公共服务的供给上，建立起专项转移支付的优化结构，提升公共服务的水平和质量，促进社会公平正义。

4. 完善乃至逐步取消税收返还

税收返还是我国转移支付制度的重要组成部分，其目的在于均衡央地政府以及各级地方政府之间的财力、缩小地区间财力差距和促进公共服务均等化。但是税收返还是在保证地方政府既得利益的前提下进行的，这就决定了它的不公平性及其均衡地方财力的无效性。税收返还还在无形之中保护地方既得利益，一定程度上加深了地方间的财力差距，这是与财政转移支付的目标相悖离的。因此，税收返还亟待取消。在具体的操作层面，则可以通过渐进式改革度过一定时限的过渡期，逐步减少、取消税收返还，以此减少改革带来的摩擦和不稳定因素。

(二) 优化公共财政支出结构

向基本公共服务城乡均等化领域投入更多资金。历史地看，我国长期以来的城乡二元财政体制使得财政支出也延续着"重城轻农"的逻辑。因此，在此种背景下，需重构财政支出结构，减少非服务性开支；同时，还应加大对基本公共服务城乡一体化的投入，重点保障重点支出项目，使得基本公共服务支出总体上向农村倾斜。

1. 构建"民生"导向财政支出结构优化标准

财政支出结构的优化配置必须使得财政支出结构符合政府的职能定位并且促进社会的发展。从资源配置的角度来看，财政支出结构的优化配置就是指在财政总支出占国民生产总值的比重合理的前提下，财政支出的各要素占财政总支出的比例合理、满足全社会的共同需要。财政支出结构的优化配置必须通过结构优化更好的实现资源配置、收入分配、经济稳定和发展这财政的四大职能。而构建以"民生"为导向的财政支出结构优化标准是通过优化财政支出来更好的保障和改善民生。"民生"为导向的财政支出结构优化标准应为：财政支出宏观适度，即财政与市场在社会资源总量配置上的比例适度；财政支出比例合理，合理安排各类职能之间的供给力度；财政支出耗用有效，财政资源耗费要尽可能地满足社会公共需要，提高财政资金使用效率。

2. 扩大服务性支出力度

扩大我国民生支出规模需调整与完善财政资金的增量和存量。在财政支出的编制和安排阶段，政府应适当降低阻碍经济增长质量提高的消费性支出，并继续保障生产性支出。同时，应扩大科教、社会保障等公共服务的支出规模，逐步优化财政支出结构。政府应继续推行简政放权，减少行政管理支出，适当调控单位人员规模，提高行政管理的效率。

3. 完善民生支出的预算管理

规定编制民生预算为政府预算的必要部分，通过强化预算管理约束政府行为，以编制民生预算为民生财政支出提供资金保障；将民生支出、民生目标、社会发展趋势等方面的重要内容都包含在预算编制之中，并及时向社会公开，以加强社会对民生预算的监督，规范预算的编制和落实，同时也有利于规范地方政府实现民生的财政保障的长期性。

（三）深化省以下财政管理体制改革

以推动城乡基本公共服务均等化为导向，着力推动省以下财政管理体制改革。首先，推动提升基层财政保障能力，加快推动县乡财政管理体制改革；其次，加快改革省"直管县"的财政管理体制，优化政府间财政关系层级；最后，还需着力推动乡镇财政管理体制改革，调整县和乡之间的财政关系。

1. 简化财政管理级次

当前我国实行的是五级行政管理体制，在此背景下，简化财政管理级次应采取渐变过渡的办法。实行财政"省管县"。财政"省管县"有利于城乡统筹发展，着力解决三农问题，发展县域经济，避免产生"市刮县""市吃县"。各省应加强宏观调控，加大协调力度。市级财政应突出中心城市，逐步发展城市财政，将中心城市的发展纳为工作重点。逐步取消乡级财政。当前，乡镇收入主要为农业税和地方小税，税源及其增长潜力小。尤其中央落实减轻农民负担的相关政策后，乡级财政收入明显降低。而在支出方面，工商、税务、公安等部门大都实行了垂直管理，乡镇财政的财权和事权已经小到无单设一级财政的必要。乡级财政受到地方经济发展水平有限的限制，收入有限，财政紧张，县级的转移支付无法彻底解决这一问题。从实践的角度看，乡镇财政存在职能不健全等问题，取消乡级财政有利于县级政府编制财政计划的统筹协调，并且确保农村义务教育的资金保障,缓解乡镇财政紧张的问题。但是同时也要注意到,取消乡级财政应因地制宜,逐步推进。对于经济发展水平高、财政收入规模较大的镇,可单设镇级财政,在县财政中单列,这样不仅有利于城镇发展,并且能调动经济发展、税收增长的潜力;而对于经济欠发达、财政收入增长后劲不足的乡镇,应对乡级财政予以取消。客观条件尚不允许的,可先采用"乡财县管乡用"的模式,以保证农村教师的薪酬发放。简化财政管理级次,建立中央、省、县(市)三级财政,并在这三级财政的基础上规范地方财政关系。

表5—1　　三级财政框架下各级政府事权划分与财政支出分配比例

	中央财政	省级财政	县(市)财政
事权划分	国防、对外事务、宏观调控、中央国家机关的正常运转、全局性安全稳定、全国性及跨地区的基础设施建设与环境保护、央企管理与资产保值增值、高等教育、各地区均衡发展等事务	中观调控、省级机关的正常运转、省城内的安全稳定、省域内的基础设施建设与环境保护、省属企业管理与资产保值增值、社会保障、高等教育、省域内的地区均衡发展与城市化进程等项事务	本级机关的正常运转、辖区内的安全稳定、辖区内的基础设施建设与城市维护、辖区内的环境保护、义务教育与职业教育、公共医疗卫生、涉农与城市化等项事务
财政支出分配比例	45%	20%	35%

资料来源:根据相关资料整理。

2. 建立开放型财政保障体制

这包含两层含义:第一是指政府必须与其他多元主体合作,促进形成多元主体的财政保障体制;第二是指政府必须以基本公共服务城乡一体化为导向,在保障公共利益的前提下,积极学习其他主体的有益新理念,促进财政保障工具和方法更加多元、有效。

促进基本公共服务均等化的重要前提是完善财政体制保障,均衡各地政府的财政能力,实现地方政府间财政能力水平的基本均等。只有用过保证财政能力的均等化,才能保障最低水平的公共服务,从而才能实现基本公共服务的均等化。但是还应注意到，财政能力均等化与基本公共服务均等化并不是同一个概念，仅依靠并不能必然保证"基本公共服务均等化"，"财政能力均等化"只是"基本公共服务均等化"的必要而非充分条件。简单说来，财政能力均等化只是一个工具，也要保障基本公共服务的可及，其目标是针对地区而非个人的。基本公共服务均等化的实现还需要诸多条件的支撑和保障，因此，促进基本公共服务均等化的重要前提是完善财政体制保障。与此同时也还需要其他的配套改革。

三　改革城乡基本公共服务均等化的户籍制度

户籍体制改革是推进我国城乡基本公共服务均等化的关键所在。我国现行的户籍管理体制的建立背景是在新中国成立以后，顺应计划经济体制的需要而建立的，它将我国公民简单地划分为城镇户口和农村户口。这在一定程度上加剧了城乡二元和等级制度，对推进我国城乡基本公共服务均等化是一个巨大的障碍。因此，城乡二元的户籍管理体制亟待破除，从而着力推进我国基本公共服务城乡一元化进程。

首先，必须要深化改革二元户籍体制，将建立在户籍体制之上的待遇差距全体剥离，重新调整优化。就基本公共服务而言，城乡二元的基本公共服务供给项目必须要重新整理、优化，然后由相关政府部门按照统一标准和统一制度同意提供，消除建立在城乡户籍之上的基本公共服务待遇差距。

其次，通过加快城镇化进程推动户籍体制改革。这其中的关键就在于为农民找到出路，转移农村剩余劳动力。城镇化进程有利于吸纳农村剩余劳动力，不仅能够节约城市化成本，而且在一定程度上对于发展农村第二、第三产业也具有巨大效益。所以，可以从如下三个方面做出调整：第一，提供各项优惠政策，重点推进农民工在中小城镇就业落户，提升城镇化发展水平；第二，着力加强小城镇基础设施建设，吸引农村剩余劳动力向小城镇转移；第三，加大制度创新的力度，减少小城镇吸纳农村剩余劳动力的阻力；第四，还需着力破除农民工的市民化的制度桎梏，促进农业转移人口的市民化。

在二元户籍制度背景下，户籍等于一个符号，成为社会资源配置的标准和尺子，城镇户籍等于更好更充分的就业、入学、养老、医疗及一系列社会福利待遇,但在现代社会,户籍的意义正在发生变革,隐含在城镇户籍之上的许多福利待遇都将被改革,户口的属性将会越来越淡化,逐步发展成为登记、统计、管理人口的工具,由户籍带来的不同待遇差距都将被逐步取消。从当前的城镇化发展现状看来,即使拥有城镇户籍,但在就业、养老、医疗等没有融入城市,这样的城镇户籍人口也并不具有现代意义。这样的人群越多,带来的隐含社会危机越大。所以,城市化过程中将城镇户籍作为城市化的目标是一种错误的政策导向。户籍制度作为一种符号变更起来极其容易,但是隐含在户籍制度之下的一系列社会福利和保障制度才是实现农业转移人口市民化的实质内容。

四 探索城乡基本公共服务均等化的土地管理

土地财政是地方政府推动城乡基本公共服务均等化的重要资金来源,是遵循着以"土地换保障"的政策思路,为推进城乡基本公共服务均等化的重要实践。其本质在于对失地农民做出经济补偿,并为其建立社会保险,从而保障其长远的生计问题。随着城乡一体化战略的深入推进,"土地换保障"也由被动式的补偿安置行为转变为主动式的制度探索。"以土地换保障"是对于农村土地流转和征用使用,以及农村社会保障体系建设的一次重要创新,它着实地推进了农村的城镇化进程,并将深刻影响农村未来的发展和现代化事业。但是在当前的时代背景下,需要对土地政策改革做出全面思考。

(一)推进农村土地"三权分置"改革

党的十八届三中全会决议提出,要在我国农业经营体制中建立"三权分置"(土地所有权、承包权、经营权分置)的模式,党的十八届四中全会、党的十九大再次提出这一要求。"三权分置"模式,是对于我国农业经营体制的一次重要创新,实在现行法律制度背景下依法推进土地政策创新的最佳模式。从推行农村土地"三权分置"的改革实践需求来看,要做好政策的设计与配套还必须要关注土地承包权与经营权的流转、经营权的抵押、承包权与经营权分离的利益协调和风险防范等四个方面,以确保政策产生应有的规范、指导和保障效果。

实行农村土地的"三权分置",是顺应农村经济社会发展和土地关系变革的必然选择,同时也利于发挥产权激励作用,这种改革既遵循了我国农村土地产权制度变迁的旧有路径，又将制度变迁中的非正式规则的影响纳入考虑范围，是在坚持兼顾效率与公平、渐进主义等原则下，对我国农村土地产权制度做出的一次大胆创新和合理探索。"三权分置"制度，不仅能够解决农村剩余劳动力的后顾之忧，着力推进新型城镇化的进一步发展，能够促进农地规模化生产，发展壮大新型农业经营主体，推动农业现代化建设，而且能够推动实现统筹城乡发展，促进社会进步，是当前我国城镇化建设和发展过程中的必然选择。这最终有利于农村经济社会发展，从而有利于城乡协调均衡发展。

（二）强化土地使用和流转中的政府监管

以家庭承包经营为基础、统分结合的双层经营体制，以承包制为核心的农村土地制度是顺应社会主义市场经济体制改革的需要，解放和发展农村生产力的重要保障。但是，当前的农村土地承包制度随着经济社会的发展和劳动力市场的变迁，已经日益暴露出其中的不足和缺点，在提升农业劳动生产率和保障农民收益最大化上已经推动乏力，这就从根本上要求土地流转制度的改革。在土地流转的过程中，必须要加强政府的监督管理，保障失地农民的利益最大化。通过推动多种形式的土地流转，加强土地流转的政府管理和服务，建立和健全土地承包经营权的流转市场并做好监管，稳健积极地推动出租、互换、转让股份合作等多种形式的土地流转。

（三）逐步取消失地农民的"土地换保障"政策

失地农民的社会保障制度建设要与公民无偿享有基本生产保障权利以及农村社会养老保险的自愿参加相协调，与农村土地资本化和城乡最低生活保障制度相衔接，因此，需要逐步摒弃"土地换保障"模式，将失地农民纳入统一的城乡社会保障体系。

失地农民的安置问题已经成为征地制度面临的最大挑战。农民世世代代"粘"在土地上，靠着土地作为生存的来源，失去土地等于失去了未来的生计和保障。在土地被征用的过程中，尽管失地农民的就业和社会保障等问题也被纳入了政府和有关方面的考虑范围，但是失地农民要想真正进入就业和社会保障体系，还面临着现行制度的桎梏和就业机会少、财力有限等现实困境。因此，在充分考虑保障失地农民就业和社会保险的前提下，必须要尊重现实实际情况，遵循城镇化根据城镇化内在逻辑和规律，提出有效可行的政策思路和举措。

在现实中，失地农民的安置要求远远超过现行政策的补偿标准，但还是不及失地农民安置的实际社会成本。这是因为，现行的征地制度只能保障提供必要的生活补偿和就业机会，而其他潜在成本没有被考虑到。因此，这就是征地补偿标准偏低的根源所在。换句话说，补偿安置标准偏低导致了安置失地农民的"制度缺口"。因此，要想在当前市场经济条件下改革完善征地制度，首先就应该提出完善补偿安置制度的基本方向和思路，并制定具体的实施方案，填补由于体制转型所形成的"制度缺口"。

按照"土地换保障"的思路和要求，实行货币安置、招工安置、住房安置等方式来构建社会保险制度，从制度保障的层面推动了征地工作的顺利进行。从制度设计的目标和功能角度来看，"土地换保障"已经基本发挥了其应有的时代功能，应逐渐地退出历史舞台。从城乡社会养老保险来看，农村新型社会养老保险的试点工作已经开始在全国展开，而城镇社会养老保险制度也正经历着改革。因此，"土地换保障"基本上可以退出历史舞台。

第四节　城乡基本公共服务均等化的保障机制

构建"科学有效"的城乡基本公共服务均等化推进机制，能够加快推进城乡基本公共服务均等化。按照"整体性治理"的要求，以统筹协调、责权明确、监督评估等实施机制为支撑，促进各级公共服务资源有效整合，形成公共产品和服务供给的合力；按照技术逻辑，坚持"尽力而为"与"量力而行"的统一，通过公共服务投入向农村地区倾斜，缩小城乡间的公共服务差距，提高基本公共服务的普遍性、公平性和均等化水平。基本公共服务均等化的实现机制包括识别机制、参与机制、供给机制和保障机制，分别对应科学性、民主性、系统性和实践性这四个特性。

一　完善城乡基本公共服务均等化的识别机制

所谓识别机制，就是基本公共服务均等化的标准化体系以及以此为基准建立的绩效考评机制，它是检验和衡量基本公共服务均等化的标尺，体现的是科学性要求。

要切实推进公共服务均等化，就必须建立一套衡量均等化水平的指标体系，用来比较和检验不同的服务提供者提供公共服务的质量与水平。城乡基本公共服务的标准是均等化的核心参数。建立基本公共服务均等化的指标体系具有两个用途：一是用来测度某区域当前的均等化水平，以结果为参照采取对策来进一步提高均等化水平；二可用于评价现行政策的实施效果，衡量政策的实施是否达到设定的目标，起到应有的作用，方便对政策做出及时的调整。基本公共服务均等化评价标准的设立需要把握平衡、务实、规范、可操作几项原则。因为如果标准太高，则难以实现；如果标准太低，则又达不到应有的目标。坚持目标导向和问题导向，明确城乡基本公共服务均等化的目标任务、阶段安排与主要任务。完善城乡基本公共服务均等化绩效评价体系。建立科学长效的城乡基本公共服务均等化评价体系，定期组织评估以及时调整政策方向，将城乡基本公共服务均等化评估结果纳入政府绩效考评的范畴并占据合理权重。科学的公共服务标准建设包括以下三个方面：

第一，提供者的建设标准。首先，这项标准的制定需要考虑到地区的经济社会发展的水平，然后在此基础上评估当地政府的财政能力。另外，为了既达到建设标准，又保证财政供给能力具有可持续性，还必须考虑到其他一些地区因素，如当地人口的增长、平均寿命的延长以及服务需求的不断提高等因素。其次，还需要考虑到不同类型的公共服务具有不同的标准。如基本保障类与基础服务类的建设标准侧重点就有所不同，前者重在制度选择、实施、监督与裁决的公平合理性，后者则需根据具体的服务内容来制定相应的标准。

第二，生产者的质量标准。我国公共产品或服务的生产者多元化，多元化生产容易导致质量不稳定。比如医疗、教育领域，往往存在多个生产服务的主体，这些主体生产服务的能力本来就存在差异，如果缺乏统一的服务质量标准的监管，就会导致公共服务生产出现严重的不均衡现象。建立生产者质量标准所要解决的就是这个问题，也即规范各类公共产品或服务生产的质量标准。在生产者的质量标准的制定和实施中需要注意以下两点：一是对不同质量要求的产品选择不同的质量标准；二是生产环节和验收环节都严格抓质量标准,即要求生产者按质量标准生产,提供者按质量标准进行监督和验收。

第三,消费者的效用标准。消费者的效用标准是指消费者在消费某种公共服务或公共产品时产生的一种主观感受或评价,通常可用消费者的满意度来评价。党的十九大报告提出的"促进社会公平正义,在幼有所育、学有所教、劳有所得、病有所医、老有所养、住有所居、弱有所扶上不断取得新进展",可以作为消费者的效用标准建设的原则。民众是基本公共服务的享受主体,可以将他们视为消费者,测量消费者的效用标准可以及时了解到基本公共服务均等化的实际效果如何,民众满不满意,以便及时做出调整,完善服务。消费者效用标准体系的建构需要做好以下几点:首先,科学的效用标准体系应当明确服务的目标、内容、对象、基本程序、资金来源、质量控制、公民参与以及绩效评估等内容,形成一个相对完整的参照体系。其次,针对不同层级的供应主体,应制定不同的绩效评估标准。最后,要关注评估的价值和方式。评估机制应当符合以人为本、公平正义的价值观;评估方式上要运用"多主体评估"。评估主体应当包括基本公共服务均等化的实施主体,其中既有政府,又有其他参与的社会组织,还应当包括基本公共服务的作用对象,最后还应引入第三方社会机构进行评估,以保证评估结果的信度和效度。

二　完善城乡基本公共服务均等化的参与机制

城乡基本公共服务均等化的参与机制包括需求表达与科学决策机制,畅通的信息的公开与反馈机制,这对应基本公共服务均等化的公民性的要求。参与机制用以检验基本公共服务均等化的实施效果如何,是否真实反映了民众的需求。

韦伯认为:"任何官僚制组织都力求通过对知识和意图的保密来增强其专业上的优越地位。"① 官僚体制固有的保密性、现代社会公共事务的复杂性、公共组织的垄断性等因素,都使得高度的信息不对称的情况存在于公众与行政机关之间。使得公众对政治表现淡漠,参与度低下,难

---

① 转引自〔澳〕欧文·E.休斯《公共管理学》,彭和平等译,中国人民大学出版社 2001年版。

以实现对政府的有效监督，进一步助长了公务人员的专断、寻租等腐败行为。在顾客导向制度中，公共服务领域引入了市场竞争机制。

建构基本公共服务均等化的参与机制，需要变政府控制为政府主导，多方参与的格局。这需要做好以下三点：第一，搭建共同参与的公共服务信息平台。这需要有效发挥人大和政协的组织功能，培育专业的信息中介机构和专家咨询机构，为公众与政府间的信息沟通建立纽带。第二，推动基本公共服务规范化、法制化建设。这首先需要就基本公共服务的范围、种类、指标在技术层面进行研究，组织相关部门讨论，经过充分沟通、协调达成全社会的共识，在此基础上形成一系列规范性文件。第三，掌握民众真实的公共服务需求信息。前面的内容中已经提到，我国基本公共服务的供给具有"计划性"的色彩，政府为民众提供的服务不一定是民众真正需要的，这造成了供需的失衡和资源的浪费。构建公共服务均等化的参与机制，为的就是提高供给的有效性，尽可能实现总供给与总需求平衡。

对基本公共服务的需求进行分析需要在一定的约束条件下，如一定时期内、既定税收水平下。然而，公共产品具有非竞争性、非排他性和交易的特殊性，这决定了对它的需求是不可分割的共同利益的需求。所以，如果政府想要获得真实有效的需求信息，就必须建立一条高效的信息获取渠道。此外，政府要合理有效地运用所获得的公共需求信息，将这些信息作为制定决策的依据，实现真正的公民参与、民主决策。在这个过程中，政府还需要做好信息公开，让民众及时了解情况，同时积极回应公民的诉求。在实际操作中，要注意政府信息获取主体的广泛性、获取方式的便捷性与获取客体的有效性。

三 完善城乡基本公共服务均等化的供给机制

供给机制就是要建构政府、市场和社会多元化供给格局。基本公共服务均等化建构应当是一个社会公共行动，需要政府、市场和社会组织有序合作，仅依靠政府的单方面行政行为是无法实现的，这对应基本公共服务均等化系统性的要求。

"工欲善其事，必先利其器。"从工具层面看，长期以来，我国政府对基本公共服务传统类工具有着特殊偏好，这类工具单一和缺乏灵活性，已经严重阻碍基本公共服务均等化的实现。因此，中央和地方政府需要做出改变，让政府工具走向多元化和弹性化。奥斯本说过，政府要善用"政府箭袋里的箭"（即"再造者工具箱"），灵活运用各种类型的政府工具，包括传统类工具、创新类工具和先锋类工具。就我国目前来看，中央政府必须站在战略高度上"掌好舵"，地方政府则根据具体情况，运用适当的政府工具或工具组合，提升城乡基本公共服务一体化的经济、效率和效能。

当前，我国基本公共服务均等化的实施主体主要是政府，但并不意味着政府就可以作为唯一的供给主体完成这一目标，在实现这一目标的过程中，我们需要警惕路径依赖和旧体制回归，积极构建政府与市场、社会组织多元主体供给的格局。以多中心理论为指导，将供应与生产环节进行分离，同时适当放宽基本公共服务的生产投资准入限制，鼓励多元主体进行生产。还可通过政府招标采购、合约出租、特许经营等形式，将一些基本公共服务的生产和提供职能分配给市场，进一步实现资源的优化和高效配置。完善城乡基本公共服务均等化供给机制，需要构筑良性规范的供给格局，划清不同主体之间的权利义务关系。政府在供应中需要履行的职能有决策、投资、分配、选择和监管。此外，政府还必须履行监管职能，保证生产行为规范合法，制定明确的考评和奖惩机制，切实维护公共利益。当然政府并不是唯一的监管主体，政府也应受到公众和社会组织的监督，公众和社会组织有权对政府及其他供应主体的行为进行监督，政府还可委托第三方专业机构进行监督。在多方供给的机制中，我们还需特别注意各个供应主体之间的对话与合作。多个主体提供公共服务，并不意味着它们之间就形成了良好合作，因为每个组织具有它们自身的利益和动机，需要通过协商和对话建立起共同的利益，才能实现资源的优化配置，推动城乡基本公共服务均等化。

四 完善城乡基本公共服务均等化的保障机制

保障机制是为基本公共服务均等化目标的实现提供财力、物力、人力和执行力的保障，包括确立基本公共服务均等化的财政投入与保障机制。这对应的是基本公共服务均等化实践性的要求。

城乡基本公共服务均等化受政府财政能力、配置结构等因素制约。

作为推进城乡基本公共服务均等化的核心制度保障，财政体制安排的合理与否，直接影响城乡公共服务均衡供给效率。因此，提升城乡基本公共服务均等化制度绩效，首先要促进"国家财政"向"公共财政"转型，修改财政转移支付制度，将公共服务财政资金的重心向老少边穷和广大中西部农村地区倾斜，使调整后的投资结构体现对中西部农村地区义务教育、医疗卫生、社会保障、公共设施等公共服务支出的优先设置和扶持力度，从财政支出的源头缩小城乡和地区之间的公共服务水平差距。其次，科学匹配各级政府间事权和支出责任。在 2016 年出台的《关于推进中央与地方财政事权和支出责任划分改革的指导意见》的基础上，进一步合理确定省以下政府间财政事权，将部分适合更高一级政府承担的基本公共服务职能上移，同时明确和细化省级政府在推进区域内城乡基本公共服务均等化等方面的职责。最后，实行基本公共服务供给主体多样化。公共服务的"政府主导"不能等同于"政府包办"，必须坚持市场化和社会化同步运作。为实现公共服务供给主体"多元化"，应该充分发挥市场机制作用，鼓励社会力量参与，全面推进复合式公共服务和产品供给方式创新，为推动城乡基本公共服务均等化提供支撑。

基本公共服务均等化目标的实现离不开制度建设与人力资源管理。制度建设包括以下几项：需求反馈制度、决策预算制度、收入支出制度、绩效评价制度及监督执行制度。每一项制度都需要考虑它的有效性，不可形同虚设，只有把每一项制度的作用真正发挥出来，才能形成合力，推动基本公共服务均等化目标的实现。人力资源管理方面需要以为人民服务的职业精神为指导，注重全面提升公务员的素质，培养他们的责任心、积极性和创造性，从而增强政府对民众的基本公共服务需求的回应性，以更好地维护最广大人民的根本利益。在选任干部环节也要严格把关，层层筛选，保证任用德才兼备的干部。尤其是基层领导干部，他们与民众的接触是最多的，代表着政府的形象，同时也是政策的最终执行者，关系到基本公共服务均等化的最终实现，所以应当把积极有效回应民众诉求，推动实现基本公共服务均等化作为选用基层领导干部的重要考核指标。

参考文献

专著

包国宪、鲍静：《政府绩效评价与行政管理体制改革》，中国社会科学出版社 2008 年版。

曹沛霖：《政府与市场》，浙江人民出版社 1998 年版。

陈昌盛、蔡跃洲：《中国政府公共服务：体制变迁与地区综合评估》，中国社会科学出版社 2007 年版。

陈毅：《博弈规则与合作秩序：理解集体行动中合作的难题》，上海人民出版社 2010 年版。

陈振明：《公共管理学——一种不同于传统行政学的研究途径》，中国人民大学出版社 2004 年版。

陈振明：《政府工具导论》，北京大学出版社 2009 年版。

程又中：《外国农村公共服务研究》，中国社会科学出版社 2011 年版。

丁煌：《政策执行梗阻及其防治对策——一项基于行为和制度的分析》，人民出版社 2002 年版。

方雷等：《地方政府行政能力研究》，山东大学出版社 2010 年版。

费孝通：《乡土中国》，上海人民出版社 2007 年版。

郭道久：《以社会制约权力——民主的一种解析视角》，天津人民出版社 2005 年版。

国务院发展研究中心社会发展研究部课题组：《社会组织建设：现实、挑战与前景》，中国发展出版社 2011 年版。

何增科：《公民社会与第三部门》，社会科学文献出版社 2000 年版。

胡小平：《中国西部农村全面小康指标体系研究》，西南财经大学出版社

2006 年版。

江易华：《县级政府基本公共服务绩效评估指标体系的理论构建与实证研究——基于社会公正的研究视角》，中国社会科学出版社 2010 年版。

经济合作与发展组织：《分散化的公共治理——代理机构、权力主体和其他政府实体》，中信出版社 2004 年版。

孔繁斌：《公共性的再生产：多中心治理的合作机制建构》，江苏人民出版社 2008 年版。

孔志峰：《公共政策绩效评价》，经济科学出版社 2006 年版。

梁文松、曾玉凤：《动态治理：新加坡政府的经验》，中信出版社 2010 年版。

刘昆：《绩效预算：国外经验与借鉴》，中国财政经济出版社 2007 年版。

马华等：《南农实验：农民的民主能力建设》，中国社会科学出版社 2011 年版。

彭忠益：《政府领导力与政府责任/地方治理与社会管理创新丛书》，社会科学文献出版社 2012 年版。

钱穆：《中国历代政治得失》，上海三联书店 2005 年版。

乔耀章：《政府理论》，苏州大学出版社 2000 年版。

邱东：《多指标综合评价方法的系统分析》，中国统计出版社 1991 年版。

饶征、孙波：《以 KPI 为核心的绩效管理》，中国人民大学出版社 2003 年版。

桑助来等：《政府绩效评估研究》，中国人事出版社 2005 年版。

沈荣华、金海龙：《地方政府治理》，社会科学文献出版社 2006 年版。

施从美、沈承诚：《区域生态治理中的府际关系研究》，广东人民出版社 2011 年版。

世界银行：《变革世界中的政府——1997 年世界发展报告》，中国财政经济出版社 1997 年版。

世界银行支援项目：《美国政府绩效评价体系》，经济管理出版社 2004 年版。

孙柏瑛、杜英歌：《地方治理中的有序公民参与》，中国人民大学出版社 2013 年版。

孙津：《中国农民与中国现代化》，中央编译出版社 2004 年版。

唐娟:《政府治理论》,中国社会科学出版社2006年版。

王虎峰:《我国卫生医疗体制改革30年的基本经验》,社会科学文献出版社2008年版。

王金柱:《构建和谐社会中的效率与公平》,湖南人民出版社2007年版。

王名:《非营利组织管理概论》,中国人民大学出版社2010年版。

王诗宗:《治理理论及其中国适用性》,浙江大学出版社2009年版。

王小林:《结构转型中的农村公共服务与公共财政政策》,中国发展出版社2008年版。

王新生:《市民社会论》,广西人民出版社2003年版。

谢宝富:《万人评议:中国地方党政机关绩效评价新方式初探》,北京航空航天大学出版社2008年版。

谢春涛:《中国共产党如何治理国家》,新世界出版社2012年版。

谢庆奎:《入世与政府先行》,中信出版社2003年版。

谢庆奎:《政府学概论》,中国社会科学出版社2005年版。

谢炜:《中国公共政策执行中的利益关系研究》,学林出版社2009年版。

徐家良:《政府评价论》,中国社会科学出版社2006年版。

徐勇、吴理财:《走出"生之者寡,食之者众"的困境——县乡村治理体制反思与改革》,西北大学出版社2004年版。

俞可平:《国家治理评估:中国与世界》,中央编译出版社2009年版。

俞可平:《敬畏民意:中国的民主治理与政治改革》,中央编译出版社2012年版。

俞可平:《治理与善治》,社会科学文献出版社2000年版。

俞可平:《中国公民社会的兴起与治理的变迁》,社会科学文献出版社2002年版。

俞可平:《中国公民社会的制度环境》,北京大学出版社2006年版。

俞可平主编:《中国治理评论(第1辑)》,中央编译出版社2012年版。

袁方、王汉生:《社会研究方法教程》,北京大学出版社2005年版。

张成福、党秀英:《公共管理学》,中国人民大学出版社2007年版。

张成福、唐钧:《政府危机管理能力评估:知识框架与指标体系研究》,中国人民大学出版社2009年版。

张康之:《公共行政中的哲学与伦理》,中国人民大学出版社2004年版。

张康之：《社会治理的历史叙事》，北京大学出版社 2006 年版。

张毅强：《风险感知、社会学习与范式转移》，复旦大学出版社 2011 年版。

浙江省财政学会编：《基本公共服务等值化研究》中国财政经济出版社 2008 年版

中共中央马克思恩格斯列宁斯大林著作编译局：《马克思恩格斯选集》第三卷，人民出版社 1995 年版。

中国（海南）改革发展研究院：《基本公共服务与中国人类发展》，经济出版社 2008 年版。

周红云：《社会资本与社会治理：政府与公民社会的合作伙伴关系》，中国社会出版社 2010 年版。

周黎安：《转型中的地方政府：官员激励与治理》，格致出版社、上海人民出版社 2008 年版。

朱光嘉：《当代中国政府过程》，天津人民出版社 2002 年版。

朱庆芳、吴寒：《社会指标体系》，中国社会科学出版社 2001 年版。

［美］F. A. 哈耶克：《个人主义与经济秩序》，上海三联书店 2003 年版。

［英］J. C. 亚历山大：《国家与市民社会———一种社会理论的研究》，中央编译出版社 1999 年版。

［美］阿里·哈拉契米：《政府业绩与质量测评：问题与经验》，中山大学出版社 2003 年版。

［美］埃莉诺·奥斯特罗姆：《公共事务的治理之道——集体行动制度的演进》，上海三联书店 2000 年版。

［美］保罗·R. 尼文：《政府及非营利组织平衡计分卡》，中国财政经济出版社 2004 年版。

［美］戴维·奥斯本、特勒·盖布勒：《改革政府——企业精神如何改革着公营部门》，上海译文出版社 1996 年版。

［美］盖伊·彼得斯：《政府未来的治理模式》，中国人民大学出版社 2001 年版。

［美］凯瑟琳·纽科默、爱德华·詹姆斯等：《迎接业绩导向型政府的挑战》，中山大学出版社 2003 年版。

［奥］凯思·麦基：《建设更好的政府：建立监控与评估系统》，中国人民

大学出版社 2009 年版。

［美］莱斯特·M. 萨拉蒙等：《全球公民社会：非营利部门视界》，社会科学文献出版社 2007 年版。

［美］罗伯特·达尔：《论民主》，商务印书馆 1999 年版。

［美］罗伯特·卡普兰、大卫·诺顿：《平衡记分卡—化战略为行动》，广东经济出版社 2004 年版。

［美］罗纳德·J. 奥克森：《治理地方公共经济》，北京大学出版社 2002 年版。

［德］马克斯·韦伯：《经济与社会》，商务印书馆 1998 年版。

［美］迈克尔·麦金尼斯：《多中心体制与地方公共经济》，上海三联书店 2000 年版。

［美］欧文·E. 休斯：《公共管理导论》，中国人民大学出版社 2001 年版。

［美］帕特里夏·基利、史蒂文·梅德林，休·麦克布赖德、劳拉·朗迈尔：《公共部门标杆管理：突破政府绩效的瓶颈》，中国人民大学出版社 2002 年版。

［美］乔治·弗雷德里克森：《公共行政的精神》，中国人民大学出版社 2003 年版。

［法］让－皮埃尔·戈丹：《何谓治理》，社会科学文献出版社 2010 年版。

［美］萨蒂：《层次分析法：在资源分配、管理和冲突分析中的应用》，煤炭工业出版社 1988 年版。

［美］史蒂文·科恩等：《政府全面质量管理：实践指南》，中国人民大学出版社 2002 年版。

［美］文森特·奥斯特罗姆：《美国公共行政的思想危机》，上海三联书店 1999 年版。

［美］西奥多·H. 波伊斯特：《公共与非营利组织绩效考评：方法与应用》，中国人民大学出版社 2005 年版。

［美］西摩·利普塞特：《政治人——政治的社会基础》，商务印书馆 1993 年版。

［希腊］亚里士多德：《政治学》商务印书馆 1983 年版。

［德］尤尔根·哈贝马斯：《重建历史唯物主义》，社会科学文献出版社

1999 年版

［美］约翰·罗尔斯:《正义论》,中国社会科学出版社 1998 年版。

［美］詹姆斯·M. 布坎南:《自由、市场和国家》,北京经济学院出版社 1988 年版。

［美］詹姆斯·N. 罗西瑙:《没有政府的治理》,江西人民出版社 2001 年版。

［美］詹姆斯·S. 科尔曼:《社会理论的基础》,社会科学文献出版社 1999 年版。

［美］珍妮特·V. 登哈特、罗伯特·B. 登哈特:《新公共服务:服务,而不是掌舵》,中国人民大学出版社 2004 年版。

论文

安体富:《对我国推行公共服务均等化的建议》,《经济研究参考》2007 年第 66 期。

安体富、任强:《公共服务均等化:理论、问题与对策》,《财贸经济》2007 年第 8 期。

白永秀:《城乡二元结构的中国视角:形成、拓展、路径》,《学术月刊》2012 年第 5 期。

柏必成:《倡导联盟理论的核心概念、解释逻辑与应用限度》,《郑州轻工业学院学报(社会科学版)》2014 年第 4 期。

曹爱军:《民生的逻辑:基本公共服务均等化研究》,博士学位论文,南开大学,2014 年。

曹玉:《新生代农民工城市融入的公共服务成效评估与政策建议——基于苏州的实地调研》,《科技经济导刊》2018 年第 6 期。

常修泽:《中国现阶段基本公共服务均等化研究》,《中共天津市委党校学报》2007 年第 2 期。

陈海威:《中国基本公共服务体系研究》,《科学社会主义》,2007 年第 3 期。

迟福林、方栓喜等:《加快推进基本公共服务均等化(12 条建议)》,《经济研究参考》2008 年第 3 期。

迟福林:《加快基本服务均等化进程》,《中国卫生》2007 年第 5 期。

丁元竹:《基本公共服务均等化:战略与对策》,《中共宁波市委党校学报》2008 年第 4 期。

丁元竹:《政府在公共服务领域还可以做什么》,《党政论坛(干部文摘)》2013 年第 11 期。

樊立惠、蔺雪芹、王岱:《北京市公共服务设施供需协调发展的时空演化特征——以教育医疗设施为例》,《人文地理》2015 年第 30 期。

范逢春:《建国以来基本公共服务均等化政策的回顾与反思:基于文本分析的视角》,《上海行政学院学报》2016 年第 1 期。

范逢春:《农村公共服务整体性治理框架研究》,《求索》2014 年第 12 期。

范杰武、宋洋:《农村社区政府购买公共服务的现状、问题及对策》,《安徽行政学院学报》2015 年第 6 期。

傅虹桥:《新中国的卫生政策变迁与国民健康改善》,《现代学》2015 年第 5 期。

高培勇:《新一轮财税体制改革的战略定位》,《海内与海外》2014 年第 9 期。

辜胜阻、李睿、曹誉波:《中国农民工市民化的二维路径选择——以户籍改革为视角》,《中国人口科学》2014 年第 5 期。

顾昕、方黎明:《自愿性与强制性之间——中国农村合作医疗的制度嵌入性与可持续性发展分析》,《社会学研究》2004 年第 5 期。

郭小聪、代凯:《供需结构失衡:基本公共服务均等化进程中的突出问题》,《中山大学学报(社会科学版)》2012 年第 4 期。

韩小威:《吉林省农村基本公共服务供给的制度模式探析》,《长春工业大学学报(社会科学版)》2012 年第 5 期。

何国忠:《中国卫生政策评价研究》,博士学位论文,华中科技大学,2006 年。

侯云春、韩俊、蒋省三:《推进农民工市民化的财政政策》,《中国"三农"问题研究与探索——全国财政支农优秀论文选(2010)》,中国农村财政研究会,2012 年 7 月。

江易华:《县级政府基本公共服务绩效指标:设计与筛选》,《天府新论》2011 年第 1 期。

解垩：《城乡卫生医疗服务均等化研究》，博士学位论文，山东大学，2009 年。

李国正、陈雷、李强：《城乡收入差距问题探讨——以山东省为例》，《中国集体经济》2013 年第 10 期。

李玲、陈秋霖：《理性评估中国医改三年成效》，《卫生经济研究》2012 年第 5 期。

李玲、江宇：《毛泽东医疗卫生思想的实践及其现实意义》，《现代哲学》2015 年第 5 期。

李萍萍、孙梅等：《新型农村合作医疗制度十年政策历程分析》，《中国卫生资源》2013 年第 2 期。

林闽钢：《中国农村合作医疗制度的公共政策分析》，《江海学刊》2002 年第 3 期。

刘继同、左芙蓉：《中国卫生政策法规历史、类型、特征与卫生治理模式战略转型》，《东岳论丛》2011 年第 10 期。

刘丽杭：《中国医疗保障制度发展的历史回顾》，《湖南医科大学学报（社会科学版）》1999 年第 1 期。

刘明慧、常晋：《政府购买公共服务主体：职责界定、制约因素与政策建议》，《宏观经济研究》2015 年第 11 期。

刘琼莲：《政府在基本公共服务均等化中的角色》，《东南学术》2009 年第 1 期。

刘尚希：《基本公共服务均等化的目标是促进居民消费平等化》，《中国财政》2007 年第 7 期。

鲁轶：《改革开放以来中国农村基层医疗卫生工作的历史考察》，博士学位论文，武汉大学，2012 年。

陆道平：《我国城乡公共服务均等化：问题与对策》，《江汉论坛》2013 年第 12 期。

饶旭鹏、刘海霞：《非正式制度与制度绩效——基于"地方性知识"的视角》，《西南大学学报（社会科学版）》2012 年第 2 期。

邵德兴：《医疗卫生公益性嬗变析论——以改革开放以来农村基层医疗卫生政策变迁为例》，《浙江社会科学》2015 年第 8 期。

石光、张春生、陈宁姗、郭海明、牛宏俐、韦潇：《关于界定和实施基本医疗卫生服务的思考与建议》，《卫生经济研究》2014 年第 10 期。

史传林：《农村公共服务社会化的模式构建与策略探讨》，《中国行政管理》2008 年第 6 期。

孙德超、毛素杰：《农民工群体享有基本公共服务的现状及改进途径》，《吉林大学社会科学学报》2012 年第 3 期。

唐钧：《"公共服务均等化"保障 6 种基本权利》，《时事报告》2006 年第 6 期。

唐铁汉：《建设服务型政府与基本公共服务均等化》，《国家行政学院学报》2008 年第 2 期。

汪玉凯：《改革强势政府关键：注重顶层设计》，《理论学习》2012 年第 2 期。

王琛伟、陈凤仙：《中央政府与地方政府职责的合理边界》，《经济学动态》2014 年第 9 期。

王春城：《倡导联盟框架：解析和应用》，博士学位论文，吉林大学，2010 年。

王凌峰、李兆友：《我国城镇医疗保障制度的发展历程》，《中国医疗前沿》2012 年第 3 期。

魏义方、顾严：《农业转移人口市民化：为何地方政府不积极——基于农民工落户城镇的成本收益分析》，《宏观经济研究》2017 年第 8 期。

吴江、王欣：《北京市失业保险金支出与公共就业服务联动机制研究》，《北京社会科学》2011 年第 6 期。

吴业苗：《需求冷漠、供给失误与城乡公共服务一体化困境》，《人文杂志》2013 年第 2 期。

夏志强、罗旭：《非常态下的政府公共服务机制建构》，《理论导刊》2013 年第 10 期。

肖滨：《改革开放以来中国公民权利成长的历史轨迹与结构形态》，《广东社会科学》2014 年第 1 期。

徐小青：《"七权"基础上的"两股""两改""两建"》，《社会科学报》2014 年 10 月 30 日版。

杨刚强、孟霞等：《基本公共服务与农村劳动力转移的关系研究》，《宏观经济管理》2013 年第 8 期。

杨光斌：《制度范式：一种研究中国政治变迁的途径》，《中国人民大学学报》2003 年第 1 期。

余章宝：《政策理论中的倡导联盟框架及其应用》，《厦门大学学报（哲学社会科学版）》2009 年第 1 期。

郁建兴、冯涛：《城市化进程中的地方政府治理转型：一个新的分析框架》，《社会科学》2011 年第 11 期。

张平军：《推进政府财政制度改革，实现西部农村公共产品供给的长效机制》，《未来与发展》2012 年第 6 期。

张贤明、高光辉：《民生的政治属性、价值意蕴与政府责任》，《理论探讨》2011 年第 6 期。

钟裕民：《1949 年以来中国医改决策的基本历程及其评价》《天府新论》2011 年第 4 期。

周黎安：《行政发包制》，《社会》2014 年第 34 期。

朱家德、李自茂：《我国高等教育收费制度 60 年的变迁逻辑——基于支持联盟框架的分析》，《中国高教研究》2009 年第 12 期。

朱善利：《论中国城乡一体化的逻辑》，《中国市场》2013 年第 7 期。

［美］斯蒂芬·贝尔：《制度变迁的诠释路径：建构制度主义 V. S. 历史制度主义》，《国外理论动态》2016 年第 7 期。

后　记

习近平总书记指出，"中国特色社会主义是不是好，要看事实，要看中国人民的判断，而不是看那些戴着有色眼镜的人的主观臆断。中国共产党人和中国人民完全有信心为人类对更好社会制度的探索提供中国方案"。新中国成立以来，特别是改革开放以来，我们党领导人民创造了世所罕见的经济快速发展奇迹和社会长期稳定奇迹，中华民族迎来了从站起来、富起来到强起来的伟大飞跃。在全球治理中，饱含中国智慧的"中国方案"充满魅力。

实现社会公正是人类社会的美好追求，也是中国各族人民千百年来的理想图景。中国共产党百年奋斗历史中，始终把实现社会公正作为自己的神圣使命。在新时代国家治理中，必须构建系统完备、科学规范、运行有效的社会公正制度体系，同时把制度优势更好转化为治理效能，才能为实现"两个一百年"奋斗目标、实现中华民族伟大复兴的中国梦提供有力保证。城乡基本公共服务均等化的制度设计是社会公正的"中国方案"的重要组成部分。

四川大学公共管理学院近些年来对公共服务体系构建问题进行系统而深入的思考，发表了大量的学术论文，出版了不少学术著作，已然成为国内研究公共服务问题的学术重镇。本书的出版是这一学术探索的最新成果之一。本书聚焦城乡基本公共服务均等化的制度问题，力图在公共服务体系构建问题上做出一些有意义的新探索。

本书是国家社科基金重大项目"城乡基本公共服务均等化的实现机制与监测体系研究"（项目编号：14ZDA030）的成果之一。同时，本书的出版还得到了四川大学"管理科学与国家治理"重点建设学科平台公共管理一流学科建设项目的经费支持。

特别感谢中国社会科学出版社。中国社会科学出版社是全国优秀出版社，在国内外享有很高的声誉。本书能够在中国社会科学出版社出版，是对作者的巨大鼓励。